장아람 재단 30년의 기록

장애아동을 사랑하는 사람들

장아람 재단 30년의 기록

장애아동을 사랑하는 사람들

글 이미경

ㅇㅅ

발간사

최호준 대표이사

장아람재단은 1995년 3월 1일 창립되어
이제 30년의 역사를 맞이하게 되었다.
선한 목적을 가진 소규모 단체가 오랜 시간 뜻을
이어가는 일은 쉽지 않은 일인데
장아람재단이라는 작은 단체는 오늘도 나아가고 있다.

어려움을 만난 이에게 가장 필요한 것은 이웃이고,
우리 모두에게는 삶을 나눌 이웃이 필요하다.
우리는 그 이웃을 장애아동의 가족으로 정했고,
오랜 시간 동안 장애아동 가족의 이웃으로
함께하고 있다.
장애아동을 사랑하는 사람들은
그들과 함께 성장해왔고, 오히려 위로를 받았다.

우리는 함께 행복하게 살기 위해서
프로그램을 개발했고,
더 좋은 프로그램으로 발전시켜 나갔으며,
시대의 변화와 단체의 성장에 맞게
프로그램을 변화시켜 나갔다.

장아람재단의 30년은 꾸준함에 있다고 하겠다.
회원들의 꾸준한 후원, 봉사자들의 꾸준한 열정,
장애아동 가족들의 꾸준한 장아람 사랑, 운영진의
꾸준한 인내와 노력이 있었기에 가능했던 성장이었다.

우리는 한 개인의 특성을 전체로 대하는
의례적인 태도를 경계하며,
장애인과 비장애인을 구분하지 않기를 바란다.
햇빛이 모두를 골고루 비추듯이
사람은 누구나 한사람, 한사람 소중하고
평등한 존재임을 이야기한다.
아직도 부족한 마음이지만 인식의 변화는
부단히 노력해야 되는 일이다.
우리는 여전히 노력하는 사람들이다.

우리의 움직임에 오랜 시간 발맞춰준
장아람재단의 회원, 봉사자, 장애아동 가족,
운영진에게 감사를 전한다.
특히 30년의 시간을 기록하기 위해 애써준
이미경 국장, 박종숙 협동 간사, 이은주 간사,
임현선 간사, 이정은 간사, 한정민 간사, 이우리 회원,
문다솔 회원에게 고마움을 전한다.

장아람재단이 쌓아온 30년의 시간은
장아람을 함께 만들어 왔던 사람들,
깊은 관심을 가지고 지켜왔던 분들,
같은 길을 걷고 있는 분들,
장아람과 같은 길을 걷고자 꿈꾸는 사람들에게
소중하고 유익한 기록물 그 이상의 가치로
전해지기를 기대해 본다.

장아람재단이 걸어온 30년의 기록이
더불어 살아가는 삶을 발견하려는
사람들에게 가치 있는 기록물이 되길 바라고,
장애아동 가족에게도 내일을 위한 도전이 되길 바란다.

부단히 이웃과 함께 사는 세상을 꿈꿨고, 노력했고,
이뤘고, 그리고 앞으로 10년, 20년, 30년 후에도
더 멋지게 이웃과 행복하게 함께 살아가고 있는
장아람재단을 꿈꾸게 할 것이고, 이루게 할 것이다.
그때도 함께하는 우리를 보고 싶다.

최호준

프롤로그

장아람재단
30년의 기록을 남기며

진로를 고민하던 고등학교 2학년 시절, 장애인 단체의 성탄 카드 판매를 맡게 되었다. 나는 그때까지 한 번도 장애인을 직접 만나본 적이 없었다. 장애인 단체의 성탄 카드를 판매하면서 내가 만약 장애 관련 단체에서 일을 하게 된다면 이렇게 카드를 만들어서 판매하지 않겠다는 다짐을 했다. 장애인이 그린 그림이니까 그냥 사주는 카드가 아니라, 그림이 좋아서 사고 싶은 카드를 만들어야겠다고 생각했다. 그때의 다짐이 오랜 시간 동안 장아람재단을 운영해 나갈 의지가 되었다.

장애 영역을 처음 접하게 된 후, 수어를 배우기로 했

다. 내가 만약 장애 관련된 일을 하게 된다면 수어를 알아야 모든 장애인과 대화를 할 수 있지 않을까? 라는 막연한 생각이 있었다. 생각하고 있는 것만으로도 꿈이 되고, 목표가 될 때가 있다. 마음속으로 만약에 라며 이야기했던 일들이 이뤄지고 있었다. 수어를 배우면서 진로를 진지하게 고민하던 때 나의 수어 선생님이신 고미선 선생님은 또 다른 고민을 하고 있는 그룹을 소개했다. 장아람을 시작하려는 사람들과의 첫 만남이었다.

서울에서는 장애아동을 체계적으로 도울 수 있는 조직을 만들고 싶은 최호준 교수님(현, 장아람재단 대표, 아트레온 대표)과 정진필 학생(현, 장아람재단 이사, 캐나다 위니펙 글로벌 기부회 대표)이 고민하면서 계획을 세우고 있었다. 1987년부터 경기대학교 수어 동아리 활동을 지원하며 장애아동의 현실을 알게 된 최호준 교수님은 아이들을 체계적으로 도울 수 있는 방법을 정진필 학생과 논의하기 시작했다. 당시 정진필 학생은 캐나다 유학 준비를 하고 있던 시기라 장아람의 시작을 함께할 사람을 찾고 있었다.

경기대학교 수어 동아리 지도 강사였던 고미선 선생님은 진로를 고민하던 나에게 정진필 학생을 소개해 줬다. 장애아동 관련 일을 해야겠다는 마음이 시작되던 나와 장애아동을 위한 단체를 만들어야겠다는 사람들과의 시기적절한 만남이었던 것이다.

1994년 우리는 신촌 신영극장 4층에서 만나기로 했다.

최호준 교수님의 근엄한 표정, 숫기 없어 보이는 정진필 학생, 그리고 모든 게 신기한 이미경 세 사람은 곧바로 일을 추진하기로 했다. 그러고 보면 그 당시에도 그리고 지금도 최호준 회장님은 일을 이끌어 갈 사람에게 믿고 맡긴다. 3개월 동안 정진필로부터 장애아동을 사랑하는 사람들에 대한 기본적인 교육을 받았다. 장애영역에 대한 아무런 지식도 없고, 뭘 해야 될지도 모르는 상태였지만 이 일을 시작하기로 했다. 우리는 창립멤버(조현아, 박종숙)를 모아 1995년 3월 1일에 장애아동을 돕는 모임을 시작했다.

잘할 수 있을 것 같았다. 착한 마음을 가지고, 함께 살아가는 세상을 꿈꾸는 일이니 누구나 함께할 수 있는 좋은 일이라고 생각했다. 그때는 열정만 있으면 된다고 생각했던 어린 시절이었다. 30년, 눈앞에 쌓인 시간을 바라본다. 30년이란 세월에도 불구하고 우리가 가졌던 마음은 변하지 않았다. 여전히 우리는 함께 사는 세상을 꿈꾼다. 한결같은 마음이 쌓인 30년이라는 시간은 앞으로 나아갈 장아람재단의 미래를 비추는 빛이 될 것이다.

내가 원하는 일을 선택했고, 30년이나 지속해 왔고, 좋은 사람들을 만나고 있다. 나의 하루는 좋은 사람들의 응원과 격려, 지지와 사랑으로 시작된다. 나의 시간은 나만의 노력으로 이뤄진 것이 아니었다. 장애아동 가족들의 응원, 회원들의 사랑, 장아람 사람들의 지지와 격려로 살아온 시간이다. 장아람재단의 앤 국장으로 살아가는 나의 이번 생은 지루하지 않게 꽤 괜찮다. 감사하다.

앤 국장 이미경

1. 장아람재단의

우리는 무엇을 할 수 있는가?

우리는 무엇을 해야만 하는가?

시작

서대문구 창천동 20-25
신촌 신영극장 4층

장애아동 관련된 일을 하고 싶다.

장애아동이 지속적인 지원을 받을 수 있는

후원단체를 만들자,

최호준 교수님, 정진필 학생, 이미경 세 사람은

오직 그것만 생각했다.

일단 만들어보자.

나눔과 함께 살아가는 세상을 만드는 일은 최호준 교수님에게는 가족으로부터 내려오는 삶의 자세였다. 제자의 부탁으로 수어 동아리 지도교수가 되셨고 그 후 장애인의 삶을 마주하게 되면서 나눔과 함께 살아가는 세상을 구체적으로 꿈꾸기 시작했다. 장애로 인해 부모에게 버림받은 한 아동의 수술비를 지원하기 위해서 병원을 방문하던 최호준 교수님은 정진필 학생에게 장애아동을 더 구체적이고 체계적으로 지원하는 단체를 만들자 하셨다. 부모로부터 버려진 장애아동의 수술을 돕기 위해서 애쓰는 사람들을 보면서 흔들리는 마음에 답을 내린 것이다.

어쩌면 정진필 학생은 최호준 회장님의 답을 기다리고 있었을지도 모른다. 수어 동아리를 조직하기 위해서는 지도교수가 필요했는데 교수님들의 방문을 두드리며 지도교수가 되어달라고 했지만 사회복지 관련된 교수님들은 이미 여러 활동을 지원하고 계셨기에 선뜻 함께하겠다고 나서지 못했다. 그러나 당시 경기대학교 행정학과 교수였던 최호준 교수님은 정진필 학생의 이야기를 듣고 내가 하겠다, 하셨다. 최호준 교수님을 장애의 영역으로 이끌어준 것은 정진필 학생이었다. 그는 최호준 교수님이 현장을 알게 하고 다가서게 만들었다. 병원 에스컬레이터에서 '장애아동을 위한 조직을 만들어 보자.' 라고 말씀하신 최호준 교수님의 마음을 전달받은 정진필 학생은 장애아동을 사랑하는 사람들이라는 조직을 준비하기 시작했다. 그러나 그는 곧 유학을 떠나야하는 상황이었다.

수어를 배우면 모든 장애인과 대화를 나눌 수 있겠지, 라며 막연하게 시작한 수어교실에서 처음으로 농인을 만나게 되고 장애 영역을 처음 접하게 되면서 새로운 인생을 맞이하게 될 줄은 꿈에도 몰랐다. 수어를 배우면서 장애 영역에 대해 고민을 하게 된 것도 어떤 이유가 있어서는 아니었다. 나의 수어 선생님이자, 경기대학교 수어 동아리 강사였던 고미선 선생님은 진로를 고민하던 나에게 소개해 줄 그룹이 있다고 했다.

우리는 그렇게 신촌으로 향했다. 신촌 신영극장은 최호준 교수님의 아버지 우석 최규명 선생님이 운영하고 있던 극장이었다. 신영극장 4층이라는 공간은 우리의 모임 장소가 되어줬다. 영화관의 사무실이었지만 사무실 안쪽의 작은 회의공간에서 최호준 회장님과 몇 번의 만남을 가졌다.

1994년 신촌에서 우리가 만들고 싶은 단체에 대한 이야기를 나누고 조직을 만들어 나갔다. 캐나다로 유학을 떠나야 했던 정진필 학생은 장애아동을 사랑하는 사람들이라는 조직이 세워지기를 간절히 바랐다. 그래서 자신의 모든 에너지를 총동원하여 창립멤버를 모으고, 이미경이 이 일을 잘 맡아주기를 바라며 교육에 들어갔다. 3개월의 교육은 너무 짧은 기간이었지만 다 알고 시작하는 일은 없는 법! 하고자 하는 열정이 가득한 시기였기에 시작할 수 있었던 젊은 시절이었다.

'장애아동을 사랑하는 사람들' 모임의 창립멤버를 모으고 우리는 다시 신촌 신영극장 4층에서 모였다. 당시 대부분의 창립멤버들이 일요일에는 모일 수 없어서 3월 1일 공휴일에 만나 창립 첫 모임을 갖게 되었다. 그렇게 1995년 3월 1일 장애아동을 사랑하는 사람들이 설립되었다. 창립초기 조현아 선생님과 박종숙 간사는 이미 장애 영역에서 일하고 있었고, 그들은 아무것도 모르는 이미경이 책임간사로 활동하기로 한 초기 장아람이 일을 잘 실행할 수 있도록 조직의 핵심인원이 되어주고 자신의 시간을 장아람에 내어줬다. 서대문구 창천동 20-25번지 신영극장 4층 사무실의 책상 하나에서 장아람재단은 시작되었다.

장아람재단 초기 활동멤버

무작정 장애아동을 찾아 나선 세 사람

창립 초기에는 밀알선교단의 도움으로 지방에 사는 장애아동을 소개받아 지원했다. 지방에 거주하는 장애아동을 소개받고 6개월 정도 지원 후 장애아동을 만나러 갔다. 초기 지원금이 2만 원이었는데 한 달에 2만 원을 지원하는 단체니 만나러 가겠다고 말하는 것은 나에게 너무 어려운 일이었다. 지속적인 지원이 이뤄진 다음에 만나도 좋겠다는 생각이었다. 그러다가 소개를 받는 대신, 직접 장애아동을 찾아 나서자는 생각이 들었다. 창립멤버였던 조현아 선생님(당시 청음회관 청능훈련실 치료사)과 현재 협동 간사인 박종숙 간사(당시 밀안선교단 편집 간사), 그리고 이미경, 이렇게 셋은 무작정 병원으로 향했다. 국립의료원에서 우리는 승규를 만났다. 부모님이 누구인지도 모르는 승규는 홀로 병원에 입원해 있었다. 먹지 못해 삐쩍 마른 몸을 하고 있었다. 우리는 병원 사회복지과에서 승규에 대해서 알아보고 지원을 하고자 했다. 그런데 승규를 <작은 자리>라는 작은 그룹홈에서 보호하기로 했다고 했다. 승규가 퇴원한 뒤,

나는 <작은 자리>를 찾아갔다. 원장님이 작은 그룹홈을 운영하기 시작한 배경 이야기를 들으며 장애아동의 현실에 대해 많은 것을 배웠다. <작은 자리>에서 아이들이 가정에서 느낄 수 있는 사랑을 받으며 선생님들의 교육 속에서 잘 성장하기를 응원했고, 큰 조직보다는 이렇게 작은 모임들이 활성화되어야 함을 느꼈다. 그 후로 우리는 <작은 자리>의 몇몇 아이들을 더 후원하기로 했다. <작은 자리>를 만나면서 장애아동 가족의 이야기를 듣는 것이 우리가 가장 먼저 해야 할 일임을 알게 되었다.

젊고 결혼도 하지 않은 간사가 뭘 알겠어?

그랬다. 아무것도 몰랐다. 그러니 배워야 했고 들어야 했다. 장애아동 가족들을 만나고 이야기를 듣기 시작했다. 무엇이 불편한지, 무엇을 가장 원하는지, 어떤 도움이 필요한지 듣기 시작했다. (이 글을 시작하다 보니 지금 내가 잘 듣고 있는지 생각해 보게 된다.) 많은 장애아동 가정을 만나고, 그들의 살아가는 이야기를 듣고, 그들의 현실을 바라보면서 방향을 세워나갔다. 젊고 결혼도 하지 않은 아무것도 모르는 간사로 시작했기에 장애아동 가족들의 이야기를 들을 수 있었고 무엇을 할까를 수없이 고민할 수 있었던 시작이었다.

우리는 무엇을 할 수 있는가?
우리는 무엇을 해야만 하는가?
두 가지 질문이 늘 따라다녔다.

배포가 크지 못했던 그때는 할 수 있는 일을 먼저 찾았고, 할 수 있는 일만 실행시킬 수 있었다. 무엇을 해야만 하는가에 대한 답은 꿈의 목록에 넣어뒀다. 장아람재단의 사업 초기에는 1인이(현재, 앤 국장) 일하는 조직이었기에 1인이 감당할 수 있는 일부터 차근차근 시작했다. 다행히도 젊고 결혼도 하지 않은 아무것도 모르는 간사는 그래서 열정이 있었고 잘 알지 못하는 세계에 대해서 알아가는 일, 깨달은 것을 실현해 가는 작업이 즐거웠다.

1년, 2년, 3년 시간은 쌓여갔다. 장애아동 가족도 젊은 간사에게 마음을 열기 시작했다. 더 많은 이야기를 하기 시작했다. 살아가기 힘든 시간들, 불편한 눈빛들, 사회적 제도, 현실을 이야기하기 시작했다. 그들의 너무나도 현실적인 이야기는 나에게 스펀지가 잉크를 머금듯 스며들었다. 장애에 대해서 아무것도 모르는 사람이어서 백지 상태에서 시작하기에 좋았다. 기존 단체가 이미 운영하고 있는 일을 하고 싶지는 않았다. 그렇게 장애아동 가족을 만나면서 해야만 하는 일이 모양을 잡아가기 시작했다. 기본을 준비할 수 있는 소중한 시간이었다. 우리는 이렇게 일하자 했다.

- *정부 지원금을 받지 말자.*
- *꾸준히 지원하자.*
- *장애아동 가족까지 지원하는 단체가 되자.*
- *장애아동 가족의 이웃이 되자.*
- *함께 살아가자.*
- *매월 소식지를 발간하고 재정을 1원도 빠뜨리지 말고 정확하게 보고하자.*
- *후원금의 80%를 장애아동에게 직접적으로 사용하자.*
- *타 단체의 지원과 차별을 두자.*

(그 당시 차상위라는 말이 없었지만 우리는 처음부터 차상위계층, 차차상위계층을 지원하기로 했다.)

- *행복하자.*

우리의 첫 다짐은 지금도 변하지 않았다.

정부 지원금을 받지 말자

정부 지원금 없이 성장할 수 있었던 이유

정부 지원금 없이 회원의 후원금으로 운영하는 단체를 만들자 했다. 정부 지원금을 받는 단체의 운영 방식으로는 우리가 추구하고자 하는 함께 살아가는 세상을 꿈꾸기 어려운 부분이 있었다. 장애아동을 지속적으로 지원하고 싶고 반드시 해야만 하는 사업을 운영하기 위해서 후원회원의 후원금으로 운영되는 단체를 만들고자 했다. 사업 초기에는 정부 지원금을 받지 않고 일하는 것이 더 쉬운 일이라고 생각했다. 사회복지사들이 종종 말했다. 하고 싶은 사업만 하는 단체라서 부럽다고. 후원금만으로 운영하면서 겪는 어려움을 알지 못하기에 하고 싶은 사업만 한다며 부러워했다. 보고서작성과 연말 감사로 많은 시간을 할애하는 사회복지사들은 장아람재단의 사업이 그들이 추구하고자 하는 복지사업임을 알고 있었다.

정부 지원금 없이 장아람재단을 운영하는 일은 여전히 쉬운 일이 아니다. 지원금이 아닌, 후원회원의 회비로 운영하다 보니 시작은 정말 미약했다. 재정이 되는 만큼만 일할 수 있었고, 그만큼만 지원할 수 있었다. 사무국이 1인 조직으로 운영되다 보니 홍보활동도 없이 지인에게 장아람을 소개하는 방식으로 후원회원을 확보하기 시작했다. 처음 시작할 때 최호준 회장님의 지인들이 초기 회원확보에 큰 도움이 되었다. 신영극장(현재 아트레온)의 지원과 최호준 회장님의 개인적인 후원금, 그리고 재정이 어려울 때마다 채워주신 후원이 초기비용을 마련하는 기본이 되었다.

그 이후로도 부모님의 장례를 치른 뒤 부의금 전액을 장아람재단에 기부하셨다. 이 외에도 최호준 회장님의 지원은 지금도 여전히 아낌없다. 정부 지원금을 받지 않고 운영하는 단체로 성장할 수 있었던 원동력이다.

어쩌면 정말 피라미드 조직

진주로도 다이아몬드로도 승격되지 않는

나 또한 가족과 친구들을 회원으로 영입했고, 그들은 또 친구들에게 장아람을 소개했다. 어쩌면 처음부터 피라미드 조직으로 이어온 단체였다. 그렇게 매월 소식지를 받는 회원들의 목록을 늘려갔다. 아주 작은 모임으로 시작했고, 초기 회원들의 이름과 연결통로와 직업 등 나의 머릿속에는 그들의 정보로 가득했다. 회원들이 어떻게 장아람을 알게 되었는지를 알아보면, 대부분의 초기 회원들은 지인의 소개로 장아람을 알게 되었고 후원을 시작하게 되었다고 말한다. 지인에게 장아람을 소개하여 후원회원이 되게 한다는 것은, 정말 믿을 만한 친구에게 장아람을 소개했다는 것이다. 나 또한 이 친구는 내가 부탁하면 후원해 주겠지, 하고 장아람을 소개했지만 10명중 5명 정도밖에 함께 하지 않았다. 그때는 조금 서운했지만 각자의 관심분야가 달랐고, 창립초기에는 장애에 대한 사회적인 인식도 부족한 시기였다. 장아람의 사업이 좋아서 후원을 시작했다기보다는 추천한 지인을 믿고 후원을 시작한 사람들이 대부분이었다. 또 다른 통로는 수어교실이었다. 수어교실에 참여하면서 장아람을 알게 되고 봉사를 시작하며 후원을 시작한 회원들이 많다. 그들 또한 자신의 지인들에게 장아람을 소개하고 수어교실을 소개했다. 그래서 그런지 장기간 후원하는 회원들이 많은 단체이기도 하다. 장기후원회원이 많으니 그들은 장아람재단의 재정 상황을 너무나도 정확히 알고 있다. 그러다 보니 회원들은 자신의 기념일에, 적금이 만기 되었다고, 코로나 지원금이 나왔다고, 연말정산 환급금이 지급되었다고, 장아람재단의 이 행사는 내가 지원해야겠다며, 다양한 이유로 특별한 후원을 하고 있다. 신기하게도 특별한 후원금이 들어오는 시기는 장아람재단의 재정이 주춤하고 있을 때였다. 회원들이 어떻게 알고들 필요한 시기에 맞게 재정을 채워준 건지. 사랑이라는 단어 외에는 설명할 말을 찾을 수 없다. 후원회원들은 이제 자신들의 자녀의 이름으로 후원을 시작하고 있다.

어느 날 장애아동 가족이 고백했다. 처음에 장아람이라는 단체가 피라미드 조직인줄 알고 조심스럽게 접근했단다. 처음 만난 자신들에게 너무 많은 걸 제공해 주고, 조건 없이 지원해 주고, 장애아동 가족에게 회비도 받지 않고 프로그램을 운영해 주니 뭔가 이상하다고 생각했던 것이다. 우리는 당연한 일이라 생각했는데 받는 입장에서는 두려움도 있었던 것이다. 장아람재단은 장애아동 가족의 행복을 추구하며 다방면으로 지원하고 있다. 장아람재단이 피라미드 조직인줄 알았다는 장애아동 가족의 고백을 듣고 곰곰이 생각해 봤다. 우린 역시 피라미드 조직이 맞다. 현재도 지인의 소개로 장아람재단을 후원하는 경우가 더 많은 피라미드 조직이다. 진주로도, 다이아몬드로도 승격되는 것도 아닌데 말이다.

우리가 정부 지원금을 받지 않고 온전히 회원의 후원금으로 운영하고자 했던 가장 중요한 이유는, 하고 싶은 사업을 운영하기 위함이었다. 기존 단체들과 다르게 운영하기 위해서는 지원해야 할 대상자 선정부터, 하고

자 하는 프로그램의 방향도 정부나 기관, 기업체의 후원으로 운영할 수 없는 것들이 있었다. 처음 시작하던 1995년에는 후원을 하고, 후원을 받는 입장에 대한 분명한 사회적인 의견과 상황들이 있었다. 그리고 1인 운영진으로 운영하다 보니 체계적인 부분도 부족했고 1인 운영진의 생각이 많이 반영된 부분도 있었다.

꾸준히 지원하자

장애아동의 지원은 어떤 방식이어야 할까

지속적인 지원을 제공하는 단체를 만들고 싶었다. 0세에 연결된 아동을 19세까지 지원한다는 것은 실적을 우선하는 사회에서는 실제적으로 실행시키기 어려운 부분이 있다. 더 많은 아동에게 기회를 줘야 한다는 의견도 많았다. 그러나 한 아동을 꾸준히 지원하고자 하는 장아람재단의 목표는 뚜렷했다. 일시적인 지원으로는 장애아동 가족 지원에서 효과를 얻을 수 없다. 꾸준한 지원을 통해 장애아동 가족의 변화를 보고 싶었다.

한결같은 마음을 전하는 이웃이 되고 싶었다.

장애아동의 치료는 수술로 끝나지 않는다. 장애아동의 치료는 꾸준한 조기교육과 재활치료가 중요하다. 장애아동의 조기교육과 재활치료는 단기간에 완성될 수 없다. 장애의 영역별로 치료 방법이 다르다. 기술의 발달로 치료방법이 다양해져서 한 가지 치료만이 아닌 여러 방법을 병행하는 재활치료가 늘어났다. 창립초기부터 우리는 장애아동의 지속적인 치료를 후원하자 했다. 꾸준히 조기교육을 지원했을 때 변화되는 장애아동의 삶을 함께하고 싶었다. 우리는 장애아동을 꾸준히 지원하면서 장애아동의 신체적인 변화뿐만 아니라 그들 삶 자체의 변화를 이끌어내는 일이 본질이라는 사실을 깨달았다.

장애아동 가족까지 지원하는 단체가 되자

장애아동 가족들이 갈 수 있는
장소와 프로그램을 만들자

장애아동에게 지원을 집중하는 단체들의 활동과 달리 장아람재단은 장애아동 지원은 가족 지원이어야 한다고 생각했다. 장애아동이 버림을 받거나 가정의 테두리 안에서 함께 살아갈 수 없는 이유가 무엇일까를 고민했다. 물론 제도적인 지원이 미흡했던 시기였지만 따가운 이웃의 시선도 큰 이유가 되지 않을까 생각했다. 그렇다면 그들의 시선을 바꿔 보자. 그렇게 된다면 장애아동 가족들이 장애아동과 함께 살아가는 일에 용기를 내지 않을까? 너무나도 막연한 꿈이었다. 그래도 우리는 꿈을 꾸기로 했다.

장애아동을 위한 활동은 학교에서, 복지관에서, 정부기관에서도 운영하고 있었다. 창립 초기부터 장아람은 다른 단체에서 시도하지 않는 일을 해보고 싶었다. 장애아동 가족까지 지원하는 단체가 되자. 먼저 장애아동 가족들이 머물 수 있는 장소를 만들고 함께할 수 있는 프로그램을 개발하자. 장애아동과 가족이 함께하는 모습을 보여주고 더불어 살아가는 일이 가능하다는 사실을 보여준다면 장애아동이 버려지는 일을 줄일 수 있지 않을까? 그렇게 장아람재단은 함께 살아가자는 의미를 담은 프로그램을 개발하고 실행하기 시작했다.

같은 생각을 가진 사람들이 모였다

단체가 운영방침을 세우자 회원 대부분이 장아람재단의 방향성을 지지해줬다. 우리는 재활용품조차 함부로 버리지 않았다. 어떻게든 다시 사용할 수 있는 방법을 찾았다. 우리의 이러한 모습을 보고 봉사자도 물건을 버릴 때는 운영진에게 묻고 행동했다. 생각이 같은 사람들이 모이기 시작한 것이다. 생각이 같은 사람들이 뜻을 모으니 정부 지원금 없이도 단체는 운영되어지고 있었다. 모든 단체가 그럴 필요는 없다. 하지만 우리는 그렇게 하고 싶었다. 프로그램의 내용도 더 풍성해졌다. 후원금만으로 운영되는 단체라고 하니 돕고 싶어 하는 사람들이 많았다. 그들은 자신의 지인들에게 장아람재단을 소개해 봉사자가 되게 하고 회원이 되게 했다. 장아람재단과 함께하고자 하는 이들에게는 그들 재능만큼의 역할이 주어졌고, 그들이 수행해주는 역할로 인해 프로그램이 알차게 채워졌다. 운영진의 생각에 동의하고 함께 실행시켜 주는 사람들, 그들은 마치 직원처럼 일했다. 준비부터 진행, 마무리까지 최선을 다했다. 그렇게 해야 마음이 편한 사람들이었다. 그들은 자신의 지인에게 장아람재단을 소개할 때 우리의 특이함에 녹아들 수 있을까? 를 한 번 더 고민해본다고 한다. 우리는 마음이 가는 방향을 중요하게 여기는 조금 특이한 단체였으니까.

장애아동 가족의 이웃이 되자

밀알복지재단은 1994년 서울시 교육청으로부터 학교설립 승인을 받아 1995년에 일원동에 밀알특수학교 건립을 추진했다. 주민들이 반대 시위에 나서는 등 많은 어려움이 있었지만 결국 밀알학교는 설립되었고 운영되고 있다. 당시 나는 밀알선교단 모임을 통해 장애에 대한 이해와 장애인 단체를 운영하기 위한 지식을 배우고 있었다. 그래서 밀알복지재단의 특수학교 건립을 응원하며 함께했다. 특수학교 건립을 반대하는 사람들을 지켜보면서 어떻게 해야 장애를 더 잘 이해할 수 있을까, 장애인과 비장애인이 함께 살아갈 수 있는 세상을 어떻게 만들어 가야 하는가를 고민하기 시작했다.

장애인과 비장애인이 함께 하려면 무엇을 해야 할까?

밀알복지재단이 밀알특수학교 건립을 추진하던 시기에 장아람재단도 준비되고 있었다. 그렇기에 밀알특수학교의 건립 추진 운동을 지지하고 함께했다. 1995년 반대했던 것처럼 20년이 흐른 지금도 내 집 옆에 특수학교가 설립되는 것을 똑같은 이유로 반대하고 있다. 강서구 화곡동에 특수학교를 설립한다고 했을 때 장애아동 엄마들은 무릎을 꿇고 호소해야 했다. 장애인과 비장애인이 함께 살아가는 세상을 만들기 위해서는 이들을 설득해야 한다. 해결 방법을 찾아내는 것이 우리의 역할이라 믿었다. 장애아동 가족의 이웃이 되어야 했다. 이웃이 되기 위해서 우리는 그들과 함께 살아갈 방법을 찾아내야 했다.

함께 살아가자

장애인과 비장애인이 만나게 하자

사람과 사람은 만나서 얼굴을 대면하고 이야기를 나누면서 그 사람에 대해서 알아가게 된다. 그렇다면 장애인도 만나야 이해할 수 있지 않을까? '만나게 하자. 그리고 장아람을 만나는 사람들이 장애를 이해하는 사람들이 되게 하자. 장애인과 함께 이웃으로 살아가는 사람들이 되게 하자. 단체를 유지시키고, 우리 단체를 알게 하고 그리고 프로그램에 참여하게 하면서 장애인과 비장애인이 같음을, 다름을 알아가게 하자.' 그래서 함께하기 프로그램을 준비하기 시작했다.

1995년부터 1999년까지의 장아람재단은 장애아동의 교육비와 치료비를 지원하고, 보장구를 지원하면서 장애인 기관이나 교회의 장애인부서, 그리고 장애아동 교육기관 등을 후원했다. 기관지원은 사업초기에만 이뤄졌고 그 이후로 학교와 기관, 장애아동 부모님을 통해서 추천받은 아동지원이 증가하면서 지원아동의 한 달

지원수가 급속도로 증가하기 시작했다. 도움이 필요한 아동도 많았고 장애아동의 가족들에게는 무엇보다도 좋은 이웃이 필요했다. 좋은 이웃이 되고 싶었던 장아람재단은 몇 년이란 시간이 쌓이면서 우리가 꿈꾸고 목표로 했던 일을 구체화시킬 수 있게 되었다.

좋은 이웃이 되고 싶었던 장아람재단

우리가 꾸준히 그리고 열심히 일한 시간을 통해서 장애아동 엄마들 사이에서 소문이 나기 시작했다. 5년 만에 50여명의 교육비를 지원하게 되었다. 아동지원이 증가하는 만큼 후원회원도 증가하기 시작했다. 장아람재단은 꿈의 상자에 넣어두었던 사업을 하나씩 꺼내기 시작했다. 별도 홍보 없이 인터넷 카페를 운영하고 있었을 뿐이었는데 관심을 가진 사람들이 모이기 시작했다. 카페 회원들은 거침없이 뭐든 하자 했다. 자신들이 가진 에너지를 방출해주는 이들이 장아람의 이웃이 되고, 장애아동의 이웃이 된다면 함께 살아가는 세상이 머지 않아 열릴 것 같았다. 인터넷 카페 회원들과 함께 장애아동과의 만남을 시작했다.

카페를 통해 알게 된 회원들의 요청에 의해 수어교실을 시작하게 되었다. 수어교실은 2000년에 시작하여 지금도 많은 학생을 배출하고 있다. 초기 수어교실을 통해서 봉사활동을 시작하게 된 봉사자들은 더 일하고 싶어 했다. 그들이 있었기에 장애아동과 비장애인이 함께하는 프로그램을 소소하게 시작하게 되었고 작은 프로그램들이 확장되면서 이어져 오늘에 이르렀다.

1원도 빠뜨리지 말고 정확하게 보고하자

단체의 투명성은 재정에 있다

장아람재단의 소식지 <월간, 장아람>은 1995년부터 현재에 이르기까지 매월 발간을 목표로 하고 있다. 매월 재정상황을 정확하게 담아 회원들에게 전하는 것이 소식지의 가장 큰 역할이었다. 지금처럼 온라인으로 쉽게 소식을 접할 수 있는 시대에 그림이 담긴 소식지를 우편으로 받아보는 일이 아날로그적이고 MZ 세대에게는 어색한 일이겠지만 우리는 여전히 소식지를 발간하고 우편으로 발송하고 있다. <월간, 장아람> 소식지에는 장아람재단의 소식과 후원 아동에 대한 이야기, 칼럼과 나누고 싶은 이야기, 행사 보고와 사업이 실린다. 가장 많은 페이지를 차지하고 있는 것은 재정 보고다. 처음 시작부터 재정의 1원까지도 정확하게 기록하자던 다짐을 지켜나가고 있다.

매월 소식지에 재정을 정확히 보고하는 일은 정부 지원금이 아닌 평범한 소시민의 후원금으로 운영되는 단체가 지속적인 성장을 하기 위해서는 가장 중요한 부분이라고 생각했다. 투명성이 있는 단체로 인정받기 위한 중요 사항이었다. 지금은 재정기록 방법이 많이 달라졌지만 여전히 우리는 재정이 정확한 단체가 되기 위해 노력하고 있다.

후원금의 80%를 장애아동에게 직접적으로 사용하자

재정의 80% 이상을 장애아동에게 직접적으로 사용할 수 있도록 하자, 라는 약속을 지키기 위해서라도 매월 재정을 정확하게 기록하는 일은 중요했다. 어떤 이들은 말했다. 장아람재단은 재정의 규모가 작기 때문에 가능한 일이라고, 사업이 커지고 재정의 규모가 달라지면 그럴 수 없을 거라고. 그러나 우리는 처음 시작할 때부터 지금까지 매월 재정을 정확하게 보고하고 있다. 사업초기 1인 체제 운영이었고, 그 당시 사회복지를 시작한 사람들의 대부분이 그러했듯이 나 또한 급여의 조건보다는 좋은 일을 한다는 것이 중요했다. 그렇다보니 한 달 동안 모아진 후원금의 80% 이상을 장애아동을 위해서 사용하는 일이 어렵지 않았다. 또한 장아람재단의 사무실은 최호준 회장님 건물의 일부를 사용하고 있었기에 경상비를 줄일 수 있었다. 최호준 회장님은 다른 단체들처럼 경상비와 인건비에 치중하게 되는 모습을 장아람재단이 답습하지 않기를 원했다.

우리는 재정의 80%를 목적사업비로 사용하겠다는 다짐을 여전히 지켜나가고 있다.

타 단체의 지원과 차별을 두자

우리가 타 단체와 차별을 두며 지원 사업을 펼치고, 하고 싶은 사업을 유지할 수 있었던 이유는 경상비와 인건비의 지출에 대한 최호준 회장님의 지원이 있었기 때문이기도 하다. 장아람재단의 장애아동 지원 기준은 특별하지 않았다. 조기교육과 조기치료가 필요한 장애아동이면 무조건 돕기로 했다. 우리는 그 당시 차상위계층이 얼마나 어려운 삶을 살아가는지 장애아동과 가족을 만나면서 알게 되었고, 그들에게 더 도움이 필요하다는 것을 알았다. 그래서 1995년 시작 당시에는 용어로 정착되지도 않았던 차상위계층, 차차상위계층까지 지원을 확대해 나갔다. 또한 일시적이 아닌 지속적인 지원을 하기로 했고, 장애아동 가족들이 함께 외출할 수 있는 프로그램을 개발하고, 회원들과 자연스럽게 만남의 시간을 가질 수 있도록 했다. 프로그램을 운영하면서도 우리가 지원하는 장애아동을 공개적으로 소개하지 않는다. 함께하는 공간 안에서 특별한 차별을 두지 않고, 그저 프로그램의 차별성만을 추구했다. 우리가 지향하고자 하는 나눔은 함께 살아가는 세상을 꿈꾸는 일이었다.

정말 단순하다.
함께 살아가고, 함께 행복하자.

행복하자

<월간, 장아람>에는 장애아동을 후원하는 단체치고 장애아동의 개별적인 소식이 적다. 장애아동의 어려운 상황을 알리는 것은 당연하다. 그렇지만 늘 장애아동의 어려운 상황만을 전한다면 장애아동은 늘 힘든 존재, 장애아동 가족은 늘 애처로운 존재로 여겨질 것이다. 장아람재단의 소식지에는 행복을 담고 싶었다. 장애아동도 비장애아동과 삶이 다를 게 없다. 우리 아이가 박물관에 가고 체험활동을 하는 나이라면 또래의 장애아

동도 박물관에 가고 체험활동을 하러 간다. 단지 병원에 더 자주 가는 것이 다를 뿐이다. 장애아동의 개별적인 이야기보다 우리가 진행하는 프로그램 소식을 더 알리고자 한다. 장애아동 가족과 비장애아동 가족이 함께하는 프로그램의 소개와 보고를 통해 함께 살아가는 이웃의 모습을 보여주려 한다. 그래야 장애아동 가족이 살아갈 세상이 보다 나은 곳이 되리라 믿는다. 장애아동이 가야할 곳에 가고, 함께 살아가는 이웃과 보통의 삶을 살아가는 모습을 보여주고, 만남을 통해서 장애를 가진 친구가 낯설지 않은 모습을 보여주는 것이 <월간, 장아람>의 목표다.

사업 초기에는 장애아동을 지원하여 이렇게 변화되었다, 는 기록을 남기기도 했다. 그러나 장기간 장애아동을 지원하면서 치료를 통한 변화만을 알리는 것이 장애에 대한 올바른 이해가 아니라는 것을 깨달았다. 장애아동들이 살아갈 세상에 좋은 이웃이 함께하는 모습을 담는 것이 <월간, 장아람>의 목표가 되어야 함을 장애아동 가족들은 우리를 향해 이야기하고 있었고, 우리는 그것을 반드시 담아내야 했다.

2. 장아람재단의

오래전부터 꿈꿔오던 일을 구체적으로 계획하기 시작했다.
장애아동을 지원하면서 장아람재단은
가족 지원에 더 중점을 두는 단체이고 싶었다.

성장

1995

수어교실을 시작하다

1995년 서대문구 창천동 20-25번지 4층, 책상 하나에서 시작된 장아람재단은 신영극장의 신축 공사로 1999년에 잠시 중구 예장동 9번지 주상복합아파트에 위치한 디자인네트라는 회사 한구석에 사무실을 마련하여 사업을 유지해 나갔다. 아주 작은 사무실이었지만 장아람만의 분리된 공간을 갖게 되면서 회원들과의 만남이 시작되었다. 봉사자와 회원들이 수어교실을 열어달라고 요청했다. 수강을 원하는 학생들이 10명만 있다면 열어보겠다고 약속을 했고 공지를 올리자 10명의 인원이 채워졌다. 수어 교육을 간절히 원하는 10명의 인원으로 장아람재단의 첫 수어교실이 진행되었다. 기획해서 진행된 수어교실이 아니었기에 영락농인교회 아동부에서 교사로 함께하고 있던 이은주 강사(현재 장아람재단 운영부 간사)를 섭외하여 수어교실을 열었다.

그렇게 시작한 수어교실은 2023년 현재 24년째 운영되고 있다. 좋아서 하는 일은 잘될 수밖에 없다.

장아람을 힘센 단체가 되게 해준
좋은 사람들을 만나다

2000년의 시작은 장아람재단의 첫 번째 도약기였다. 수어교실이 시작되었고, 이수정의 그림이 소식지를 대표하게 되었고, 사단법인 설립을 위한 준비가 이뤄졌다. 수어교실을 통해서 회원이 된 사람들이 많아졌고, 그들은 봉사자가 되어주었다. 장애아동과의 개별 만남을 이어가기 시작했다. 사람들은 3개월 동안 수어를 배우면서 장아람재단의 방향과 목표를 알아가는 시간을 가질 수 있었고, 그들은 장아람의 좋은 봉사자로 활동하게 되었다. 수어교실은 장아람재단에 좋은 봉사자를 이어주는 뿌리가 되어주고 있다. 2023년까지도 수어교실은 장아람재단을 모르는 사람들이 가장 많이 검색하는 단어다. 수어교실 1기, 2기 수료생들은 수어를 배우면서 3개월, 6개월만으로는 수어를 잘할 수 없다는 것을 깨달았고 그래서 지속적으로 수어를 배우면서 봉사활동도 하자고 의견을 모아 동아리 활동을 시작하게 되었는데 그것이 지금의 손수레의 시작이다. 손수레 회원들은 장아람재단의 프로그램을 함께 운영해 주는 장아람재단의 자체 봉사자로 성장해 나갔다. 손수레의 탄생은 장아람재단의 큰 자산이었다.

* 손수레

2000년도 장아람재단 수어교실 1기, 2기 수료생들이 조직한 수어 동아리다. '수레에 기쁨, 슬픔, 건강, 사랑, 감사 등 여러 가지를 담아 함께 나누며 의미 있는 활동을 하며 살아가자'라는 의미로 만들어진 손수레는 지금까지도 여전히 장아람재단의 든든한 친구로 함께하고 있다. 2023년 현재까지도 수어를 지속적으로 배우며 농인의 친구가 되기를 바라며 장아람재단의 크고 작은 프로그램에 멋진 봉사자로 활동하고 있다. 특히 저금통 사랑나누기 행사 때는 근사한 수어 공연을 한다.

손수레 1기

하고 싶은 일이 많았다

장애아동 가족들과의 만남이 이어질수록 해야 할 일이 하나둘씩 보이기 시작했다. 장애아동의 가족들이 기관이나 정부로부터 받지 못하는 서비스를 우리가 하자. 부모님과의 상담을 통해서 꼭 필요한 사업들을 선별해 추진하기에 이르렀다. <함께하기>가 시작되었다. 장아람재단의 사업이 하나둘씩 진행되면서 봉사를 하겠다는 청춘들이 장아람재단으로 찾아왔다.

교육 결연을 시작했다. 수학을 전공한 봉사자와 통합교육을 받는 황인배 아동의 교육 결연은 3년 동안 지속되었다. 윤태준 아동 가족과 놀이공원에 함께 갔다. 고모리 모형자동차 경주대회에 장애아동 가족들을 초청해 함께 나들이를 떠났다. 재능기부를 하겠다는 이정환 봉사자를 통해 김청숙 아동의 첼로 교육도 시작되었다. 봉사자들이 자신의 회사에서 지원할 수 있는 물품을 보내기 시작했다. 봉사자나 회원들이 각자 할 수 있는 일을 나눠 맡았다. 시간과 물품은 물론 그들의 삶을 장아람재단과 함께 나눴다. 기꺼운 마음으로 자원한 봉사자들의 도움은 힘이 세다. 자원하는 봉사자와 회원들의 기부는 장아람재단 프로그램의 근간이 되어주었다. 지금도 이들의 노력으로 우리는 프로그램을 진행하고 있다.

잊히지 않는 풍경 하나, 저금통 사랑나누기를 시작하다

수어교실은 1년에 2회씩 진행을 했는데 수어교실 수료식을 진행하는 시기에 맞춰 이수정 님의 참여 소식을 듣고 그림 사인회를 진행하기로 했다. 수어교실 수료식을 '수화제'라는 이름으로 진행하기로 하고 준비하던 중 정봉중 회원이 물었다.

"장아람은 저금통 접수 같은 건 하지 않나요?"

누구나 집에 하나쯤은 있는 저금통. 자신도 저금통에 동전을 모으고 있는데 후원하고 있는 단체에 저금통을 보낼 수 있다면 좋겠다는 의견이었다. 그래서 우리는 '수화제'라는 이름을 달고 우리만의 연말 행사로 진행하려 했던 수어교실 수료식을 <저금통 사랑나누기>라는 이름으로 바꿔, 보다 크게 진행하기로 했다. 하지만 당시 우리는 예장동 9번지 디자인네트라는 사무실의 한편을 사용하고 있던 터라 디자인네트의 회의실을 빌려야 했다. 20명 정도의 인원이 회의할 수 있는 공간이었는데 우리는 그 공간에서 80여 명의 회원들과 봉사자들이 함께하는 1회 저금통 사랑나누기 행사를 열었다. 80여 명의 회원들이 각자 역할을 부여받고(아니, 그건 아마도 스스로가 부여한 것이었다.) 프로그램이 진행될 수 있도록 모두가 행사 주최자처럼 행동했다. 첫 저금통 사랑나누기 행사였다. 모두가 하나가 되었던 순간은 결코 잊히지 않는 풍경이 되었다. 그날 이후로 우리는 23번째 저금통 사랑나누기 행사를 진행했다.

수화제와 함께 열린 저금통 사랑나누기

IMF 위기 속에서도 장아람재단은 나아갔다

중구 예장동 9번지에서 지내는 동안 IMF로 인해 재정이 불안정한 시기를 보냈다. 매월 100명 이상의 아이들의 교육비를 지원하는 단체로 성장하고 있었지만 IMF가 가져온 재정 부족으로 인해 몇 개월 동안 아이들의 교육비를 축소하여 후원할 수밖에 없었다. 매월 우리가 지원하는 교육비는 5만 원 정도밖에 되지 않았지만 아이들 가정에는 큰 금액이었다. 처음으로 지원 아동에게 교육비를 송금시키지 못했던 그때가 일하면서 가장 힘들었던 시기였다. 우리는 소식지에 재정 상황을 그대로 보고하기 때문에 회원들은 우리 재정 상황을 바로 알아챌 수 있었다. 그들은 형편이 어려운 장애아동 가정에게는 더욱 힘든 시기일 것이라며 후원을 이어가 주었고, 회원들의 응원으로 몇 개월 동안 보내지 못했던 교육비를 다음 해 다시 채워서 보낼 수 있었다. 어려운 시기였지만 장아람재단은 한 뼘씩 성장하고 있었다. 법인으로 보는 단체 승인을 받아 고유번호증이 발급되었고, <월간, 장아람> 소식지를 정기간행물로 등록했고, 이사회가 조직되었고, 파트타임 간사와 함께 일하기 시작했다.

사고 싶은 카드를 만들다

정부 지원을 받지 않는 단체라 재정적 어려움을 극복하기 쉽지 않았다. 후원된 금액만큼 일하자고 했지만 좀 더 적극적인 활동이 필요했다. 무엇을 할 수 있을까? 이수정 님의 그림을 소식지의 표지로만 사용하기에는 너무 아깝다는 생각이 들었다. '이수정 님의 그림으로 엽서를 만들어보면 어떨까? 연말에 아이들 그림과 이수정 님 그림으로 카드를 제작해서 판매해 보자!' 기획이 시작되었고, 매년 3명의 장애아동을 섭외했다. 장애아동에게 그림을 부탁하면서 부모님에게 당부드리는 내용이 있었다. '아이가 직접 그리게 해 달라, 그리고 절대 도와주지 말아 달라.' 중요한 부탁이었다. 아이들의 그림이 돋보일 수 있는 편집을 할 수 있을 것이라고 믿었다. 우리에게는 박종숙 편집 간사가 있었다. 그렇게 카드와 엽서를 제작해서 판매하기 시작했다.

2000년대는 연말연시에 손 편지를 보내며 안부를 묻는 문화였다. 올해는 어떤 카드로 성탄 축하와 새해 인사를 나눌까 고민하는 사람들에게 장아람재단의 카드와 엽서는 새로웠다. 첫 번째 엽서는 2쇄 인쇄를 할 정도로 인기가 많았다. 장아람재단의 카드와 엽서는 우리만의 색깔을 담아낸 결과물이었기에 무척 보람 있는 작업이었다.

이메일로 안부를 묻는 시대가 오면서 카드와 엽서 제작은 잠정적으로 중단되었다. 아트레온 극장에서 카드와 엽서 판매 일일 봉사를 하던 봉사자들, 직장에 장아람재단의 카드와 엽서를 홍보해 주던 회원들, 한번 사용해 본 장아람의 카드를 매년 대량으로 구입해서 사용하던 사람들은 제작 중단을 아쉬워했다. 카드를 제작하던 시기 매년 3명의 장애아동 그림 작가가 탄생했고 그들의 그림은 인기가 대단했다. 아이들이 그린 그림을 좋아해 준 사람들 덕분에 카드 판매는 의미 있는 작업이 되었다. 카드와 엽서 판매는 장아람재단의 좋은 홍보였고, 인식 전환의 선한 매개체가 되었다. 멋지게 편집을 해준 박종숙 간사의 덕도 크다. 고등학교 2학년 때 내가 만약 카드를 만든다면 누가 그렸느냐가 아니라, 그림이 멋져서 사게 되는 카드를 만들겠다. 던 다짐을 지킬 수 있었던 뜻깊은 작업이었다.

* 장아람재단 소식지와 엽서 등 편집 작업은, 박종숙 간사, 이지연 간사, 이정은 간사로 이어지고 있다.

본격적으로 시작된 장애아동 가족 지원 사업

함께하기 1

태백 눈꽃 축제와 주문진 겨울바다 (2002년)

함께 한 봉사자 : 주유리, 이필천, 이경석, 박민영, 황영복, 안선현, 서호균, 정은선, 임수민, 조현아

숙소를 제공해 준 주문진 임페리얼 호텔(임광남 대표)에서 단체 사진

장애아동 지원 사업 중 교육비와 치료비를 지원하는 것은 기본적인 일이었고 우리가 목표로 하는 장애아동 가족 지원과 장애아동과 함께하는 프로그램은 2002년이 시작점이었다. <함께하기>는 장아람재단이 장애아동을 위해 시작한 프로그램이다. 장아람재단 시작 초기 안산지역에 거주하는 장애아동이 많았다. 그래서 안산 지역 아이들과 1박 2일 캠프를 준비하기로 했다. 함께할 아이들의 가정에 연락을 취하고 7명의 장애아동과 그들의 형제자매까지 함께하기로 했다. 1:1 봉사자를 10명 모집해 총 24명이 태백과 주문진으로 캠프를 떠났다.

캠프에 참여하는 장애아동의 어머니들에게 1박 2일 동안 함께할 아이들의 봉사자에게 편지를 써달라고 부탁드렸다. 우리 아이는요, 라고 시작되는 편지를 읽는 봉사자들의 얼굴이 진지했다. 어찌나 자세히 아이들의 특징에 대해서 적어줬던지 1박 2일 함께하는 동안 아무 문제도 일어나지 않았다. 안산에서 태백까지 향하는 길은 멀었다. 태백에 도착해서 눈꽃 축제를 관람하기 위해 축제장으로 들어섰다. 축제장의 얼음 조각 작품을 구경하는데 한 아동이 한참이 지나서야 합류했다. 바지에 실수를 해서 잠시 다녀온다는 봉사자를 믿고 우리는 우리만의 시간을 즐겼다. 20년 만에 안 사실인데 그때 봉사자 서호균님은 실수한 친구와 함께 택시를 타고 근처 숙박업소에 가서 아이를 씻기고 새 옷으로 갈아입히고 돌아왔다고 한다. 운영자와 다른 선생님들이 걱정할까 봐 혼자서 그 일을 마무리 지었던 것이다. 한겨울에 어떻게 화장실에 가서 씻겼을 것이라고 생각했는지 지금 생각하면 웃음밖에 나오지 않는다.

태백 눈꽃 축제 관람을 마치고 우리는 숙소가 있는 주문진으로 향했다. 예상 시간보다 늦게 주문진 임페리얼 호텔(2002년 당시 호텔이름)에 도착했다. 주문진 임페리얼 호텔은 함께 한 봉사자의 아버지가 대표로 계시는 곳이어서 비용 지불 없이 묵을 수 있었다. 우리가 예정 시간보다 늦게 도착하게 되었는데도 직원들은 퇴근을 하지 않고 우리가 도착하는 시간에 맞춰 따뜻한 저녁 식사를 준비해 주셨다. 미리 아이들이 좋아하는 반찬 정보를 전달받아 아이들이 좋아하는 메뉴로 식탁을 채워주셨다. 그날 저녁 밥상은 유난히 따뜻했다. 우리를 따스

한 시선으로 맞아주시던 임페리얼 호텔 직원들의 얼굴을 평생 잊을 수 없을 것이다. 아이들과 함께 축제장을 다니면서 우리들은 항상 시선을 느꼈다. 우리를 낯선 시선으로 바라보는 사람들의 얼굴, 장애아동 가족들이 매일매일 느꼈을 그 시선을 우리는 마주했다. 그래서였을까? 숙소에 도착해서 받은 따뜻한 시선은 선물 같았다.

주문진 바닷가에 인접해 있던 호텔 덕분에 우리는 다음날 바닷가를 거닐며 한낮의 불꽃놀이를 즐겼다. 1박 2일의 일정을 마치고 안산으로 향했고, 무사히 안산에 도착했을 때 우리를 기다리고 계시던 부모님들의 밝은 표정을 보면서 프로그램을 하길 잘했다고 생각했다. 얼마 전 전다은 아동의 어머니께 여쭤보았다. "어머니, 그때 아무것도 모르는 저희에게 어떻게 아이들을 1박 2일 동안 맡기셨어요?" 그러자 다은이 어머니는 대답하셨다. "장아람이잖아요." 7년밖에 안 된 단체를 믿어주신 장애아동의 가족들. 그 시기에는 장아람재단처럼 지속적인 후원을 하는 단체가 없었다. 0세에 연결되어서 19세까지 지원하는 것이 목표였던 장아람재단이었기에 한 번 연결된 장애아동 가족은 적어도 10년 이상 장아람재단의 지원을 받았고 꾸준히 함께하게 되었다. 그러니 장아람은 장애아동의 부모님에게 믿을 만한 친구 같은 단체가 되었던 것이다. 지원을 받고 있기 때문이 아니라, 지속적으로 함께할 수 있는 이웃이 되었기 때문이다.

장아람을 생각하면
부끄러움이 두근 반 세근 반

24년 전, IMF가 한창이던 1999년 하나님의 허락으로 작은 기업 한빛메딕스를 경영하고 있었다. 생명의 말씀사에 사무실 직원들과 함께 나눌 QT 책을 사러 갔다가 장애아동을 사랑하는 사람들의 소식지를 보게 되었고 선뜻 지원을 결심하게 되었다. 내가 하고 있는 사업이 장애인과 관련 있는 사업이다 보니 장애를 가지고 태어난 아이들에 대한 관심이 남달랐다고나 할까. 그래서 그런가, 오늘날까지 장수지원을(?) 하고 있나 보다.

20년쯤 지났나 보다. 아이들에게 겨울 바다 보여주기 봉사자로 함께 다녀온 태백 눈꽃 축제, 주문진 바닷가에서의 추억은 소중한 기억을 남겨줬다. 내가 맡았던 남자아이는 12살의 발달장애아동이었다. 첫날의 사건, 태백에 막 도착하였을 때, 얼음축제장 입구에서 그만 나의 파트너께서 바지에 뒷일을 보고 말았다. 이 일을 어찌 수습하나, 이때를 위하여 든든한 지원군을 보내셨나 보다. 일행들이 동요하지 않도록 나에게 맡기고 들어가서 즐기시라 하고는, 택시를 잡아타고 가장 가까운 숙박업소를 찾아가 씻기고 새 옷으로 갈아입혔다. 얼음 축제는 못 봤지만 난생처음 해보는 보람된 체험이었다. 집에 있는 아내는 두 아이를 키우며 늘 하던 일이었을 텐데 말이다. 그 순간만큼은 진정한 아빠의 역할, 슈퍼맨이 된 날이었다. 천진난만하기만 한 나의 파트너는 그 일을 통해 나에게 마음 문을 조금 열어 주었다. 바닷가에서 눈 깜박할 사이에 사라져 버린 나의 파트너를 찾느라 몇 분을 헤맸던 기억도 있다.

1박 2일 동안 아이 손잡고 다니기, 아침에 일어나면 화장실 먼저 데려가기, 진정한 아이의 보호자가 되어 주려 노력했다. 아이들에게 새로운 경험을 선물하는 동안, 그 아이의 부모님들에게는 진정한 휴가를 선물한 날들이었음을 안산에 도착하여 마중 나오신 부모님들의 반갑고 밝은 표정을 보고 알았다. 하루, 하루가 아이들과의 전쟁이었을 부모님들의 노고에 경의를 표할 수밖에 없었다. 장아람을 생각하면 가슴이 두근 반 세근 반하다. 장아람 아동들에게 뭐라도 도움이 되는 인생이 되어야지, 하는 착하고 거룩한 고민을 안겨주는 장아람이다. 세상에서 가장 착한 사람들의 모임, 장아람을 사랑하고 존경한다.

서호균

함께하기 2

대전지역 아이들과 일일 도예 체험

함께 한 봉사자 : 이필천, 안선현, 정은선, 최호준, 이경희, 유재흥, 조원혜, 박영부, 김경숙, 권일, 신준기, 여민순, 이경석, 주유리, 대전 곰두리 차량봉사대

대전지역에도 지원하고 있는 아동이 많았다. 그래서 또 한 번의 <함께하기>를 준비했다. 대전지역에서는 1박은 아니었고 하루 동안 도예 체험을 하는 프로그램이었다. 대전지역이라 서울의 봉사자는 물론 충남 성환

동성중학교 봉사자들이 함께 모여 진행하였다. 대전지역의 아이들 가정은 자가 차량으로 움직일 수 없는 아동이 많았다. 차량 봉사자를 찾아야 했다. 다행히도 대전지역 곰두리 차량 봉사대와 연결되어 장애아동의 이동을 도울 수 있었다. 처음 진행하는 프로그램이었지만 아이들과의 만남은 즐거웠다. 지방에 거주하는 장애아동 가족에게 장아람재단만의 매력적인 프로그램을 지속적으로 제공해 주고 싶었지만 소그룹의 지방 프로그램은 더 이상 열지 못했다. 하지만 두 번의 <함께하기> 경험은 장아람재단이 더 큰 프로그램을 기획할 수 있는 계기가 되어줬다. 장아람재단이 하자고 하면 반드시 함께하겠다던 봉사자들이 있었기에 우리는 두 번의 프로그램을 잘 마칠 수 있었다.

대전 엑스포 공원에서 단체 사진, 성환 동성중학교의 지원으로 진행되었다.

만남이 주는 용기와 감사

장아람 친구들을 만나러 가는 길은 설렘과 적당한 긴장감으로 기분이 좋다. 장애를 가지고 살아가는 사람들에 대하여 일정한 부채의식을 갖고 있는 것은 사실이지만, 이따금 동정의 눈빛으로 바라보는 것이 전부였던 나로서는 오늘 장아람 친구들과의 만남은 기대가 클 수밖에 없다. 무엇보다 전화 통화만 해왔던 혜호와 혜웅이를 오늘 드디어 만나게 된다.

계룡산자락에 자리 잡은 '이소 도예'에 도착하니 이미 많은 장아람 친구와 봉사자들이 도착해 있다. 혜호와 혜웅이를 단번에 알아볼 수 있어서 다행이다. 혜호와 혜웅이는 생각했던 것보다 훨씬 밝고 건강하다. 그 맑음과 천진스러움은 장애인으로 살아가는 사람들에 대하여 적당히 넘어가려는 우리 모두를 무안하게 하기에 충분하다. 장아람재단 이미경 간사님이 세심한 배려를 해준 덕분에 나는 혜호, 혜웅이와 짝이 되었다. 모든 것을 자연스럽고 부드럽게 빚어 가는 봉사자들의 마음 씀씀이와 다감한 손길은 도공의 그것처럼 경이롭기까지 하다. 특히 장애아동의 부모님과 어린 형제들이 보여주는 사랑과 배려는 나에게 감동과 용기를 주기에 충분하다. 우리 모두는 이미 오래전부터 알았던 사이처럼 금방 친해진다. 생각했던 것보다 훨씬 빠르게 친숙해질 수 있어서 마음이 편안하고 즐겁다.

혜호, 혜웅이와 함께 도자기와 소품을 만들었다. 막연하게 생각했던 것 보다 일에 대한 욕심이 많고 가능성도 커 보인다. 우리와 우리가 속한 사회가 장애를 가지고 살아가는 이들의 의욕과 의지를 무관심으로 방치하거나 꺾는 일은 없어야겠다는 생각을 하게 된다. 돌아오는 길에 오늘 아동을 맡겨주신 부모님들과 만남의 시간을 가졌다. 혜호와 혜웅이의 부모님은 송구스러울 정도로 반갑게 맞아주신다. 어려운 처지에서도 선하고 힘차게 생활하시는 것을 한눈에 알아볼 수 있다. 마음이 한결 가볍다. 잠자리에 들면서 실은 우리 모두는 드러나지 않을 뿐 크고 작은 장애를 가지고 살아간다는 생각을 했다. 그래서 예수님께서 이 땅에 오시지 않았는가. 그분이 우리에게 사랑과 섬김의 손길로 다가오셨던 것처럼 우리도 오늘 어려움을 겪고 있는 우리 이웃에게 관심과 애정으로 다가가야 한다는 생각을 하게 된다. 그리고 우리가 모르고 있는 사이에 이미 많은 분이 조용히 이 일을 감당해 오고 있음을 기억하며 하나님께 감사를 드린다.

유재흥

생일을 축하하다

2000년대를 맞이한 장아람재단에게는 해야 할 사업과 하고 싶은 사업이 있었다. 꾸준하게 지원 사업을 진행하면서 치료와 교육비 지원 외의 지원 사업을 시작했다. <생일 챙기기> 같은 사업 말이다. 자신의 기념일에 장애아동의 생일을 축하해 주는 사업이었다. 나의 기념일이 나만의 즐거움이 아니라 타인과 함께 나눌 수 있는 의미 있는 시간을 만들고 싶었다. 생일 챙기기는 처음에는 개인 회원들이 자신의 생일에, 가족의 기념일에 아이들의 생일을 챙기는 작은 축하로 시작되었지만 장아람재단의 사무실이 있는 아트레온 건물 건너편에 아트레온 신축과 거의 동시에 꽃집이 오픈한 인연으로 시작되어 장애아동의 생일에 꽃 배달과 케이크 배달을 함께 진행하게 되었다. 블루밍화원의 이경실 사장님 부부의 배려로 배송비도 절약되었다. 장아람재단과 함께 아동의 집을 방문해 깜짝 생일 파티를 진행하기도 했다. 그 후로 블루밍화원은 예지꽃방이라는 이름으로 새롭게 단장하게 되었고, 예지꽃방의 이은영 사장님도 블루밍화원의 장아람재단 지원 내용을 그대로 이어받기로 했다. 예지꽃방 이은영 사장님은 생일 챙기기에 보다 적극적으로 참여했고 그뿐만 아니라 장아람재단의 많은 사업에 재능기부로 함께했다. <생일 챙기기>는 현재는 생일 당일에 케이크 보내기로 축하하고 있다. 이 사업에는 서영완, 안선현 부부가 함께하고 있다. 매년 12명의 아동의 생일을 축하해 주고 아이들의 이름을 부르며 기도해 주고 있다. 그리고 그 외 아동의 생일은 네이버 해피빈 모금함에 채워진 네티즌들의 기부로 축하해 주고 있다.

장애아동의 생일을 축하해 준다는 것

장아람재단은 여전히 회원들과 봉사자의 생일에 생

일 축하 카드를 발송하고 있다. 어떤 이는 나에게까지 그렇게 정성을 들이지 않아도 된다, 일이 많을 텐데 나는 빼도 된다고 말한다. 우리의 마음을 거부하지 말아주기를 바란다. 소소하지만 우리는 연결되어 있고 싶다. 나에게는 특별한 생일 달력이 있다. 회원들과 지인들과 가족과 장애아동의 생일이 세세하게 적힌 달력. 그 달력에 매년 새로운 이름이 새겨지는 일이 좋다. 더 많은 이들의 생일을 축하해주고 싶다. 나이가 들며 생일을 축하하는 일이 머쓱해져가는 어른들에게도 이 세상에 태어난 날은 최고의 사건인 것이다. 특히 장애아동의 가족에게 생일은 여러 가지 감정을 포함하고 있다. 아이가 태어난 날은 부모에게 어마어마한 사건이고 축복이고 기쁨이다. 그러나 장애아동의 생일은 기쁨보다는 걱정과 슬픔이 더 많았던 날이다. 아이의 생일이 되면 그 감정이 고스란히 전해져온다. 장애아동이 자라면서 이 감정이 사라질까? 그렇지 않다. 시간이 흘러도 아이의 장애는 여전하고 아이의 몸이 성장하고 엄마가 감당하지 못하는 일들이 많아지고 어느 순간 지치고 만다. 비장애아동이라면 친구들과 생일파티도 할 테고 어른으로 성장해 가면서 친구들과 따로 생일파티도 할 테지만 장애아동의 생일은 온전히 가족들과의 생일파티 뿐이다. (물론 장애마다 다르겠지만 장아람재단이 지원하고 있는 아동은 중증 장애아동의 비율이 높은 편이다.) 그러니 우리가 더욱 축하해줘야 한다. 그래서 시작했고 계속하고 있는 사업이 <생일 챙기기>이다. 우리의 작은 사업들에 동참해 주고 있는 회원들에게 감사를 전하고 싶다. 장애아동의 생일을 축하해 주는 일은 장애아동의 가족에게 진정 큰 힘이 되고 있다. 그동안 자신의 생일이 있는 달이나 기념일에 장애아동의 생일을 함께 축하해준 장아람재단 회원들에게 감사의 마음을 전한다.

아름다운 여행, 방송을 만나다

방송국과 라디오에서 여러 번 연락이 왔고 하나둘씩 연결되기 시작했다. 방송국, 라디오, 신문사에서 연말연시가 되면 소개할 아동이 있느냐고 연락이 오는데 장아람재단은 방송에 아동을 소개할 때 신중에 신중을 기한다. 장애아동을 어디까지 어떻게 지원할 수 있는지,

방송국 프로그램의 취지가 무엇인지를 꼼꼼히 알아본 다음 연결한다. 방송국에서 원하는 아동의 조건이 우리와는 맞지 않을 때도 있다. 엄청 가난한데 가족 구성원도 많고 사랑이 넘치는 가족을 소개시켜 달라는 연락을 받을 때면 난감하다.

2003년 건강했던 아이가 갑자기 쓰러져 전신마비가 되어 입원하게 된 아동(故 고은아)을 만나러 수원 아주대학교 병원으로 향했다. 어린 나이에 홀로 두 아이의 보호자로 살면서 힘든 시간을 보내고 있는 젊은 엄마를 만났다. 여러 가지 방법으로 도울 방법을 찾아보던 중 유명한 방송에 사연을 접수했다. 얼마 뒤 프로그램 관계자로부터 연락이 왔다. '이 아동은 소생 가능성이 없어서 지원을 할 수가 없습니다.' 너무나도 충격적이었다. 누군가를 돕는 일에 조건이 이렇게 무서울 수가 있단 말인가? 나는 접수가 반려된 답변에 수긍할 수 없어서 엄청난 문의를 남겼다. 하지만 돌아오는 답변은 똑같았다. 우리가 만났을 때 9살이었던 그 친구는 스무 번째 생일에 생일 챙기기 꽃바구니와 케이크를 받고 하늘나라로 여행을 떠났다. 정말 그 가족을 도울 수 없었을까?

유명한 프로그램에 크게 데이고(?) 난 뒤 더욱더 방송을 신뢰하지 않게 되었다. 그럼에도 우리에게 어려운 아동의 사연을 소개해 달라는 요청은 계속되었다. 신중에 신중을 기해서 이 방송은 어떤 방법으로 아동을 소개하고 어디까지 지원을 하는지 알아본 뒤, <SBS 세상에서 가장 아름다운 여행>에 장애아동을 몇 차례 소개한 적이 있다. 기본적으로 6개월 동안 사후관리를 해주고, 장애아동과 그 가족들의 지원까지 연계해 주었다. 아동에게 물품을 후원할 수 있는 업체나 교육기관을 연계해 주기도 했다. <세상에서 가장 아름다운 여행> 프로그램 PD와는 그 후로도 오랜 시간 연락을 하며 지냈다.

어떤 방송에서는 아동을 소개하고 후원을 하지 않은 적도 있었다. 3일 동안 방송 촬영을 하고 15분 동안 방송에 노출되었지만 후원금은 받지 못한 것이다. 아동 상담을 하다가 그 사실을 알게 되어 방송국에 연락해 어떻게 된 일인지 따져 물었고, 뒤늦게 3백만 원을 받게 했었다. 3백만 원이 적은 돈은 아니었지만 아동의 사연이 방송된 후 후원자들이 기부한 돈이 상당한 걸로 알고 있는데 고작 3백만 원 후원하고 끝내버린 방송국에도 정말 할 말이 많았다. 게다가 그 아동 가족은 생활이 너무나도 열악한 가정이었다. 미안한 마음보다 문제가 될까 봐 급하게 입금한 모습을 보고 이렇게 끝낼 수가 없다고 생각했지만 아동의 가족들이 일이 커지는 것을 원치 않아서 마무리 짓고 말았다.

장아람재단은 어떤 단체여야 할까를 고민하며 처음의 다짐을 꺼내본다. 장아람을 처음 시작할 때의 마음, 지속적인 지원과 조건 없는 지원! 쉽지 않다는 건 안다. 하지만 우린 작은 단체니까, 다른 단체에서 할 수 없는 것을 해보자. 그렇게 프로그램을 개발해 나갔다.

장아람재단은,

장애와 비장애를 구분하지 말자.
장애아동도 비장애아동도 즐거운 프로그램을 운영한다.

장애아동을 밖으로 나오게 하자.

1년에 4번쯤 계절별로 외출을 할 수 있도록
봄, 여름, 가을, 겨울 프로그램을 진행한다.

가족 지원을 통해 부모님에게도,
형제자매에게도 필요한 단체가 되자.
엄마의 날을 운영하게 되었고, 형제자매를 위한 장학재단을 운영하고 있다.

재정 보고에 투명성을 갖자.
그래서 매월 소식지에 3페이지를 할애하여 재정 보고를 정확하게 기록하고 있다.

행복하자.
장애아동도, 비장애아동도, 후원자도, 봉사자도, 운영진도 행복한 장아람재단이 되기 위한 프로그램을 운영하고 있다.

다시 신촌에서의 활동을 시작하다

3년의 건축 기간을 거쳐 아트레온 영화관이 2003년 완공되었고 8월에 개관식을 열었다. 개관식은 지역과 함께하는 문화공간인 아트레온이라는 이미지에 맞게 지역주민을 초대해 행사를 열었고, 더불어 사는 세상을 꿈꾸며 장애인을 영화관에 초대하는 행사를 열었다. 그것이 장아람가족 만남의 날이라는 프로그램의 시작이 되었다. 첫 번째 장아람가족 만남의 날은, 장애아동 가족과 장애인 단체를 초청하여 아트레온에서 함께 영화 관람을 하는 것이었다. 역시 영화 관람만으로는 부족한 듯싶어 손수레의 축하공연과 장애아동 가족의 소감을 듣는 시간, 함께 한 사람들과 조촐한 다과 시간까지 가졌다.

그때는 장애아동 가족이 영화를 자유롭게 관람할 수 없었던 시기였다. 아이들이 어두운 공간에 들어가면 소리를 지르거나 긴 영화관람 시간을 견디지 못해 힘들어하게 되면 장애아동 가족들은 아이를 데리고 나와야 하는 일이 많았다. 그래서 장애아동 가족들은 온 가족이 함께 영화 관람하는 것을 아예 포기하는 경우가 많았다. 장아람가족 만남의 날을 계기로 여름방학 때 장애아동 가족이 비장애인 가족과 함께 영화 관람도 하고 외출도 하게 하자는 취지로 장아람가족 만남의 날을 지속해 나가기로 했다.

장애아동의 외출은 쉽지 않았다. 게다가 당시 장아람재단의 지원 아동은 중증 장애아동이 많았다. 중증 장애아동이 하루 외출을 하기 위해서는 날씨도 좋아야 했다. 더운 여름이나 추운 겨울에는 외출 준비하는 일이 어려웠다. 힘들게 외출한 장애아동 가족에게 영화만 관람하게 할 수는 없었다. 그래서 우리는 문화 체험 프로그램을 준비했다. 하루 동안 다양한 문화 체험활동을 하고 마지막에는 장아람재단 가족들과 함께 가족 영화를 관람하게 했다. 반응이 좋았다. 처음에는 비장애인 가족에게 방해가 될까 봐 영화 관람을 망설이던 장애아동 가족들이 점점 더 영화 관람을 신청하는 일에 적극적으로 변했다. 영화 관람은 어느 시점부터 인형극 공연 관람으로 변경이 되었고 지금은 고퀄리티 문화 체험활동으로 자리를 잡아가고 있다.

* 신촌 아트레온 건축이 완료되면서 아트레온 4층에 장아람재단 사무실이 마련되었고 그곳에서 3명의 인원이 함께 일하기 시작했다. 지금은 10층에서 5명이 근무하고 있지만 더 넓은 공간을 꿈꾸고 있는 장아람재단이다.

이름 모를 누군가의 후원
(유명하지 않은 단체의 모금함에 후원하는 일)

아트레온 영화관의 개관과 더불어 사람들이 가장 많이 왕래하는 2층에 대형 모금함을 설치했다. 아트레온 영화관의 대형 모금함 설치는 영등포구 내의 우체국과 아트레온 근처에 있는 가게에 소형 모금함을 비치하게 하는 시작점이 되었다. 현재는 수원 아주대병원, CGV 신촌 아트레온 점에 대형 모금함을, 영등포구에 위치한 우체국과 아트레온 주변 가게에 소형모금함을 비치해 두고 있다. 유명하지 않은 단체의 모금함에 모금을 하는 일, 정말 쉽지 않을 것이다. 우리는 모금함이 비치된 장소에 정기적으로 모금액을 수거하러 가고 있다. 그때마다 우리는 이름 모를 누군가의 응원과 기도가 담긴 후원에 감사하지 않을 수 없다.

특히 우체국에 비치된 모금함 중 영등포 시장과 가까워 소형 모금함의 모금액이 짧은 시간에 가득 채워져 자주 수거하러 가는 우체국이 있다. 시장에서 일하는 어떤 분이 5만 원씩 후원하신다고 우체국 담당자가 전해주셨다. 아주대학교 기도하는 모금함에는 깨끗한 봉투에 신권을 넣어서 정성스럽게 기도와 응원의 메시지를 담아 후원해 주신 분도 계시다. 그리고 비치된 모금함을 통해서 오래전 회원들이 다시 연결되는 경우도 있다. 100원의 1,000원의 소중함을 알게 하는 모금함이다. 100원, 200원 1,000원이 쌓인 금액이 얼마나 소중한지 우리는 프로그램을 운영하면서 절실히 깨달았다.

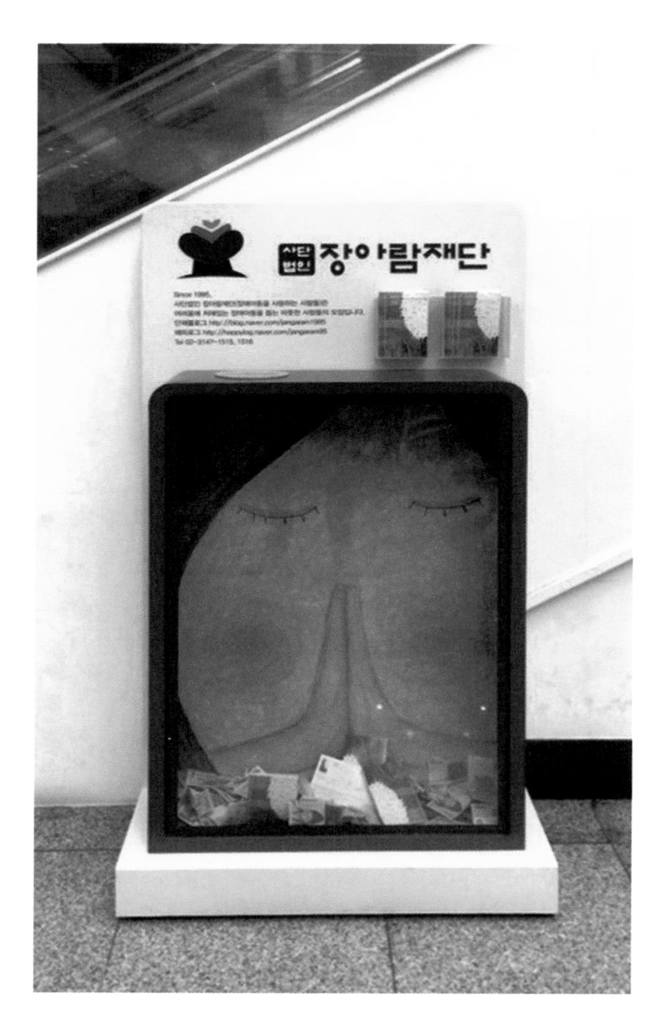

아주대병원에 설치된 기도하는 모금함

후원이란 지금 내가 넉넉해서 나누는 것이 아니라, 넉넉하지 못한 그 사람의 사정을 알기 때문에 후원하는 것이리라. 내가 부자가 되면, 내가 여유가 생기면, 후원하겠다는 다짐은 후원으로 연결되기 쉽지 않다. 그러나 장아람재단을 후원하는 회원들은 적은 금액이라도 지금 시작하는 일에 주저하지 않는 장애아동의 이웃이다.

장아람재단은 전국구다

장아람재단이 설립된 지 10년이 되자 전국의 장애아동 가족이나 특수교육 기관과 치료실에 소문이 났다. 전국적으로 지원을 하게 된 아동이 한 달에 120명을 넘어섰다. 많은 아이를 지원하다 보니 지역별 출장이 불가피해졌다. 지역 아동을 만나기 위해서 경상도 지역을 순회하다가 부산에 사는 K의 집에 도착했다. 아이들을 만난 뒤 K의 어머니와 차 한잔 하기 위해서 달맞이 고개를 올랐다. 달맞이 고개에서 바다를 바라볼 수 있는 멋진 카페를 찾아가는 일. 목발을 이용하는 K의 어머니에게는 쉬운 일이 아니었다. 높은 빌딩이어서 엘리베이터가 있었지만 그 전에 높은 계단을 올라야 했다. 카페 안의 창가 자리도 턱이 있었다.

창가 자리에 앉아 바다를 바라보면서 K의 어머니는 자신의 꿈을 이야기했다. 가족 여행을 가고 싶었지만 휠체어로 이동해야 하는 아들과 한쪽 팔이 불편한 아빠와 목발을 짚는 엄마가 쉽게 갈 수 있는 음식점을 찾기가 어려웠고, 숙소도 찾기가 어려웠다고 했다. 장애아동 가족이 쉴 수 있는 휴가지가 있다면 좋겠다는 소원을 이야기하셨다. 장애아동 가족의 이야기 중 할 수 있을 것 같은 일들을 마음속에 저장해 두는 버릇이 있다.

부산 출장 중 장애아동 가족과 이야기를 나누며 꿈땅을 꿈꾸기 시작했다. K의 어머니를 위해서라도 꿈땅에 숙소를 빨리 만들고 싶었다. K의 가족 같은 이들이 타인의 시선을 의식하지 않고 편안하게 휴가지에서 쉼을 누릴 수 있는 행복한 쉼터를 만들고 싶었다. 그러나 K의 어머니는 강 건너 꿈땅에 발을 디뎌 보지 못하고 아산병원에서 생을 마감하고 말았다.

장아람재단의 최호준 회장님과 이경희 이사님은 장애아동 가족들의 꿈을 외면하지 않으셨다. 계획을 세우고, 구체화하기까지 최호준 회장님의 결단과 실행이 없었다면 꿈땅은 그저 꿈이었을 것이다.

최호준 회장님과 이경희 이사님

꿈땅, 행복한 쉼터

꿈땅을 찾아 나서다

꿈땅을 만들기 위해 처음에는 충청도 지역을 답사하고 있었다. 전국에서 모이기에 좋은 중심이라고도 생각했고, 최호준 회장님께서 이사장으로 계시는 동성중학교가 천안 성환에 위치해 있으니 여러 가지로 도움이 될 것 같았다. 보령을 중심으로 답사를 하면서 폐교를 구입할 수 있다면 좋겠다는 생각에 여러 곳을 방문했다. 장아람가족 만남의 날을 몇 해 진행하다 보니 문화프로그램에 대한 욕심이 자라고 있었다. 몇 년 뒤 다리가 생긴다는 섬도 후보에 올랐다. 그 섬이 얼마 전 다리가 놓인 원산도다. 1년 동안 충청도 지역의 후보지를 찾아다니던 우리는 경기도 양평이라는 지역이 꿈땅이 되리라고는 꿈에도 몰랐다.

어느 날 최호준 회장님과 이경희 이사님은 양평에 사는 친구를 만나러 드라이브를 나가셨다가 눈에 들어온 땅을 그저 알아만 보기 위해 부동산에 들렀지만 북한강과 접한 그 땅이 맘에 들어 곧바로 구입하셨다. 꿈땅이 될 만한 지역을 찾지 못하고 전전긍긍하고 있을 때였다. 회장님 부부가 별장을 지으려고 산 땅이 장아람재단 간사들 눈에도 좋아 보였다. 우리는 바로 옆에 땅을 사겠다고 말했다. 그렇게 경기도 양평이라는 지역이 꿈땅이 위치할 곳으로 정해졌다.

15년 전에 지어진 낡은 집 한 채와 커다란 메타세쿼이아 나무 두 그루가 덩그러니 서 있는 땅이었다. 북한강과 인접해 있었고 뒤편으로는 뒷산이 포근하게 감싸 안은 모양이었다. 지금도 우리는 그 산을 꿈땅 뒷산이라고 부른다. 그 산은 계절별로 멋진 풍경을 우리에게 선물해 주고 있다. 꿈땅 앞으로는 북한강이 흐르고 뒤로는 산이 병풍처럼 서있고, 예로부터 배산임수라고 하지 않았던가! 딱 좋은 자리였다. 대부분의 별장은 대문이 굳게 닫혀있다. 주말에만 이용하거나 한 달에 몇 차례밖에 이용되지 않는 별장이 많았다. 최호준 회장님은 그런 별장을 원하지 않으셨다. 내가 사용하지 않을 때는 다른 사람들이 드나들 수 있도록 하자 하셨다. 장애아동 가족들을 위한 꿈의 땅이 마련되었다.

땅을 구입하다

장아람재단은 회장님 별장 옆으로 붙은 677평의 땅을 구입했다. 오랜 시간 동안 주인이 돌보지 않은 땅이라서 해야 할 일이 많았다. 넓은 땅을 그냥 둘 수 없어서 일단 농사를 지어보자 했다. 우리는 일주일에 한 번 서울 신촌에서 양평 꿈땅으로 향했다. 그 당시 간사들은 농사에 경험도 없었고 땅에 대해 아무것도 모르는 젊은이였다. 어렸을 적 부모님이 농사짓는 것을 옆에서

2007년 꿈땅

지켜본 게 고작이었다. 첫해에는 박종숙 간사의(현재, 우석전각뮤지엄 실장이자, 장아람재단 협동간사) 부모님께서 충주에서 직접 트랙터를 가지고 오셔서 밭을 일궈주셨다. 그 후로는 구리에 사시는 이만웅 박사님, 김경숙 부부가 여러 가지 농사 방법을 가르쳐주셨고 모종도 길러주셨다. 우리가 땅을 구입해서 농사를 짓겠다고 하니 도움의 손길이 이어졌다. 아무것도 몰랐지만 도움을 받으면서 우리는 농사라는 일에 들어섰다. 이 또한 열정만 가득했던 무모한 젊은 시절이었기에 가능한 일이었다. 땅을 샀으니 꿈땅이라는 이름에 걸맞은 계획을 세워보기로 했다. 꿈땅을 구입한 시기부터 10개년 계획을 세웠다. 꿈땅 첫해에 장아람재단 10주년 기념행사로 묘목심기 행사를 진행했다. 장아람재단 회원들이 장애아동의 나무를 후원하여 '아이들 나무를 심자'라는 계획의 10주년 기념행사였다. 2005년에 심은 묘목들은 꿈땅이 여러 번 지형의 변화를 맞이하면서 살아남지 못했지만 현재는 매실나무와 산수유나무, 대추나무 등으로 변경하여 새롭게 심겨져 관리되고 있다. 땅을 구입하자마자 그해 봄에 묘목심기 행사를 하면서 텅 빈 땅에 우리는 꿈의 씨앗을 뿌린 것이다. 작은 발걸음이었지만 그 발걸음이 오늘날 꿈땅의 멋진 모습에 이르게 만들었다.

장아람재단은 매해 성장했다

가족 지원의 꿈에 다가가다

꿈땅, 행복한 쉼터를 만드는 것이 처음 꿈땅을 시작

한 이유였다. 장애아동 가족들이 타인의 시선을 의식하지 않고 쉼을 얻게 하는 일. 30년이 지난 지금도 장애아동의 가족은 말한다. 내 아이가 장애라는 사실이 놀라운 일로 받아들여지던 그 순간의 기억을, 내 아이가 이상 행동을 하게 될까 봐 자유롭게 외출을 하지 못했던 시간들을 이야기한다. 장애아동 가족, 특히 부모님에게 휴식이 필요했다. 꿈땅에서 쉼을 누려본 장애아동 가족들은 매년 꿈땅, 행복한 쉼터인 꿈집에 휴가를 예약한다. 지금은 별채 한 곳에서만 쉼이 가능하지만 건물이 더 세워지고 더 많은 가족이 함께 휴가를 보내고 더 많은 프로그램이 이곳에서 진행되기를 꿈꾼다.

장아람재단이 활동을 시작한 지 10년이 지나면서 꿈땅이라는 새로운 꿈을 꿨고, 꿈을 그리고 색칠했다. 오래전부터 꿈꿔오던 일을 구체적으로 계획하기 시작했다. 장애아동을 지원하면서 장아람재단은 가족 지원에 더 중점을 두는 단체이고 싶었다. 그래서 진행하는 모든 프로그램을 가족 모두가 참여할 수 있는 프로그램으로 준비하고자 했다.

20주년 기념사업,
형제·자매 지원을 시작하다

가족 지원 사업 중 오랜 시간 꿈꿔왔던 형제자매 지원프로그램인 장아람재단 장학회도 다양한 그림을 그려봤지만 우선 장학금 지원부터 시작하기로 했다. 그렇게 꿈꾸던 형제자매 지원프로그램인 장학회를 2014년에 시작하게 되었다. 최호준 회장님과 이경희 이사님은 실무진의 이야기를 그저 흘려보내지 않으셨다. 본인들의 꿈이기도 했던 장학 사업을 위한 조직을 만들기로 하셨다. 그 뜻을 모아 우리는 장아람재단 장학회를 설립하게 되었다. 20주년을 맞이하면서 새롭게 시작한 사업 중 하나였다.

장아람재단 장학회는 장아람만의 뚜렷한 목표가 있다. 우리가 지원해 줄 테니 열심히 공부해라가 아니다. "우리는 너희가 하고 싶은 일을 지원하고 싶다. 맘껏 꿈을 꿔봐라. 우리가 너희 가는 길에 함께할게." 라는 응원이 담긴 지원이다. 장애를 가진 형제자매로 인한 부담감이 존재하는 친구들에게 또 다른 짐을 지우고 싶지 않았다. 장아람재단 장학회가 장애아동의 형제자매들에게 또 다른 친구가 되기를 바랐다. 장아람재단의 장애아동 지원이 그러하듯 장학회의 지원도 1회 지원이 아니라 졸업할 때까지 지속적인 지원을 하기로 했다. 장애아동의 형제자매 장학금 지원에는 물론 성적도 중요하지만 자기 소개서가 훨씬 중요하다. 자필 자기 소개서가 쌓일수록 그들의 생각이 자랐고, 이야기하는 방식이 성장했고, 6개월 동안의 자신의 모습을 뒤돌아보며, 새로운 계획을 세워가는 과정이 되었다.

엄마의 날이 시작되다

장애아동의 부모들에게 어떤 도움이 필요할까를 고민하기 시작했다. 장아람재단의 재능기부 선생님들과 이야기를 하고 있던 차에 네이버 해피빈 재단으로부터 배움터를 개설해 보지 않겠냐는 제안을 받았고, 우리는 준비하고 있던 프로그램을 바로 시작할 수 있었다. 그것이 엄마의 날이다.

장아람가족 만남의 날 체험 프로그램에서 남은 재료를 어떻게 할까 고민하다가 그날 함께 한 봉사자들은 체험을 못해봤으니 봉사자들과 하루 프로그램을 열자고 했다. 그것이 원데이 클래스라는 배움터를 열게 했고, 원데이 클래스를 열면서 이 프로그램에 장애아동의 엄마들이 참여할 수 있도록 만드는 것을 최종 목표로 삼았다. 장아람이 꿈을 꾸면 몇몇 활동가 선생님들이 자신의 일처럼 앞장서줬다. 원데이 클래스를 통해 장아람에서 할 수 있는 다양한 배움터를 열어보는 기회를 갖게 되었다. 컴퓨터 교실, 미술 교실, 사진 교실, 펠트 교실, 손바느질 소품반, 인형 교실, 캘리그라피 교실, 목공 교실 등 다양한 배움터를 진행했다.

원데이 클래스 운영뿐만 아니라 장아람재단의 프로그램마다 자원하여 재능을 기부하고 계신 선생님들과 함께 장아람 언니들 마켓을 열기도 했다. 2015년부터 코로나 펜데믹 이전까지 우리는 매월 둘째, 넷째 금요일에 아트레온 1층에서 언니들 마켓을 열어 장아람재단을 홍보하는 일을 진행했다. 지금은 팝업스토어로만 운영하고 있어 아쉽지만 이 멤버들은 여전히 저금통 사랑나누기 행사 때 굳이 추운데도 야외에서 언니들 마켓을 열겠다는 사람들이다. 이 사람들이 없었다면 엄마의 날을 운영할 수 없었을 것이다. 2023년 현재 8회까지 엄마의 날이 운영되었다.

1회 엄마의 날 단체사진

3. 장아람재단의

꾸준히, 규칙적으로, 일하고 있었던 그 시간은
언젠가 내 앞에 그림처럼 선명하게
펼쳐져 있을 것이다.

사업

지원 사업

경제적인 어려움으로 인해 조기 치료의 적절한 시기를 놓치지 않고 치료를 지속할 수 있도록 돕는다. 그것이 우리가 1차적으로 할 수 있는 실천의 첫 행동이다. 지원 사업은 경제적인 도움뿐만 아니라 장애아동 형제자매의 지원과 가족 지원 사업으로 확대되어 운영되고 있으며 장애아동과 그 가족에게 필요한 사업을 선별하고 시급한 문제 해결을 위한 사업도 병행하여 진행하고 있다.

장아람재단의 핵심 에너지

"우리 아이는 아직 말을 하지 못하고, 그림도 못 그리고, 글씨도 아직 못 배웠어요. 후원자에게 감사 편지도 보내지 못하고 그림 편지도 보내기 어려운데 후원을 받을 수 있나요?"

"저희는 기초생활수급자가 아니에요. 그런데도 후원을 받을 수 있나요?"

고민이 많았다. 장애아동이면 무조건 후원하고 함께 하고 싶었던 마음이 컸다. 그렇지만 우리는 모두에게 후원을 해 줄 수 있는 재정적인 능력은 부족했다. 우리를 필요로 하는 장애아동 가족을 잘 만나야 했다.

1995년에 시작된 장아람재단의 교육지원은 매월 한 아동에게 2만 원씩 교육비를 지원했다. 창립멤버인 나는 이 금액이 크지 않다고 생각했다. 아이들이 받아야 되는 여러 가지 치료비에 비해 지원금은 그저 아주 작은 일부였다. 물론 그때 재정에 맞게 측정한 금액이었지만 적은 금액으로 많은 아이들을 지원하는 것이 맞는지, 정말 도움이 되는 금액을 소수의 아동에게 지원하는 게 맞는 것인지를 고민했다. 장아람재단은 0세~19세까지 지속적인 지원을 원칙으로 하다 보니 한 아동에게 매월 지원하는 금액을 크게 증가시키지 못했다. 또한 어떤 아동을 후원해야 할지 고민이 컸다. 모든 단체에서 기초생활수급자 위주의 지원을 하고 있던 창립 초기, 우리가 만난 장애아동 가족은 기초생활수급자는 아니지만 그보다 못한 생활을 꾸려가고 있는 가정이 많았다. 1990년대에는 4인 가족 생계비 측정 방식의 차이도 있었겠지만 집이 자가이거나 부모가 대학을 졸업했는가에 따라 기초생활수급자 선정에서 떨어질 수 있었다. 우리는 차상위계층으로 지원의 폭을 넓히자, 나아가 차차상위계층까지 지원하자고 했다. 사각지대의 장애아동을 돕는 일을 정부지원금을 받지 않은 단체라서 바로 시작할 수 있었다.

2023년 현재, 매월 한 아동에게 10만 원씩 재활 교육비가 지원되고 있다. 그러나 장아람재단은 교육비나 치료비의 지원보다도 장애아동과 비장애아동이 함께하는 프로그램을 운영하고자하는 목표가 더 컸다. 지원사업을 꾸준히 진행하면서 긴 시간 동안 함께 한 가족들의 변화를 보고 싶었다. 장애아동 가족들이 장아람재단을 아끼는 이유는 긴 시간 동안 함께 해왔기 때문이다. 일시적인 지원으로 끝나는 후원이 많다. 장아람재단은 일시적인 후원보다는 지속적인 후원에 더 큰 비중을 뒀다. 물론 치료가 필요한 아동에게는 교육비 외에 치료비를 지원했지만 치료비는 장애에 따라 달랐다. 수술적인 치료가 필요한 아동도 있지만 장애아동에게는 교육이 곧 치료였다. 그래서 해피빈 모금함을 통해서 교육 치료비를 1년간 후원하는 모금함을 개설하고 있다. 장애를 발견한 초기에 집중 교육 치료를 받아야 조기교육의 효과가 높다. 1995년에 비해 2023년 현재 치료의 종류도 다양해졌다. 그러다 보니 여러 가지 치료 방법을 연계해서 교육해야 한다. 장애아동의 초기 교육 치료비와 재활치료비는 한 달에 100만 원을 훌쩍 넘어선다. 여전히 매월 지원하는 금액이 아이들 가정에 큰 도움이 되지는 않겠지만 장애아동의 가족들은 조건 없이 긴 시간 장애아동의 재활치료비를 지원하는 장아람재단과의 만남을 꾸준히 이어가고 있다.

우리의 지원이 아주 큰 금액은 아니지만 장애아동 가족들은 지원이 종료되면 다시 장아람재단의 다른 아동을 지원하고자 후원을 시작한다. 그들의 가정형편이 나아진 것도 아니며, 장애아동이 장애를 툴툴 털어버린 것도 아니다. 장애아동 가족들은 고마운 마음을 이렇게라도 함께 나누고 싶다고 말한다. 1995년부터 2023년까지 29년 동안 2,277명을 여러 가지 방법으로 지원했다. 아이들의 이름을 보면 얼굴이 떠오른다. 이제는 어른이 되었을 텐데 장아람에게는, 나에게는 여전히 아이들이다.

지구여행을 마친 아이도 있고 연락이 닿지 않는 아이도 있지만 장아람재단의 지원이 종료된 후 더 자주 만나게 되는 경우도 많았다. 학교와 치료실을 다니던 시절에는 장아람재단의 프로그램을 우선순위에 두지 못하고 참여를 미루기도 했는데 20살이 되고 나서 그들은 갈 곳이 없었다. 그래서 장아람재단에서 진행하는 프로그램에 꼬박꼬박 참여하기 시작했다. 학교를 졸업하니 불러주는 곳도 없고, 중증 장애를 가지고 있다 보니 주간보호 센터에도 갈 수 없다. 갈 곳이 사라졌다. 그런데 장아람재단은 졸업해도 오라고 했다. 그럴 수 있도록 1년에 4번, 계절별로 프로그램을 진행하고 매년 정해진 날에 프로그램이 열리니 참여하기도 좋았다. 집에서만 지내고 갈 곳이 사라진 졸업한 친구들에게 장아람은 여전히 즐거운 놀이터, 외출하기 좋은 곳이다. 장아람재단과 함께했던 아이들의 가정, 그들은 여전히 힘든 삶을 살아갈지도 모른다.

여전히 우리는
그들의 행복을 위해서 기도한다.

심채린 아동 가족의 꿈땅 첫 방문한 날

윤태준 아동과 아버지, 저금통사랑나누기 행사장에서

29년 동안 재정 현황

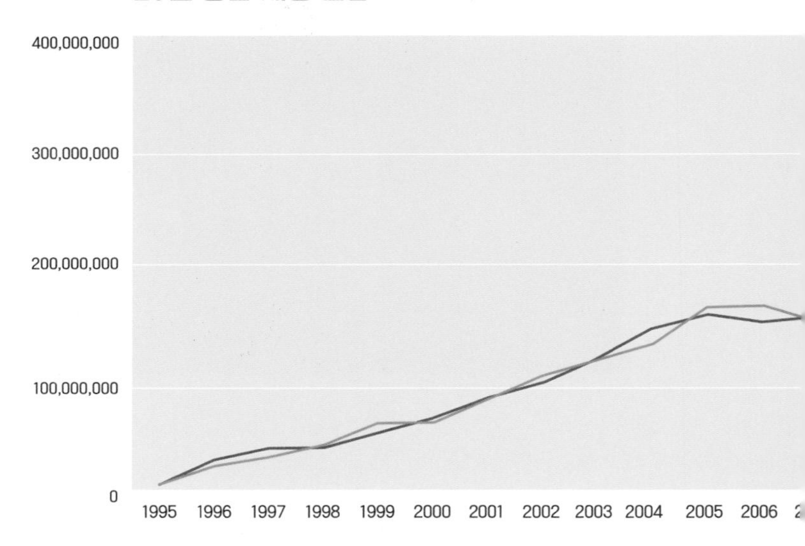

29년 동안 지원금

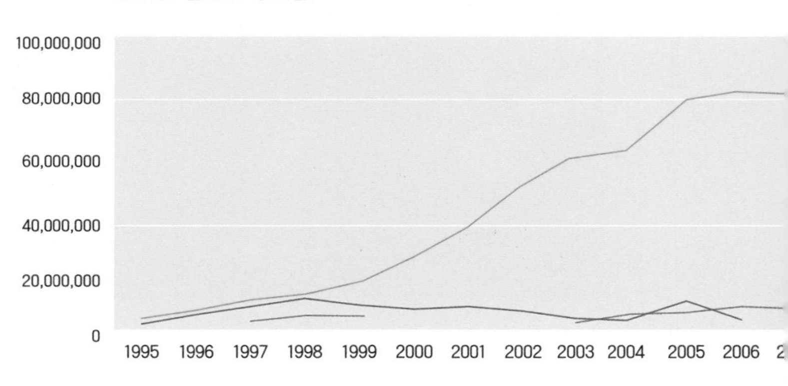

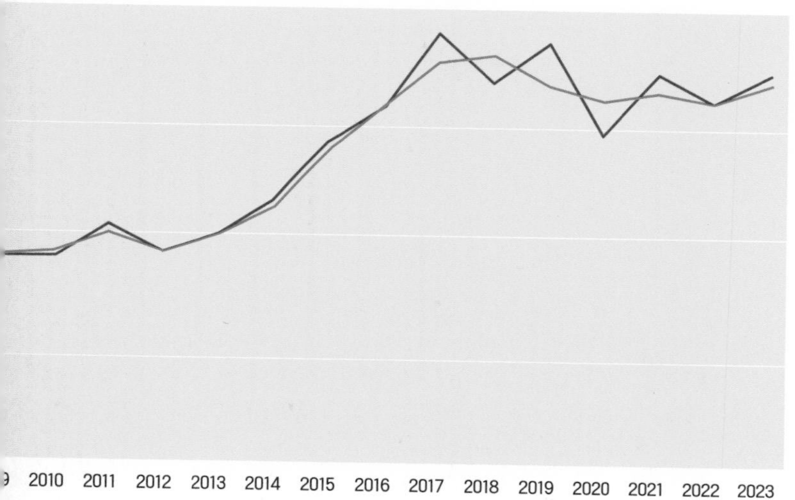
수익
비용
2010
2011
2012
2013
2014
2015
2016
2017
2018
2019
2020
2021
2022
2023

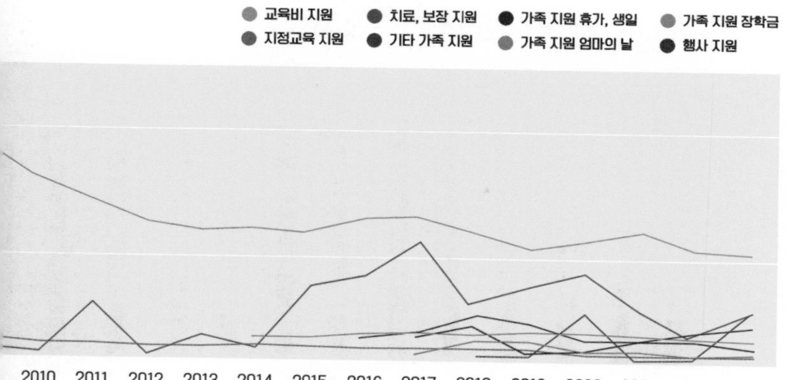
교육비 지원
치료, 보장 지원
가족 지원 휴가, 생일
가족 지원 장학금
지정교육 지원
기타 가족 지원
가족 지원 엄마의 날
행사 지원
2010
2011
2012
2013
2014
2015
2016
2017
2018
2019
2020
2021
2022
2023

29년 동안 지원한 아동 현황표

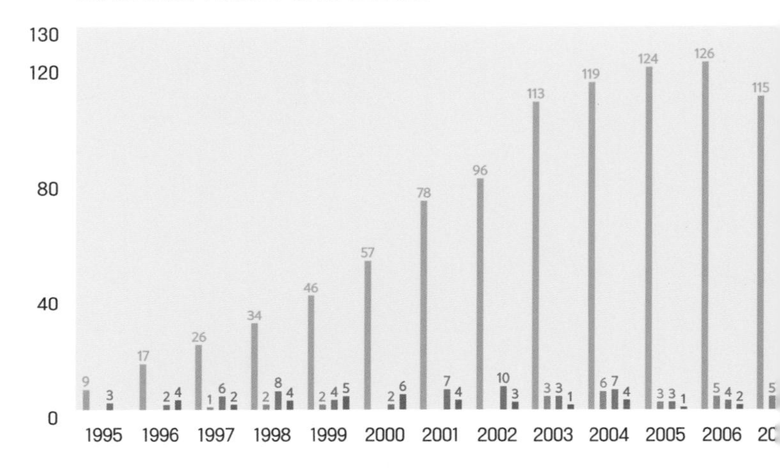

29년 동안 회원 통계

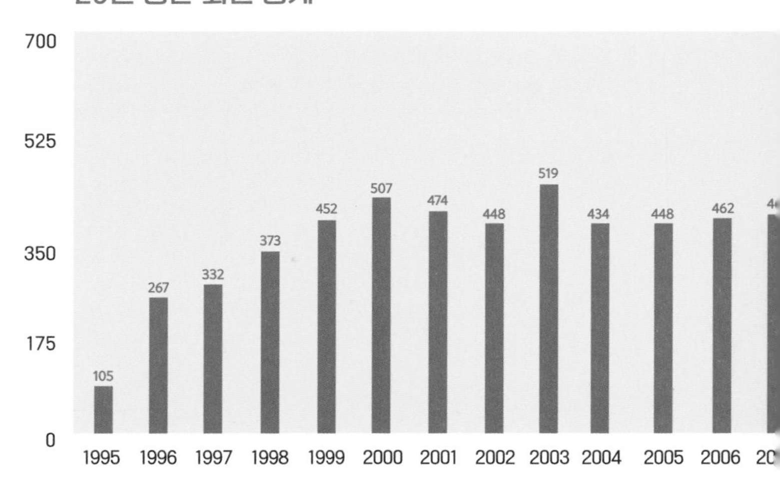

*장아람재단 지원신청조건 : 13세 이하의 장애아동 지원신청 가능

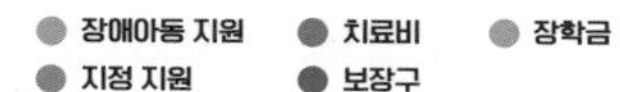
장애아동 지원
치료비
장학금
지정 지원
보장구

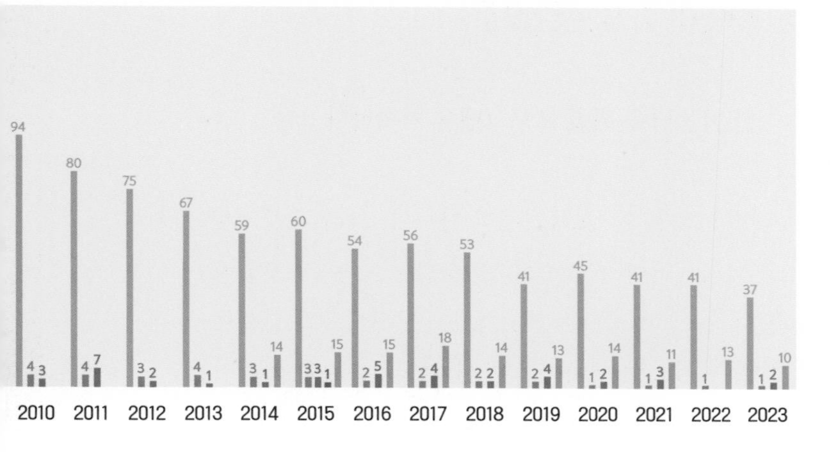
94 4 3
80 4 7
75 3 2
67 4 1
59 3 1 14
60 3 3 1 15
54 2 5 15
56 2 4 18
53 2 2 14
41 2 4 13
45 1 2 14
41 1 3 11
41 1 13
37 1 2 10
2010 2011 2012 2013 2014 2015 2016 2017 2018 2019 2020 2021 2022 2023

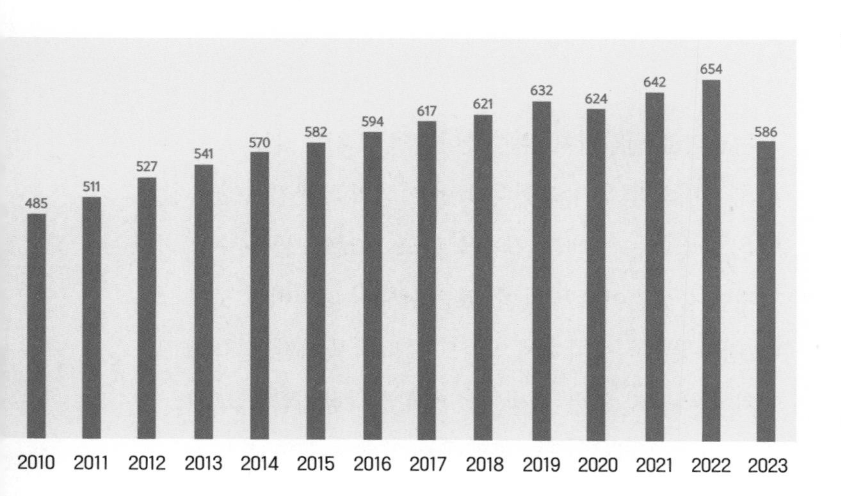
485
511
527
541
570
582
594
617
621
632
624
642
654
586
2010 2011 2012 2013 2014 2015 2016 2017 2018 2019 2020 2021 2022 2023

장애아동을 후원하는 일,
무엇이 가장 중요할까

한 아동만을 위한 프로그램을 기획하다

장아람재단은 교육기관이 아니다. 그러나 치료실이나 교육센터인 줄 알고 지원 상담을 하는 경우가 종종 있다. 장아람재단 설립 초기에는 장애아동과 교육봉사자의 결연을 진행시키기도 했지만 지금까지 지속적으로 이어오지 못한 사업 중 하나이다. 교육 결연을 지속시키지 못한 것을 어떻게 회복할 수 있을까, 고민하면서 치료 교육센터를 운영하게 되는 날을 꿈꾼다.

치료비로 해결되지 않은 아이들의 교육이 있었다. 특히 한별이의 경우가 그랬다. 17번 이상의 기관지 수술을 받은 한별이는 성대의 기능을 잃고 말았다. 들을 수는 있지만 음성언어로 말할 수 없는 상황이 되어버린 것이다. 청각장애 특수학교에 입학도 시도해 봤지만, 청각장애가 등록되지 않은 학생이었기에 청각장애인 학교에 갈 수가 없었다. 그래서 한별이는 일반 초등학교 특수반이 개설되어 있는 학교에 입학하게 되었다. 그렇지만 소통의 어려움이 있는 한별이가 친구들을 만나고 교육 과정을 그대로 따라가기에는 역부족이었다. 한별이의 상황을 이해하고 교육할 수 있는, 한 아동을 위해서 가장 좋은 교육을 선택할 수 있는 여건이 되어 있지 않았다. 그래서 우리는 마음을 모았다. 교육 놀이치료 선생님과 수어 선생님, 장아람재단은 한별이와 매주 1회의 교육을 시작하기로 했다. '한별이가 앞으로 살아갈 긴 시간 동안 떠오르는 선생님이 한 사람쯤은 있어야지 않을까?, 한별이의 마음이 자라야 하지 않을까?' 하는 마음으로 시작한 일이었다.

우리는 매주 화요일 한별이를 만났다. 교육실이 별도로 마련된 장아람재단 사무국이 아니다 보니 우리가 가진 공간 안에서 진행할 수 있는 플랫폼을 만들고 매주 강사료도 최소 금액으로 측정해서 시작하게 되었다. 장아람재단이 아니면 할 수 없는 일이었다. 장아람재단이 대단해서가 아니라 한 아동의 교육에 안타까워하는 마음을 가진 봉사자들이 있기에 가능했던 32주였다. 한 아동만을 위한 사업을 기획하고 진행하면서 한 아동에게 이렇게 큰 혜택을 줘도 되는 것일까? 라는 질문을 수도 없이 던졌지만 장아람재단이기에 가능한 사업이라고 답을 내렸다.

엄마랑 수어교실은 32주 동안 수어를 배우고, 놀이교육을 통해서 한별이가 소통하는 방법을 배우고, 한별이를 도우려는 선생님들이 매주 기다리고 있다는 것을 한별이 가족에게 알렸다. 프로그램을 진행하다 보니 한별이 학급에서 수어교실과 인식 전환 교육을 5주간 진행하자는 계획이 세워지고 진행되었다. 32주 수업을 마치고 그해 저금통 사랑나누기의 첫 공연의 시작을 한별이 가족의 수어노래로 열었다. 한별이를 32주 동안 가르쳤던 김한나 선생님과 한지혜 선생님은 그날 마음이 콩닥콩닥 거렸을 것이다. 장아람재단의 봉사자들은 말한다. '내가 더 많이 배웠다고.' 다음 해에도 진행할 수 있었다면 좋았겠지만 우리가 가진 예산과 여건이 부족했다. 하지만 장애아동 지원 사업 중 장아람재단이 잘할 수 있는 사업이라고 생각하고 있다. 그래서 여전히 꿈꾸는 일 중 하나이다.

한별이와의 32주 수업

엄마랑 수어교실 수료식

엄마, 아빠 아니에요.

우리가 더 고마워요.

32주간 동안 지속된 별이와의 수업이 끝났다. 들을 수 있지만 목소리로 말할 수 없는 별이를 위해서 <엄마랑 수어교실>을 계획했고 실행시켰다. 김한나 선생님과 한지혜 선생님이 동참했다. 시작할 때의 기대감이 사라질 때도 있었고 많은 변수에 대비해서 수업을 준비해도 제대로 진행하지 못하는 경우도 있었다. 하지만 시간을 쌓아갈수록 엄마랑 수어교실은 우리가 감히 예측할 수 없는 방향으로 흐르고 있었다. 우리들의 감정이 일렁이고 별이의 눈빛도, 손으로 이야기하는 방식도 달라지기 시작했다. 우리가 노력하자 많은 선한 사람들이 함께하기 시작했고, 계획했던 것보다 더 큰 일들을 할 수 있었다. 그래서 우리는 2019년 12월 14일, 19회 저금통 사랑나누기 <특별한 하루, ON>에서 가족 노래 '고마워요'를 수어로 발표할 수 있게 되었다. 우리들의 마침 소감을 전하고 싶다.

한별이가족 :
2019년 저금통사랑나누기 수어노래<엄마 아빠 고마워요>로 문을 열었다.

시작할 때와 마지막 수업을 끝냈을 때
한별이 표현 방법과 표정들이 많이 달라졌다.

"수어 수업 32주"라는 말을 들었을 때 딱 드는 생각이 별이를 가졌을 때 생각이 막 스쳐 지나갔었어요. 아기집만 보이다 8주가 되어서 심장 소리가 들리고 16주가 되어 성별 확인하고 팔과 다리가 짧은 곰에서 키다리 모습을 갖춰가는 모습을 지켜보듯이, 처음 수업을 시작할 때와 마지막 수업을 끝냈을 때 별이 표현 방법과 표정이 많이 달라졌다는 게 느껴졌습니다. 덕분에 친구들에게 다가가는 두려움도 극복을 해가고 있습니다. 모르는 단어가 나와도 쩔쩔매지 않고 그림을 그리고 색을 가리키고 크기를 표현하면서 다른 사람과의 의사소통에도 좋은 대처 방법을 찾아 해결하는 모습을 보니 정말, 정말 흐뭇합니다.

한별이 어머니

긴 시간을 잘 따라와 준 별이에게 고맙습니다.

짧지만은 않았던 시간을 잘 따라와 준 별이에게 고맙습니다. 처음엔 모든 것이 서툴러서 석션할 때도 벌벌 떨고, 별이가 표현하는 말(그림, 글, 동작)의 뜻을 알아내려고 집중하던 때가 있었는데 32회의 시간을 함께 보내면서 별이 뿐만 아니라 나도 성장한 것 같습니다. 이젠 석션이 두렵지 않고, 수어로 대화를 한다는 게 신기하기만 합니다. 학교 수어 수업의 시도는 처음 걱정과는 달리 1학년 아이들의 습득력에 놀랐고 학급 친구들과 선생님들에게 별이를 향한 따뜻함을 선물한 듯하여 기분이 좋았습니다. 별이가 한글과 수어에 조금 더 익숙해지게 되면 그때는 대화의 폭이 훨씬 넓어질 수 있을 거라 생각됩니다. 모두 수고했습니다.

김한나 수어 선생님

별아, 마주쳐 준 예쁜 눈동자, 다가와 잡아 준 손,
함께 걸어준 발걸음 잊지 않을게!

별이와의 만남은 연극과 놀이로 아이들을 만나온 16년이라는 저의 세월을 무색하게 만들었습니다. 엄격한 아빠, 포근한 엄마, 장난꾸러기 친구 역할을 오가며 별이와 가까워지기 위해 매회 긴 시간 별이에 대한 이야기를 나누었던 것 같습니다. 한 달, 두 달 시간이 지나 조금씩 별이가 우리와 소통을 이어갈 때, 무엇보다 별이가 표정으로 손으로 그려내는 것들을 조금씩 알아차릴 때 그 기쁨은 제 마음속 소중한 보물이 되었습니다. 지난 2월 별이와의 만남을 위해 첫 회의를 하고 3월에 가진 첫 만남이 엊그제 같은데 32회차라는 대장정의 막이 무사히 내렸다고 하니 진심으로 기쁘기도 아쉬운 것이 많기도 합니다. 대장정을 함께 해주신 한나 선생님, 무지막지한 서포터로 힘을 주신 이미경 국장님 외 모든 장아람 식구 감사합니다. 사실은 한별이와의 특별한 만남이 하루 더 남았습니다. 12월 14일, 무대를 통해 별이에게 더 많은 사람의 따뜻한 시선이 머물렀으면 좋겠습니다. 별이가 사람들의 박수를 받으며 한 발짝 사회에 나아갈 용기를 얻기를 희망합니다. 먼 훗날 별이가 우리와 함께한 일 년을 잠시라도 떠올려준다면 참 행복할 것 같습니다. 별아, 별이가 마주쳐 준 예쁜 눈동자, 다가와 잡아 준 손, 함께 걸어준 발걸음 잊지 않을게!

한지혜 놀이연극치료 선생님

또래 친구들과 함께 발걸음을 맞추려는
별이를 봤습니다.

엄마랑 수어교실은 5주간 별이의 학교에 갔습니다. 친구들과 함께 수어를 배우는 별이, 놀이를 하는 별이를 보면서 또래 친구들과 함께하는 시간을 즐거워하는 모습을 봤습니다. 특별하지 않았습니다. 우리가 그저 시간의 흐름에 따라 아이가 자라는 성장의 속도를 함께 해주면 되는 것이었습니다. 어른의 눈으로가 아닌 그 또래의 수준으로 바라보니 별이는 평범했습니다. 장애는 특별하지 않습니다. 별이는 초등학교 1학년, 그저 그 나이의 아이랍니다. 우리의 32주가 별이에게도, 별이 가족에게도, 저에게도, 선생님들에게도 진심으로 소중한 시간이었습니다. 감사합니다.

앤 국장

우리는 한별이와 지속적인 만남을 이어가기를 바랐지만 초등학교 1학년 때 진행한 <엄마랑 수어교실>은 다시 열리지 못했다. 그러다가 2023년 한별이 학교에서 인식 전환 교육을 위한 강사 소개를 요청했다. 2023년 6월 9일 금요일 장아람재단은 황은진 선생님을 통해 5학년이 된 한별이 학급의 인식 전환 교육을 진행했다. 매년 이렇게 한별이 학교에서 한별이를 이해할 수 있는 교육을 연계했어야 했었다는 후회가 밀려왔다. 교육프로그램을 운영하는 센터의 필요성을 다시 한번 절실히 느낀다. 꿈 목록에 있는 치료교육 센터에 다시 한번 체크 표시를 해본다.

엄마랑 수어교실 32주 수료식

장애아동의 형제, 자매들에게 다가가다

장아람재단 장학회 – 장애아동 형제자매 장학금

장애아동 지원 사업을 진행하면서 장애아동 형제·자매를 위한 지원프로그램을 운영하고 싶었다. 많은 기관과 단체, 그리고 정부 지원까지 장애아동에게만 집중되던 시기였다. 장애아동 가족을 만나면서 형제·자매에게 시선이 향했고 그들의 어려움이 보였다. 장아람재단이 가족 지원 사업을 확장시켜 나가게 된 이유가 여기 있었다. 장애아동의 형제·자매들에게 함께 살아가는 이웃이 있다는 것을 알게 하자는 목표를 세웠다.

우리가 이 사업을 시작하기 전 LA에 있는 NBGI로부터 장학금을 지원 받았다. NBGI(National Bankers Group Incorporated)는 2005년 7월부터 2년간 장아람재단을 통해 한국의 도움이 필요한 학생들에게 장학금을 지원하여 꿈을 향해 도전할 수 있도록 도왔다. NBGI 장학금을 지원받아 운영하면서 장아람재단도 장학회를 꿈꾸게 되었다. 장애아동의 형제·자매를 위한 지원

프로그램을 우리 스스로 운영하면 좋겠다는 이야기를 나누기 시작했다. 그러다가 최호준 회장님과 이경희 이사님의 이루지 못한 꿈이 장학재단이었던 것을 알게 되었다. 장애아동 지원뿐만 아니라 형제·자매를 지원하는 사업에 최호준 회장님과 이경희 이사님은 적극적으로 함께 하셨다. 장아람재단의 장학회를 어떻게 운영하고 싶은지에 대한 이야기를 나누면서 지원하는 최호준 회장님과 이경희 이사님의 이름으로 조직을 운영할까도 생각해 봤지만, 두 분은 장아람재단의 산하 조직으로 운영하자며 장아람재단 장학회로 하자 하셨고 1천만원의 기부금으로 장학회를 설립하였다.

그렇게 2014년, 장아람재단 20주년 기념 사업으로 장아람재단 장학회를 시작했다. 우리가 꿈을 이야기하면 그 꿈은 어느새 우리 옆에 다가와 있었다. 장아람재단 장학회 또한 장아람재단의 지원 사업과 같은 방향을 가지고 있다. 꾸준한 지원이 중요했다. '매년 다른 학생에게 혜택을 주자'는 의견과 '아니다 한 학생의 학창 시절을 돕자' 는 의견이 좁혀지지 않았다. 시작점에서 우리는 장아람재단이 20년 동안 흘러온 시간을 생각해 보았다. 꾸준한 지원이 얼마나 중요한지를 알기에 장아람 재단 장학회의 지원도 꾸준한 지원으로 가자고 방향을 정했다. 장애아동의 형제·자매들도 지속적인 관계 속에서 우리를 믿고 함께하게 될 것이라고 믿었다.

장애아동을 위한 부모님의 노력은 형제·자매들을 일찍 어른이 되게 했다. 장애를 가진 형제나 자매를 향한 부모님의 관심을 나에게 돌리기 위해서는 뭐든 척척 잘하는 어린이여야 했고, 공부도 잘해서 부모님의 칭찬을 받아야 했다. 물론 문제행동을 통해 부모님의 관심을 받고자 하는 경우도 있다. 장애아동의 형제·자매들은 그들의 성장 속도에 맞는 감정을 그대로 표현하지 못하고 있었다. 형제·자매 지원을 위한 계획을 세우다 보니 장아람가족 만남의 날의 방식에도 변화를 주게 되었다. 장애아동의 가족들을 초청하되 장애아동에게는 일대일로 봉사자를 연결하고 부모님은 형제·자매와 프로그램을 함께하게 하자. 그렇게 함으로써 그동안 소홀했던 감정을 프로그램을 즐기면서 나누게 하자. 거기에 더해 장애아동의 형제·자매가 책임져야 할 몫을 나누는 사람들이 있음을 보여주고 싶었다. 그래서 형제·자매들과의 연결고리를 만들기 위해 프로그램을 진행하기 전 장학금 지원을 먼저 시작한 것이다. 장애아동의 지원 사업을 먼저 시작하면서 다른 프로그램으로 자연스럽게 만남을 시작한 것처럼 장학 사업을 통해서 장애아동의 형제·자매들과의 프로그램도 꿈꿔본다.

우리의 목표는 단순했다. 장애아동의 형제·자매들을 응원하자는 단순한 목표 하나였다. 그들이 살아가면서 장아람재단이라는 이웃이 있음을 알고 언제나 용기 있게 도전하기를 응원했다. 다행히도 지원을 받는 학생들은 부담보다는 감사함으로 자신들의 꿈을 향해 나아갔다. 매년 봄 학기, 가을학기 두 차례 장학 증서 전달식이 있다. 봄 학기에는 장학금을 지원받는 친구들과 부모님이 함께 모여 장학 증서 전달식을 진행하면서 우리는 꿈을, 목표로 하는 일을, 그리고 삶을 채워가고 있는 시간들에 쌓인 감사한 이야기를 함께 나눴다. 최호준 회장님과 이경희 이사님은 특별한 메시지를 나눠주셨고, 그들의 노력을 온 마음으로 지지해 주셨다. 장학 증서 전달식은 당연히 형식적인 모임이겠지 했지만 운영하는 나조차도 최호준 회장님과 이경희 이사님의 마음이 느껴져 감동한 시간이었다. 가을학기 장학금 증정식은 다른 형식으로 진행하고 있다. 8월 장아람가족 만남의 날에 장학생들은 봉사자로 참여한다. 1년에 1회 이상은 봉사자로 참여해야 하는 조건이 있기 때문이기도 하지만 이들은 스스로 봉사하겠다고 말한다. 장애아동의 형제·자매로 어린 시절을 보내고 장아람재단의 프로그램에 여러 차례 참여한 이들의 봉사는 질이 다르다. 그들이 경험한 시간이 어느새 재능이 되어 있었다.

장학증서 전달식

장학재단에서 지원받은 학생들의 자조 모임이 생기기를 바란다. 그래서 그들이 기획하는 장아람재단의 프로그램이 만들어지고 형제·자매들의 자조 모임이 아직 어려운 마음을 가지고 있는 또 다른 형제·자매에게 도움이 되고 위로가 되는 프로그램을 운영하기를 기대해 본다. 장아람재단 장학회의 최종목표이다.

* 장아람재단 장학회를 통해서 2023년 8월, 현재까지 40명의 학생에게 137회의 장학금을 지원했다.

장애아동 엄마들을 위한 배움터, 엄마의 날

2013년 장아람가족 만남의 날 프로그램을 마친 뒤 준비한 체험 재료가 많이 남았다. 어떻게 할까 고민하다가 수고해 준 봉사자가 체험할 수 있도록 하자며 하루 날을 정해서 모이기로 했다. 시간 되는 봉사자들만의 모임이었지만 체험활동을 하면서 즐거워하는 모습을 보며 함께한 선생님들은 소소한 모임을 시작하자고 했다. 봉사자와 회원들에게 혜택을 주자며 자신들의 시간을 내어주겠다는 강사들의 움직임으로 원데이 클래스를 매월 셋째 주 토요일에 열게 되었다. 원데이 클래스를 운영하면서 강사들과 운영진은 생각했다.

이런 배움의 기회를 장애아동의 엄마들에게도 주고 싶다. 엄마들이 한 달에 한 번씩 시간을 낼 수 있을까? 라는 질문으로 엄마들을 위한 배움터를 준비하기 시작했다.

장애아동의 엄마들에게 한 달에 하루만이라도 걱정 없이 환하게 웃을 수 있는 날을 선물하자. 배우고 싶었던 것을 배우게 하자. 마음을 나눌 수 있는 사람들과의 만남이 있게 하자. 하루쯤 행복으로만 에너지를 충전하게 하자. 그동안의 힘들었던 시간을 돌아보고, 내일은 더 좋은 날이 펼쳐질 것이라는 희망을 얻게 하자. 여전히 장애아동을 양육하는 데 어려움을 겪는 초보 장애아동 엄마들이 선배들의 조언을 통해서 구체적인 방법도 배우고, 함께하는 시간을 통해 위로를 받게 하자. 엄마의 날에 만난 그들이 스스로 자조 모임을 만들어 매월 셋째 주 토요일은 가족들에게 공식적으로 허가받은 쉼의 날이 되게 하자. 그렇게 엄마 자신을 위한 삶을 시작하게 하자. 목표를 세우고 운영에 들어갔다.

운영해 가면서 더 많은 엄마가 지정된 날이 아닌 자신의 시간이 허락되는 날에 장아람재단에서 운영하는 프로그램에 참여하게 하면 좋겠다는 꿈이 생겼다. 그러니 앞으로 문화센터와 장애아동 교육센터가 세워지는 날도 만나게 될 것이다.

한 달에 단 하루 누구도 아닌,
내가 되는 날

장아람재단에서 지원하는 장애아동 가족의 일상을 머릿속으로 그려본다. 장애인으로 살아가는 일, 그리고 장애아동의 가족으로 살아가는 일이 녹록지 않음을 알기에 장애아동 가족 지원 사업의 그림을 그리면서 어떤 사업을 운영하면 좋을까를 생각하고 있었다. 원데이 클래스를 운영하던 우리는 그 끝이 엄마의 날이기를 꿈꿨다. 한 달에 한 번 엄마들에게 배움의 시간을 주자. 한 달에 한 번 가족들에게 아이를 온전히 맡기고 나의 날로 외출하게 하자. 나의 이름을 부르는, 나의 꿈을 이야기하는 날을 만들어보자는 취지 아래 엄마의 날이 시작되었다.

낯선 이들과의 만남이니 얼마나 어색하겠는가? 내 얘기를 한다는 일은 그룹에 대한 신뢰가 쌓여야만 할 수 있는 것이다. 배움을 통해서 서로 익숙해질 무렵 자신의 이야기를 꺼낼 수 있도록 프로그램의 시간을 조정했다. 그런데 이상하게도 첫 번째 만남이 시작되면서부터 함께하는 장애아동의 엄마들은 보이지 않는 끈으로 묶이기 시작했다. 운영되는 회기마다 그들만의 위로가 있었다.

가족지원의 중심, 엄마

가족을 지원하는 일, 그것의 중심에 엄마가 있었다. 사람들은 말한다. 그들이 착해서 장애아동을 키우라고 하나님께서 그 가정에 보내주신 것이라고. 그러나 그것은 타인이 할 수 있는 이야기가 아니다.

우리는 쉬운 충고를 잘한다. 쉬운 충고들은 아이와 함께 하루, 하루를 살아온 엄마들의 마음 곳곳에 상처로 남아 있다. 1995년부터 2023년까지 장애아동을 바라보는 시선은 변한 것 같으면서도 변하지 않았다. 변했다고, 그래서 살만해졌다고 위로하고 있는 지금이다. 그러나 엄마의 날 만난 엄마들의 상처는 여전했고. 그동안 풀어내지 못한 상처를 이야기하고 있었다. 매일매일 아이들의 보호자 역할로 자신의 이름을 잊고 사는 엄마들에게 한 달에 단 하루만이라도 누구의 엄마, 누구의 아내가 아닌 나 000, 자신의 이름으로 살아가는 일을 시도하도록 도왔을 뿐이다. 엄마들을 위해서 배움의 시간을 열어뒀고 이야기할 수 있도록 자리를 마련했을 뿐이다.

사실 준비하는 과정이 수월하지는 않았다. 사무국의 능력으로 꾸려나갈 수 있는 프로그램이 아니었다. 물론 장아람재단의 모든 프로그램이 그러하다. 엄마의 날은 운영해 주는 사람들이 없다면, 원데이 클래스 때부터 마음먹은 목표가 없었다면 이뤄질 수 없는 일이었다. 그리고 운영하면서도 다음 회기를 열 수 있을까? 늘 고민하는 프로그램이다. 그럼에도 불구하고 우리가 8회까지 운영할 수 있었던 이유는, 엄마들이었다. 매년 첫 시간을 운영하면서 '엄마의 날을 열기 잘했구나!'라고 느끼는 지점을 만난다. 시작하기 전 어색하고 두근거리는 마음이 프로그램의 시작과 함께 사라지고, 하루 프로그램이 끝나는 시간이 되면 참석자들의 표정이 달라져있다. 두 번째 만남의 날을 기다린다. 그리고 세 번째 만남에서는 우리가 생각했던 것보다 더 큰 변화가 일어난다. 함께하는 공간 안에서 안전함을 느끼고 내가 무슨 말을 해도 다 이해하고 받아줄 사람들이기에 서로 다른 삶을 살아온 사람들이 내 이야기를 펼쳐놓는다. 그 이야기는 다른 이야기로 시작했는데 결국 같은 내용을 담고 있었다. 운영진들은 참여자들의 이야기를 들으면서 엄청난 마음의 에너지를 쏟는다. 집으로 돌아가면

온 에너지를 다 쏟아낸 운영진은 복잡한 마음이 요동을 친다. 이 사람들을 어떻게 더 잘 도울 수 있을까? 이 사람들에게 더 큰 사랑을 줘야겠다. 이 사람들이 행복했으면 좋겠다. 더 잘해주고 싶다는 큰 의지가 생긴다. 엄마의 날은 매회 진행할 때마다 감정이 일렁인다. 그래서 더 더 더 잘하고 싶은 프로그램 중 하나이다. 매년 더 발전하는 엄마의 날을 보게 되리라.

엄마의 날 강사진

엄마들만의 외출이 이뤄지다

2017년부터 2019년까지는 아동 프로그램과 엄마들 프로그램을 동시에 열어야 했다. 아이들에게 다른 가족이 하루 보호자가 되어주거나 활동 보조 선생님에게 맡기고 엄마 혼자만의 외출이 되기를 바랐지만 아이들 가정마다 사정이 녹록지 않았다. 그래서 우리는 계획했던 방식을 당분간 보류하기로 하고 아이들 프로그램까지 진행하기로 했다. 아이들마다 일대일 봉사자를 모집했고, 엄마의 날 강좌를 맡은 선생님들은 아이들 프로그램까지 진행해야만 했다. 온종일 신촌로 129번지 10층에서 머물러야 하는 일정이다. 그럼에도 불구하고 강사진은 운영진의 뜻을 따라줬다.

2020년 코로나로 인해 처음 목표로 했던 엄마들만의 프로그램을 열 수 있었다. 프로그램 중에도 집에 있는 아이들은 엄마에게 몇 번이고 전화했다. 잊어라, 했지만 그게 잘되지 않았다. 하지만 어느 순간 엄마들은 다 내려놓기 시작했다. 온전히 나만의 시간을 즐기기로 작정한 사람 같았다. 매월 셋째 주 토요일은 엄마가 내가 아닌 다른 사람과 함께하는 날임을 집에 있는 가족들도 인정하기 시작했다. 장아람재단 사업의 작은 목표들이 이뤄질 때마다 사업을 확장시켜 나가고 싶은 욕심은 한없이 또 커져만 간다. 장소가 더 필요하고, 예산이 더 필요하고, 장아람 사람들이 더 필요하고, 내 마음이 여전히 청춘이었으면 좋겠다.

1년의 시간을 아이의 치료 스케줄에 따라 생활하는 엄마는, 내 생일도 모르고 지나치는 일이 많다. 엄마의 날이 종료되면 다시 일상으로 돌아가는 우리의 삶. 엄마들은 장아람에게 다시 부담감을 준다. 우리가 언제든 달려가도 좋을 곳이 장아람이라는 말은 운영진의 정신을 바짝 차리게 한다. 엄마의 날은 다섯 번의 만남으로 운영된다. 5개월간의 시간. 장아람재단의 다른 일정들도 있기 때문에 다섯 번의 만남이 적절하다고 생각했다. 그런데 마지막 시간이 되면 엄마들은 '왜 다섯 번밖에 운영하지 않느냐, 이제 적응했는데 우리 이제 셋째 주를 어떻게 하라고 벌써 마치는 것이냐'고 귀여운 투정을 부린다. 그러면 엄마들이 스스로 셋째 주를 나만을 위한 시간으로 선포하고 즐기기를 바란다고 말한다.

그렇게 되기를 바랐다. 그러나 장애아동의 엄마는 그렇게 하기 쉽지 않았다. 뚜렷한 외출 이유가 있어야 한다. 5개월 동안 다섯 번은 엄마들에게 이유 있는, 당연히 허락된 외출이었다. 그런데 7회 엄마의 날을 마치고 9명의 멤버들은 계속 만나자 했고, 그렇게 자조 모임을 만들었다. 엄마의 날을 시작할 때 가졌던 목표였다. 지금도 두 달에 한 번 셋째 주 토요일을 엄마의 날로 보내고 있는 '세븐나인'을 응원한다.

엄마들의 고백

이런 학원이 있다면 계속 다니고 싶다

아이가 장애를 안고 살아가야 된다는 것을 알았을 때 오롯이 나의 몫이라고 생각했다. 그런데 장아람은 함께 가는 사람이 있음을 알게 했고, 그것이 부모만의 몫이라고 말하지 않았다. 내 속 이야기를 꺼내며 엄마들과 친해지고 서로 공감해 주는 좋은 시간이었다. 누군가 이렇게 끌어주고 밀어주고 해야 엄마들은 나올 수 있다. 이 프로그램이 정말 좋다.

작은 단체인 줄 알았는데 우리가 모르는 탄탄함이 있는 단체였다. 매번 아이들을 책임져야 한다는 중압감에 시달리고 있었는데 오히려 힘든 것을 나누니 가족들도 나를 이해하고 하루를 엄마 없이 지냈다. 에너지를 가득 채우고도 남았다. 셋째 주 토요일을 기다리게 되고 가족들도 셋째 주 엄마의 외출을 응원하기 시작했다.

힘들 때가 많이 있었다. 나라는 사람은 거의 잊고 살았다. 엄마의 날에 참여하면서 엄마의 자리에서 나 자신의 삶에 더 집중하게 되니 행복한 순간, 순간이 더 많아졌다. 장애 자녀의 엄마에게는 많은 스트레스와 힘듦이 있는데 이렇게 엄마들에게도 관심을 갖고 좋은 프로그램을 제공해 주는 것은 정말 좋은 일이다. 같은 감정을 가진 사람들과 어려움을 나누고 서로 공감할 때 위로의 힘이 더 큰 것 같다.

나에게 엄마의 날은, 한 달에 단 하루가 아닌, 5개월간의 기대와 기쁨, 위로의 시간이었다. 서로 같이 도와

주며 이야기하며 울고 웃던 시간들, 겉으로 밝아 보이고 걱정 근심 없이 씩씩해 보여도 각자 자기만의 어려움이 있구나, 그럼에도 웃고 씩씩하게 살아가는구나, 다시 나를 다잡았다. 어울리는 것을 좋아하는 나다. 공동체 안에서 짐이 되기보다는 작은 역할이라도 할 수 있는 것에 감사하고, 나를 가두고 있는 공간에서 나올 수 있게 한 행복하고 감사한 시간이었다.

나에게 엄마의 날은, 어둠 속에서 길을 잃고 헤매는 나에게 나침반이 되어주고 튼튼한 동아줄을 잡은 날이었다. 살아가는 내내 힘들 때마다 꺼내 보는 희망, 살아야지 라는 위로가 되는 추억이다. 이런 학원이 있다면 계속 다니고 싶다는 생각을 프로그램을 하는 내내 했다.

내가 나를 찾아내는 시간

아픔을 같이하는 여러 엄마와 소통하고 공유하면서 무거운 짐을 잠시나마 내려놓을 수 있었다. 그리고 현재 상태의 느낌을 매일 체크하면서 그동안 몰랐던 나

자신도 알게 되었다. 연습과 훈련을 통하여 하루를 반성하고 돌이켜보는 시간은 가족을 대할 때 감정 컨트롤을 할 수 있게 해주었다. 엄마의 날의 가장 큰 수확은 이웃하는 엄마들을 알게 되면서 공원도 함께 가고 식사도 하면서 소통하게 되었다는 것이다. 외롭고 지칠 때 큰 힘이 되고 의논할 수 있어 행복하다.

많이 고민하지 않고 참여하게 된 엄마의 날이지만 한 회, 한 회 지나면서 알게 되었다. 내가, 내가 되는 날의 의미를. 엄마의 날에 참여하는 내내 여고생처럼 깔깔대고 웃으며, 나의 감정에만 집중하고 있는 나를 느낄 수 있었다. 내가 중요하고, 나를 최고로 생각해 줘야 하는 것을 알지만 선택의 순간이 오면 나는 늘 다음 순위로 살면서 의식조차 하지 않았던 나를 내가 돌아보게 되는 시간이었다. 엄마의 날 프로그램 안에서 나는 다른 곳에서는 느낄 수도 생각할 수도 없는 친정집처럼 편안함과 내 모든 것을 내보여도 괜찮다는 안도감이 든다. 인간관계를 통해서 장소나 위치에 따라 때로는 가식적으로 말하고 행동하게 되는데 엄마의 날에서는 왠지 안 그래도 될 것 같다.

'두근두근 콩닥콩닥 으샤샤~' 들리는가?

장아람에 가기 위해 준비하는 나의 심장 뛰는 소리. 두 번째지만 여전히 설레고 기대되고 다짐하게 되는 마음. '타 닥 타~닥~' 이 소리는 장작 타는 소리가 아닌 집을 나오는 순간 하나씩 꺼지는 걱정과 근심, 잡생각들이다. 엄마의 날은 나에게 앞으로 살아갈 인생길에 큰 힘이 되고 위로가 되고 슈퍼 건전지가 될 것 같다. 다른 곳에서는 쉽게 할 수 없었던 이야기들도 자연스럽게 꺼낼 수 있었고, 서로의 이야기를 본인의 이야기인 것처럼 귀담아들어 주고 함께 아파해줄 수 있었다. 나의 이야기에 함께 울고 웃어주는 사람들이 있다는 것만으로 정말 큰 힘이 난다.

이제는 행복보다 평온한 하루가 더 반갑고 더 기다려지는 나이가 되었지만 말하지 않으면 그 누구도 내 감정, 내 상태, 나의 입장을 모른다. 그래서 내가 직접 신청을 했나 보다. 덕분에 새롭고 즐거운 시간을 보낼 수 있었다. 내가 원해서 간절한 마음으로 참가한 엄마의 날, 그래서 그런지 하루하루가 너무 소중했다. 아이들에게

서 잠시 벗어난 시간만으로도 행복했는데 준비해 주신 정성에 매번 감동받는 날들이었다. 온 마음을 다해 행복해지는 시간을 누릴 수 있었다. 나의 한 달을 버티게 해준 고마운 시간, 행복한 마음으로 다시 1년을 버텨내게 될 것이다. 장애 아이를 키우며 만나는 여러 인연이 있는데, 장아람은 나를 보듬어주는 둥우리 같다. 나를 위한 시간을 가지면서 어찌나 행복했는지 그 마음 덕분에 약간의 시련 정도는 떨쳐내 버릴 용기가 생겼다.

엄마의 날은 선물 같은 날, 위로다

좀 더 적극적으로 참여하려고 노력했다. 함께 참여하면서 마음을 나눴던 엄마들과 그냥 이렇게 몇 번 만나고 끝내고 싶지 않아서 시간을 만들어 따로 만나려고 노력했다. 앞으로도 그러려고 한다. 장아람이 맺어준 소중한 인연. 서로 상처를 나누며 울고 웃었던 동지들. 혼자는 힘들지만 함께하면 버텨낼 수 있으니까. 아이들이 성장할수록 고민도 걱정도 많아지는데 동지와 함께 위로받고 위로해 주며 그렇게 서로 버팀목이 되도록 노력해 볼까 한다. 이번 엄마의 날은 또 한 걸음 나를 성장시켰다.

나에게 엄마의 날은, 무더운 여름날 그늘 아래 평상 같은 곳이다. 이미 그늘 아래라서 그곳에서 무엇을 해도 여유롭고 즐겁다. 더위를 피할 같은 목적으로 모인 사람들을 만날 수 있으니 더욱 좋다. 다시 더위 속으로 들어 갈 수 있도록 재충전하는 곳이다. 혹시나 바로 더위 속으로 갈 수 없어 해가 질 때까지 있더라도 아무도 뭐라 말하지 않는 그런 곳 같다.

7회 엄마의 날

값진 친구를 만들어준 장아람

9명의 엄마, 세븐나인 자조 모임을 시작하다

종종 사람들은 나에게 묻는다. 뇌병변 중증 장애 아이를 둘이나 키워내느라 얼마나 힘드냐고……. 그럴 때면 나는 그냥 의미 없이 웃음으로 대답을 대신하고 만다. 힘들다고 말하기엔 엄마로서 당연한 일이라는 생각도 들고 생각이 복잡해져 버린다. 여전히 나는 우리 쌍둥이에게 못 해준 것만 생각나는데. 힘들다고 말할 자격은 있는 걸까?

생각해 보면 우리 아이들을 키우기 전의 나는 앞만 보고 주위를 살피지 못하는 참 이기적인 사람이었던 같다. 그런 나에게 삶의 참의미를 알려준 게 우리 쌍둥이다. 아이들 덕분에 입원 생활을 오래 하며, 내가 바닥을 보여도 이해해주는 좋은 인연을 많이 만났다. 진심으로 함께 울어주고 기뻐해 주고 응원해 주는 인연 덕분에 나 또한 좋은 사람이 되는 것을 느낀다.

그 소중한 인연 속에 장아람이 있다. 두 아이의 고관절 수술을 앞두고 경제적으로 고민하고 있을 때 큰 도움으로 만난 장아람. 지원을 받고 다음 해 2월, 장아람에서 "엄마의 날"이라는 프로그램에 참여해 보겠냐는 전화를 받았을 땐 약간 의무감으로 얼떨결에 참가 신청을 했던 것 같다.

"엄마의 날"에 처음 참가하게 된 날을 잊을 수가 없다. 한 번도 아이들을 두고 외출이라는 단어를 생각조차 못했던 나의 삶에 변화가 시작된 날이다. 그 하루의 외출을 위해 아이들은 새로운 치료스케줄에 들어가게 되고, 활동 보조 선생님들과 남편, 시어머니까지 여러 사람이 총출동하게 만들었다. 며칠 전부터 그 하루의 시간을 내기 위해 정말 부산스럽게 준비해야 했고, 당일 아침엔 이렇게까지 하면서 나가야 하나 회의감이 들면서 발걸음이 무겁기만 했다.

하지만 이름만 엄마의 날일뿐, 엄마라는 타이틀을 벗어던지고 닉네임으로 불리며 마음을 읽어주고 위로해 주는 프로그램 덕분에 나 자신을 찾아가는 시간 속으로 환상의 여행을 다녀온 기분이었다. 다섯 번의 치유의 시간은 나만의 시간의 소중함을 알게 해주는 계기가 되었다. 항상 내가 아니면 안 되는 것처럼 아이들을 손에서 놓지 못하고 안절부절 못했었는데, 내가 하루 없어도 아이들은 괜찮았고 가족들도 괜찮았다. 나의 외출을 기꺼이 응원해 주게 되었다. 그렇게 장아람 "엄마의 날" 프로그램을 두 차례 참석하면서 우리 집에서는 한 달에 한 번 셋째 주 토요일은 용인된 "엄마의 날"로 자리 잡아갔다. 셋째 주 토요일은 나를 위해 남편은 당연히 시간을 비워두었고, 아이들은 그날은 엄마가 아닌 다른 사람들과 보내는 것에 익숙해져갔다.

나는 한 달에 한 번 오롯이 나를 위한 시간을 가진다는 해방감에 삶의 자유를 느꼈다. 나의 닉네임 달콩이처럼, 내 삶도 많이 달달해졌다. 그리고 그 달달함을 계속 유지하고 싶어서 7회 엄마의 날 멤버들과 자조 모임을 이어 나가기로 했다. 같은 고민들이 있기에 마음속에 담긴 상처를 내보여도 내 일처럼 아파하며 공감해 주던 그들과의 만남을 그냥 그렇게 흘려보내고 싶지 않았다. 장아람 덕분에 그렇게 아홉 명의 엄마가 용기를 내어 두 달에 한 번 셋째 주 토요일 당당한 외출을 해보기로 했다.

2022년 9월부터 두 달에 한 번 만나는 세븐 나인. 우리는 자조 모임 이름을 엄마의 날 7회, 9명의 모임이라는 뜻으로 세븐나인으로 하기로 했다. 만나면 그냥 맛있는 밥을 먹고 수다를 떨고 산책을 할 뿐인데 함께한다는 마음만으로도 위로가 되고 힘이 된다. 처음엔 누군가의 진행 없이 만나는 자리가 약간 어색하기도 했는데 어느 순간 아홉 명의 엄마들은 서로에게 스며들고 있다. 그리고 우리는 만날 때마다 장아람을 찬양하곤 한다. 이 소중한 인연을 만들어준 장아람에 대해서. 참 대단한 일을 하고 있다고 장아람에 말해주고 싶다. 아직 부족하다고 말하지만 절대 부족하지 않다고. 삶을 가치 있게 만드는 일을 하고 있는 장아람 덕분에 우리는 이렇게 일어날 용기가 생겼고, 덕분에 서로 굳건한 믿음과 신뢰를 쌓고 나아가 더 따뜻하고 선한 일을 하는 그런 모임으로 성장할 바람도 가지게 되었다. 우리가 장아람 엄마의 날을 통해 얻었던 포근한 둥지 같은 마음을 다른 사람들에도 나누는 모임으로 발전하고 싶다.

인생에서 나를 이해해 주는 친구를 만나는 일만큼 값진 일이 없다고 하는데, 우리는 장아람 덕분에 서로를 다독여주고 마음을 헤아려주는 친구를 8명이나 만들게 되었으니 그 고마움과 감격을 어떻게 표현해야 할까? 작은 씨앗을 뿌려준 장아람. 그 씨앗은 분명 예쁜 꽃을 피워낼 것이고 튼튼한 나무가 되어 버팀목이 되어줄 것이다. 아니 우리를 그런 존재로 성장하고 싶게 만들어 주고 있다. 장아람이라는 존재가 묵묵히 우리와 우리 아이들을 응원하고 있기 때문에 나는 지금 괜찮다.

달콤이

7회 엄마의 날

함께 성장하는 곳, 엄마의 날, 그리고 장아람재단

해피빈재단에서 배움과 관련된 프로그램을 진행할 수 있느냐고 물었다. 당연하다. 꿈꾸고 있던 사업이었고, 우리는 진행할 수 있는 충분한 인적자원이 있었다. '할 수 있다!'고 말하고 시기적으로 바로 시작해야 해서 급하게 준비를 했다. 강사진들에게 연락을 했고, '해보자!' 하니 모두 함께 해줬다. 처음 시작은 서툴렀고 부족

했지만 함께해준 사람들 덕분에 무사히 1회를 마치고 2회, 3회, 4회를 진행시켰다. 회기를 거듭하면서 무엇이 더 필요한지, 무엇을 더 채워야 하는지를 고민하기 시작했다. 한 달에 단 하루, 내가 되는 날을 만들기 위해서 엄마의 날 구성에 조금씩 변화를 주었고, 우리가 진행하고자 하는 프로그램이 있을 때 함께 하겠다는 사람들의 재능기부가 있었다. 그렇게 매년 운영하면서 우리는 함께 성장하는 너와 나를 만날 수 있었고, 우리가 이 자리에서 지속적으로 프로그램을 운영하고 있으면 필

요로 하는 사람들이 마음을 열고 우리가 내민 손을 잡아준다는 것을 알았다. 그렇게 우리는 8번의 엄마의 날을 진행했고, 2024년 9번째 엄마의 날을 준비한다.

장아람가족 만남의 날

아트레온 건물 오픈 행사에서 시작된 장아람가족 만남의 날은 초반에는 단순한 몇 가지 프로그램과 장아람재단에서 후원하고 있는 아이들 가정과 장아람재단을 후원하는 회원들의 가족을 초청하여 말 그대로 만남의 시간을 갖는 것이었다. 20회 이상을 진행해 나가면서 이 프로그램은 해마다 변화하며 체험활동을 채워나갔고, 매년 더 즐거운 체험활동으로 꾸준히 사랑받는 프로그램이다.

"승헌 : 지원아, 난 세상에서 장아람이 제일 재미있는 놀이터 같은데 넌 어때?"

집으로 돌아가는 길 승헌이와 지원이가 이야기 나누는 모습을 보고 엄마 성미아 님이 메시지를 보낸다. 이렇게 구체적인 메시지가 도착하면 준비한 우리는 뿌듯함의 느낌을 넘어서 다음에 더 잘 준비해야지 하는 동기부여가 된다. 그리고 20년이 넘게 프로그램을 유지하다 보니 장아람재단의 봉사자였다가 결혼하여 부모가 되어 자녀들과 함께 프로그램에 참여하는 회원 가족들을 만나게 된다. 이는 장아람재단의 목표 중 하나로 자녀에게 이어지는 봉사활동과 장애를 인식하는 태도가 어릴 적부터 올바르게 형성되어 아이들이 성인이 된 세상에서는 장애와 비장애가 구분되지 않고 자연스럽게 서로가 서로의 삶에 존재하게 되기를 바라는 사업이다.

장아람가족 만남의 날 초기사진

재정이 부족하던 시절, 우리는 아이디어를 모으고 모았다. '적은 예산에 만족도 높은 체험활동'을 만드는 것이 미션이었다. 장아람재단의 형편을 아는 봉사자들은 재정을 최대한 적게 사용하고 아이들의 만족도를 최대한 끌어올리기 위한 프로그램을 만들기 위해 기획에 한 달여의 시간을 투자했고, 아이디어 제출 마감 기간이 되면 장아람재단의 오케이 사인을 기다렸다. 이렇게 담당 봉사자마저도 직원처럼 정성을 들이니 다른 프로그램에 비해서 더 풍성한 행사가 장아람가족 만남의 날이다.

또한 다른 프로그램에 비해 봉사자 배치도 더 필요한 프로그램이다. 장아람재단의 프로그램은 가족 단위의 참여가 많다. 사업 초기에는 후원을 받는 아동과 엄마만 참여하던 프로그램이 형제자매까지 함께하게 되고, 아빠와 할머니, 이모까지도 함께 참여하는 프로그램으로 발전하게 되었고 행사장은 300명이 넘는 인원으로 가득 찼다. 그러다 보니 매해 운영에 앞서 늘 장소가 큰 고민이었다. 아트레온의 장소 지원을 받고 있지만 성장해 가는 장아람재단의 프로그램은 공간이 더 필요했다. 그럴 때마다 우리에게 또 다른 공간이 주어졌다. 20년 넘게 이어온 프로그램을 더 잘 운영하기 위해서 이번에도 우리에겐 더 크고 효율적인 공간이 필요함을 느낀다.

장애아동 가족의 만족도가 높은 프로그램

<달콤한 나라, 요란한 동네>는 특히 장애아동뿐만 아니라 장애아동 가족과 봉사자의 만족도가 높은 프로그램이다. 장애아동 가족이 집으로 돌아가는 길 아이들은 환한 미소를 짓고 있다. 내 아이가 즐겁다는데 어떤 부모가 행복하지 않겠는가? 그들은 돌아가는 길 내년에 또 올 거라는 다짐을 한다. 그리고 장애아동의 일대일 봉사자 배치에 늘 감사한다. 아주 짧은 시간이지만 봉사자와 함께하는 동안 엄마는 다른 형제자매와 체험활동을 하기도 하고, 장애아동의 엄마들과도 편안하게 수다를 떨며 시간을 보낼 수 있다. 봉사자들은 극도의 체력 저하에도 일대일 봉사의 소중함을 이야기하고, 자신들의 시간을 내어주었음에도 불구하고 장아람 가족 만남의 날에서 배우는 것이 참 많다고, 소중한 시간

임을 강조한다. 이렇게 좋은 프로그램을 운영하고 있는 장아람재단을 알게 되었음에 감사한다. 그러나 후원회원들의 아이들이 자라 중고등학생이 되면서 공부에 집중해야 하니 참여가 줄어들고 있다. 이에 비해 장애아동은 성인이 되어서는 더 갈 곳이 없다 보니 프로그램에 참여하는 참석률이 높다. 프로그램의 질적인 향상을 생각하고 어른도 아이도 함께할 수 있는 프로그램 개발에 집중하게 되는 계기가 되고 있다.

여러분은 어떤 재능을 가지고 있는가?

바느질을 잘해서 뚝딱뚝딱 만들기를 잘한다.
종이로 여러 가지 모양 접기를 잘한다.
그림을 잘 그리고, 만들기를 잘하고,
목공에 취미가 있다.
네일아트를 잘한다. 힘쓰는 일을 잘한다.
친절하고 목소리도 좋다.
전화로 상담하는 일을 잘한다.
수어를 할 줄 안다. 비즈공예가 취미다.

춤추는 것을 즐긴다. 음악에 재능이 있다.

악기를 연주한다.

운전을 잘한다. 글씨를 잘 쓴다.

사진 촬영이 취미다. 풍선아트를 잘한다.

안내를 잘한다. 목소리가 크다. 힘이 세다.

재능이 있다면 언제든 봉사자로 참여할 수 있고,

재능이 없다고 생각한다면 장아람재단이 발견해 줄 것이다.

장아람 가족 만남의 날에는 다양한 봉사자가 필요하다. 참석하는 아동만큼 봉사자가 준비되어야 한다. 장애아동의 일대일 봉사자이다 보니 더 세심한 배치가 필요한 부분이다. 프로그램이 종료되면 일대일 봉사자들은 장애아동의 삶을 다시 한번 생각하게 된다. 짧은 시간의 아동 봉사지만 장애아동 부모님의 수고를 아주 조금이나마 이해하기 시작한다. 함께 일렁였던 이 마음으로 인해 언제 어디서든 장애아동을 만났을 때 미소 지으며 인사 나눌 수 있는 이웃이 될 것이다.

이런 고민과 고백을 하는 봉사자들이라면 충분히 그럴 것이다.

“중증의 장애를 가진 아이들이 직접 느끼면서 참여할 수 있는 프로그램은 없을까요?”

“물론 많이 고민하셨겠죠?”

“오랜 시간이 걸려도 완성할 때까지 기다려준 부스 담당 선생님 감사합니다.”

“언젠가 그 친구와 함께 나들이를 가는 생각을 했습니다.”

“몇 시간 봉사로 장애를 이해했다고 말할 수는 없지만 감사한 시간이었습니다.”

“아이가 행복하게 웃어주니, 봉사하는 내내 하나도 힘들지 않았습니다.”

“장애를 가진 아이들이 먼저 체험할 수 있도록 더 배려해야겠다는 생각을 했어요. 내가 재밌어서 체험하느라 지나친 부분들이 있었어요.”

“하영이도 이 체험을 해보고 싶겠구나!” 하는 마음으로 함께 체험을 즐겼어요.

함께 고민해 주는 사람들로 인해 장애아동이 행복했

으리라 믿는다. 아동 봉사를 하고 나면 장애아동을 위한 고민이 시작된다. 봉사자들의 마음은 우리가 놓쳤던 부분을 다시 상기시키고 다음 해 프로그램을 기획할 때 다시 열어보는 문서다.

달콤한 나라, 요란한 동네는 아_맛나 분식도 있고, 만물상회도 있고, 목공소도 있고, 미미인형집도 있고, 여기화실도 있고, 빤짝이 팬시점도 있고, 삼거리 꽃집도 있고, 정아뜰리에도 있고, 벌꿀 크린랩도 있고, 미농 솜틀집도 있고, 고급 노오트도 있고, 공룡상사도 있고, 동네 사진관도 있고, 88 오락실도 있고, 마을극장도 있는 즐거운 곳이다. 매년 이 정도의 새로운 상점들이 문을 연다. 매년 이 정도의 전문 봉사자가 함께한다. 정성껏 준비되는 만큼 신나게 즐겨주는 장아람 사람들 덕분에 멋지게 완성되는 장아람 가족 만남의 날 <달콤한 나라, 요란한 동네>는 미농 권민영 선생님이 꼭 지켜나가겠다고 약속했으니 내년에도 멋지게 완성될 것이다.

21회 장아람가족 만남의 날 <달콤한 나라, 요란한 동네>를 마치고

비장애아동 가족과 장애아동 가족이 함께하는 여름 방학 놀이터, 장아람 가족 만남의 날 <달콤한 나라, 요란한 동네>가 2023년 21번째 행사를 진행했다. 아이들 표정으로 프로그램의 성공여부를 알 수 있는데 아이들의 얼굴에는 행복한 미소가 가득했다.

장애아동 가족과 비장애아동 가족이 함께하는 여름방학 즐거운 놀이터

장애아동과 비장애아동이 함께하는 달콤한 나라, 요란한 동네가 문을 열었다. 아트레온 갤러리 지하 1층과 지하 2층에 9가지 체험활동을 할 수 있는 공간이 마련되었고, 장애아동 가족과 비장애아동 가족이 함께 2시간 동안 체험활동에 참여했다. 1회와 2회 두 차례의 활동이 진행되는 동안 장애아동 가족들의 즐거운 표정, 활기찬 모습에 기분이 좋아진다.

양평 사는 형빈이 가족은 2회에 참석했다. 형빈이가 열하 봉사자와 함께 체험활동을 떠나자 가족들도 각각의 체험 부스를 찾아다니며 체험활동을 시작했다. 그런데 형빈이 엄마가 행사장을 찬찬히 걸으며 흐뭇한 미소를 띠고 있었다.

"체험하세요!"라고 했더니,

"오늘은 그냥 여유롭게 이곳의 풍경을 바라볼래요." 한다.

"무슨~! 얼릉 체험하세요!"

우리는 안다.

형빈이 엄마는 너무나도 흐뭇했던 것이다.

장애아동과 비장애아동이 함께하는 곳, 아무도 장애를 다른 시선으로 바라보지 않는 곳, 즐거운 표정, 진지한 표정으로 즐기는 사람들. 장애아동 가족이 아무 걱정 없이 즐길 수 있는 곳. 이곳에서 장애아동과 비장애아동 가족들이 함께 즐길 수 있도록 재능을 기부하고 있는 봉사자들의 모습을 찬찬히 바라보고 싶었던 것이다. 그 마음이 느껴졌다. 행사를 마치고 집으로 돌아간

뒤 보내온 메시지는 그 마음을 한 번 더 전한다.

"우리 가족 여름 여행이었습니다."

장애아동 가족이 문화 체험을 하거나 여름 여행을 떠나는 일은 여전히 어렵다. 여전히 어려운 일이 쉬운 일이 되도록 우리는 계속해서 같은 마음으로 일해야 한다.

"형아 너무 좋아, 멋있어!"

장아람 가족 만남의 날 <달콤한 나라, 요란한 동네>에 참석하는 장애아동에게는 일일 봉사자 친구가 정해진다. 안내 부스에서 형아를 만난 승현이는 첫 만남부터 형아가 맘에 들었다. 그 모습을 바라보는 엄마는 뒤에서 흐뭇한 미소를 짓고 있었다. 집으로 돌아가는 길 승현이는 재잘재잘 말이 많았다고 한다. "형아, 너무 좋아, 멋있어!" 성인 남자와의 교류가 적었던 승현이는 하루 종일 봉사자 형아와 즐거운 시간을 보냈나보다.

행사가 진행되는 동안 혹시라도 장애아동과 일대일 봉사자에게 불편함은 없는지 운영진은 멀리서 지켜본다. 이들은 장애아동 전문 교육을 받은 사람들도 아니고, 하루 봉사자로 함께하기로 한 것뿐이다. 물론 여러 차례 장아람재단의 프로그램에 참여했고, 봉사활동을 해 본 경험은 있지만 오늘 하루 만나게 될 친구에 대해서 사전지식이라고는 휠체어를 이용하는지, 걸을 수 있는지, 대화가 가능한지, 손의 움직임이 자유로운지 등 간단한 설명을 들은 것이 전부다. 그러고는 친구가 된 아동과 달콤한 나라, 요란한 동네로 여행을 떠난다.

2시간 동안 체험활동을 하는 두 사람의 뒷모습은 카메라에 담긴다. 사진에 담긴 뒷모습은 이야기를 담고 있다. 두 사람의 분위기가 그대로 담긴 사진을 보면서 아이가 얼마나 행복한 하루를 보냈는지 알 것 같았다. 그리고 엄마는 아이 옆을 서성이지도 않았다. 엄마는 엄마대로 프로그램을 즐기셨다. 안심하고 있는 것이다.

당신을 보며 배운다

행사가 마무리되면 다음 달 소식지에는 장아람 가족 만남의 날 <달콤한 나라, 요란한 동네> 행사 후기가 담긴다. 행사를 마치고 다음 날부터 도착하는 사진을 확인하면서 그날의 일들을 돌아본다. 사진에 담긴 그날의 표정을 보면서 달콤한 나라, 요란한 동네에 함께 한 사람들의 즐거움을 상상하는 일이 참 좋다. 소식지에 들어갈 내용과 사진을 정리하다가 몇 장의 사진에 내 마음이 멈춘다. 장애아동이 체험 부스를 찾아왔을 때 담당 선생님이 몸을 기울여 이름을 부르며 인사하는 모습, 아이들에게 친절하게 설명하는 사진을 보면서 그 모습을 직접 본 건 아니지만 목소리가 들리고 그들의 웃음소리가 들린다.

장아람 가족 만남의 날의 체험 부스는 온전히 봉사자들의 힘으로 만들어진다. 부스 담당자들은 2개월 전부터 어떤 체험활동을 할 것인지를 고민하고 샘플을 만든다. 그리고 사무국의 통과를 기다린다. 심사라고 할 것까지는 없지만 균형적인 체험활동을 위해 갖는 통과의례다. 행사 참석인원이 정해질 무렵 체험활동에 필요한 재료를 구입하고 준비를 한다. 행사 당일 함께할 봉사자를 만나고 교육하고 체험활동을 시작한다.

이들의 노력이 없다면 장아람 가족 만남의 날은 이렇게 멋지게 이뤄질 수 없다. 그리고 이들의 활동 모습을 보면서 함께하는 봉사자도, 아동 봉사자도 자연스레 교육이 될 것이다. 오랜만에 만난 친구처럼 인사하고 대화를 나누는 모습에서 우리가 꿈꾸는 세상을 먼저 만나보게 될 것이다.

여기서 나가기 싫어요

장아람재단 프로그램을 운영하면서 가장 듣기 좋은 말이 있다.

'더 놀다 갈래요.', '집에 가기 싫어요.'

아이들이 프로그램 현장에서 내뱉는 마음의 소리!

장아람 프로그램에 처음으로 참석한 지구랑 친구 하기 쌤의 조카가 프로그램 2시간을 꽉 채워 즐긴 뒤 집으로 돌아갈 시간이 되자 '여기서 나가기 싫어요.'라며 시무룩하다.

'하하하하하하하하하하하'

정말 듣기 좋은 말이다.

그래서 지구랑 친구 하기 쌤의 조카는 다음 행사를 예약했다.

아이들이 프로그램을 즐기느라 내 옆에 휠체어를 탄 형아와 누나가 있었는지 기억하지 못할지라도 우리가 열어놓은 프로그램을 즐겨준다면 다음을 기약할 수 있기에 또 한 번의 만남이 예약되는 것이다. 이렇게 자주 자주 만나다 보면 장애아동과 비장애아동이 함께하는 일이 습관이 되고 일상이 될 것이다. 어려운 일이 아니다. 그렇게 함께 살아가자.

더할 나위 없이 좋았다

집, 학교, 병원이 아닌 다른 장소에서 누군가를 만나고 마음을 여는 경험을 했다. 늘 반복되는 생활을 벗어나 아들과 지하철로 2시간 걸려 신촌으로 발걸음을 내딛는 일은 어려운 결정이었다. 혁○이와 엄마가 안내소에 도착했다. 혁○이는 많은 사람들이 자신을 반기는 모습이 낯설어 고개를 숙이고 엄마의 뒤로 숨는다. 일대일 봉사자 형을 만났고 조금 익숙해질 때까지 시간을 갖는다. 엄마가 도대체 나를 어디로 데리고 온 것일까? 처음에는 의아하고 불편했을 것이다. 그러나 10분도 채 안 되어 프로그램이 시작한다는 안내를 듣고 봉사자 형과 행사장으로 걷는다. 봉사자는 걷는 일이 조금 더딘 혁○이의 손을 잡고 천천히 걷는다. 엄마는 잠시 아들이 잘 적응하는지 지켜본 뒤, 오랜만에 만난 사람들과 어울리며 체험활동을 시작한다. 엄마는 얼굴에 미소가 가득하다. 프로그램을 마치고 다시 2시간을 대중교통을 이용해 집으로 돌아갈 것을 생각하니 얼마나 힘들까 싶다. 하지만 돌아가는 내내 엄마는 생각한다. '더할 나위 없이 좋았다.' 우리들을 위해서 이렇게 프로그램을 열어주고 초청해 주다니, 얼마나 많은 사람들이 애쓰며 완성해 준 행사인지가 느껴져 기분이 죄송스럽고 감사하고 그렇다. 평소보다 한 달 치의 웃음을 더 웃고 간다며 좋은 느낌을 전한다. 엄마의 날을 통해서 만난 혁○이 가족. 다섯 번의 만남을 마치고 8월에 연결되는 프로그램에 함께하게 되어서 다행이었다.

장아람재단의 프로그램들이 자연스럽게 연계될 수 있도록 시기마다 프로그램이 기다리고 있다. 매월 프로그램을 운영하면서 완벽하게 계획했던 일은 아니었지만 우리가 프로그램을 운영하는 최종 목표가 동일하기 때문일 것이다. 장애아동 가족이 살아갈 세상에는 좋은 이웃이 늘 함께할 것이다.

1년에 한 번 만남으로는 부족하지만

"1년에 한 번 만남으로는 부족하지만, 매년 기회를 마련해 주셔서 감사해요."

그래서 1년에 4번 행사를 운영하잖아!
매년 4번씩 만나자.
너의 아이들에게 산교육을 시켜야지!

봉사자이자 정회원인 위순영 회원의 메시지를 받고 혼잣말을 한다.

위순영 회원이 보내온 메시지는 그만큼 만남의 날이 주는 의미를 더 깊이 받아들이고 있기 때문이다. 장아람재단은 처음 시작부터 장애아동 가족이 살아갈 좋은 세상을 꿈꿨다. 좋은 세상이란 무엇일까를 고민했고, 장애아동 가족의 좋은 이웃이 걸음을 내딛는 곳마다 있어야 좋은 세상이라는 생각을 했다. 그렇게 되기 위해서는 장애인과 비장애인의 만남이 지속되는 것이 가장 중요했다. 단번에 이뤄지기 어려운 목표였다. 어려운 일일수록 꾸준함이 일 순위였다. 그렇게 20회가 넘는 프로그램을 지속해 오다 보니 우리가 이론적인 교육을 한 것이 아닌데도 좋은 사람들이 함께하기 시작했고, 그 좋은 사람들이 장애아동의 친구가 되어가고 있었다. 봉사자였던 장아람의 좋은 사람들이 결혼을 하고, 자녀와 함께 장아람재단의 함께하기 프로그램에 참여한다. 아직 우리들의 움직임이 작고 미비할지라도 포기하지 않고 또다시 한걸음, 한걸음 걸어가다 보면 만들 것이다.

꾸준히, 규칙적으로,
일하고 있었던 그 시간은
언젠가 내 앞에 그림처럼 선명하게
펼쳐져 있을 것이다.

다시 신청하게 되는 장아람재단의 봉사활동

작년 장아람재단 봉사가 마음에 인상 깊게 남아 올해 한 번 더 봉사에 참여하게 되었다. 신기하게도 작년에 했던 역할을 똑같이 배정받아 작년보다는 조금은 더 능숙하게 참여하게 된 것 같다.

사실 나는 신체적 희귀 유전 질환을 앓고 있는 대학생이라 어릴 때부터 많은 어려움을 겪어왔다. 장애 등급을 산정받을 정도는 아니어서 겉으로 크게 티가 나진 않지만 일상 전반에 있어 남들처럼 평범하게 생활하는 것이 마냥 쉽지 않았다. 그럼에도 불구하고 지금처럼 건강하게 성장할 수 있었던 이유는 부모님의 노력과 사랑, 또 많은 주변 사람의 도움이 있었기 때문이다. 사실 이와 같은 도움의 손길이 나에겐 너무나도 당연했기 때문에 크게 감사함을 느끼지 못했다. 하지만 작년 행사 모습을 보며 생각보다 많은 것을 느꼈고, 내 인생을 한 번 되돌아보는 기회가 되었다. 정말 많은 이들이 내가 행복하게 성장할 수 있도록 함께 했었고, 지금도 그렇다는 것을!

장애아동들의 특별한 하루를 위해 다양한 체험을 준비한 부스 참여자들, 방긋방긋 미소를 지으시며 장애아동과 함께하는 아동 봉사자들, 행사장을 돌아다니며 "00아 어떠니? 이거 재밌어? 너무 잘 만들었네."라며 칭찬을 아끼지 않는 행사 관계자분들까지. 나는 봉사 시간 내내 너무나도 값진 시간을 함께하는 기분이었다. 세상을 살아가며 쉽게 경험할 수 없는 시간들로 하루를 보냈다. 손재주가 없는 내가 행사 내내 특별한 하루를 보내는 장애아동들의 행복한 모습이 담긴 캐리커처를 오래 간직할 수 있도록 코팅하는 작업을 할 수 있어 뿌듯했고, 나중에 나 또한 재능을 나눌 수 있는 사람으로 성장하겠다는 결심도 함께할 수 있었다.

행사에 참여한 모든 아동이 그날의 추억을 새긴 채 항상 행복한 사람으로 성장할 수 있기를 응원하겠다. 그리고 많은 사람이 장아람재단 행사에 관심을 갖고, 그 관심들이 널리 퍼져 수많은 장애아동들이 행사에 참여하는 기회가 되었으면 좋겠다. 내년에도 꼭 시간을 내어 참여해 보겠다.

김상은 봉사자

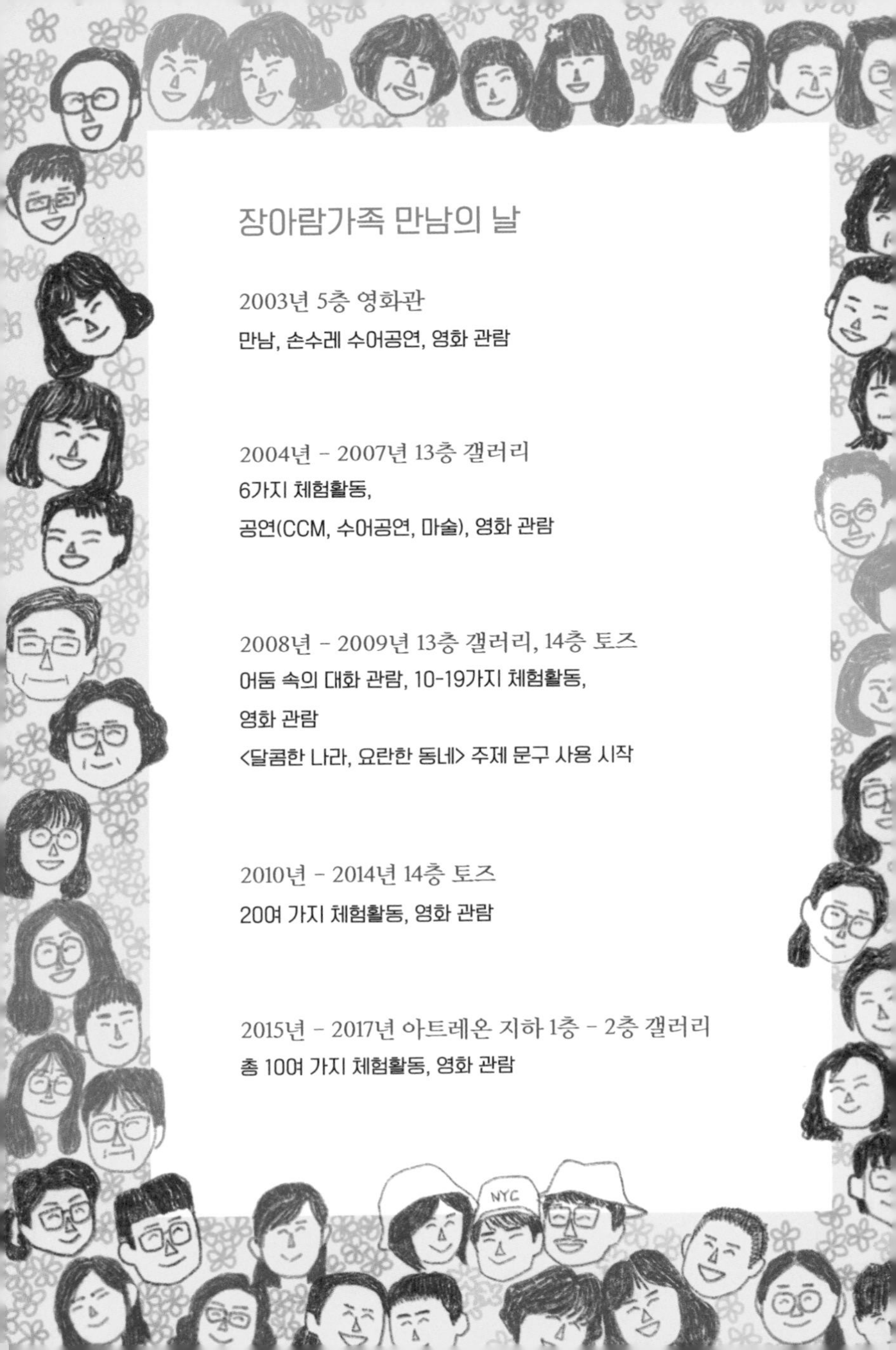

장아람가족 만남의 날

2003년 5층 영화관

만남, 손수레 수어공연, 영화 관람

2004년 - 2007년 13층 갤러리

6가지 체험활동,

공연(CCM, 수어공연, 마술), 영화 관람

2008년 - 2009년 13층 갤러리, 14층 토즈

어둠 속의 대화 관람, 10-19가지 체험활동,

영화 관람

<달콤한 나라, 요란한 동네> 주제 문구 사용 시작

2010년 - 2014년 14층 토즈

20여 가지 체험활동, 영화 관람

2015년 - 2017년 아트레온 지하 1층 - 2층 갤러리

총 10여 가지 체험활동, 영화 관람

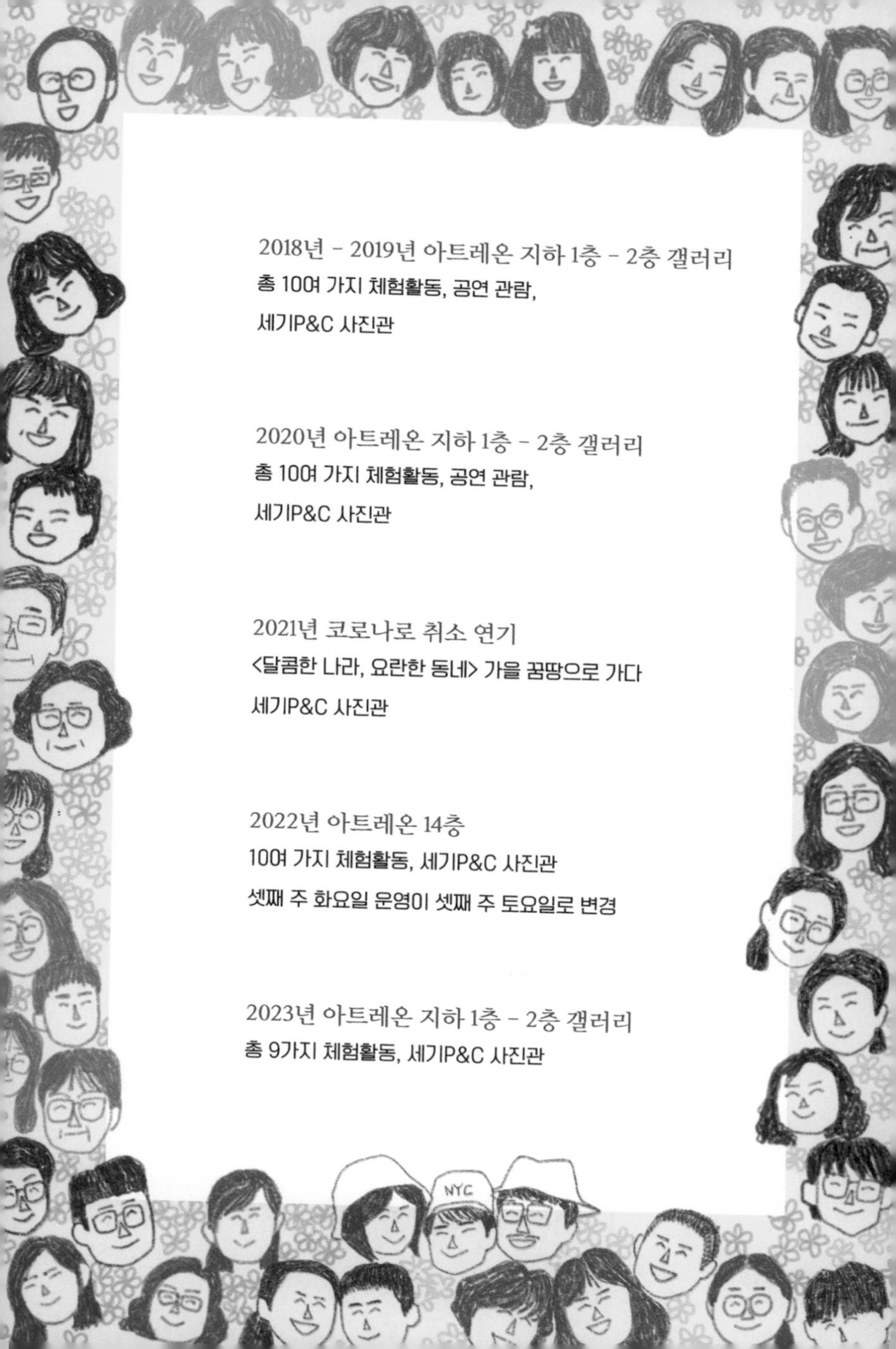

2018년 - 2019년 아트레온 지하 1층 - 2층 갤러리
총 10여 가지 체험활동, 공연 관람,
세기IP&C 사진관

2020년 아트레온 지하 1층 - 2층 갤러리
총 10여 가지 체험활동, 공연 관람,
세기IP&C 사진관

2021년 코로나로 취소 연기
<달콤한 나라, 요란한 동네> 가을 꿈땅으로 가다
세기IP&C 사진관

2022년 아트레온 14층
10여 가지 체험활동, 세기IP&C 사진관
셋째 주 화요일 운영이 셋째 주 토요일로 변경

2023년 아트레온 지하 1층 - 2층 갤러리
총 9가지 체험활동, 세기IP&C 사진관

저금통 사랑나누기

중구 예장동 9번지 작은 회의실에서 80여 명이 모여 시작된 저금통 사랑나누기 행사가 우리들만의 즐거운 만남이었다면, 아트레온 건축 후 신촌로 129번지 아트레온 놀이마당에서 열린 저금통 사랑나누기 행사는 젊은이의 거리 신촌 야외 광장에서 열린 누구나 함께할 수 있는 행사였다. 현재 아트하우스로 운영되고 있는 극장은 신촌 아트레온 극장 초기에는 열린 광장이라는 이름의 오픈 공연장이었다. 그곳에서 여덟 번의 저금통 사랑나누기 행사를 진행하는 동안 길거리를 거닐던 수많은 사람들이 저금통 사랑나누기를 관람했고 야외에서는 바자회와 언니들 마켓이 열렸다. 추운 겨울 오픈 공간에서 공연을 하고 관람하는 사람들 모두 두꺼운 옷을 입고 앉아 있어야 했지만 따뜻한 행사였다. 우리의 마음이 전해졌는지 야외활동도 활발했고 행사가 끝나고 나면 우연히 그곳을 지나던 방송국 관계자들의 눈에 띄어 아동을 소개해 달라는 문의 전화도 많이 받았다.

장애아동의 수술과 치료비를 후원하는 돼지저금통

겨울에 야외에서 진행하는 행사였지만 참 따뜻했다. 회원들의 참여와 신촌 거리 젊은이들의 참여로 진행되던 저금통 사랑나누기 행사는 어느 해부터인가 장애아동 가족들도 참여하기 시작했다. 장애아동 가족의 참여가 점점 늘어가면서 우리는 보다 세심하게 행사 준비를 해야 했다. 야외 공연장에서 진행된 공연은 매년 다채로운 프로그램으로 채워졌다. 오랜 시간 동안 장아람재단의 공연은 전문 공연팀의 재능기부로 이뤄졌다. 특히

장아람재단 수어 동아리 손수레의 수어공연은 의미 있는 공연이었기에 참여한 관객들에게 큰 박수를 받았다.

저금통 사랑나누기 행사는 1년 동안 장애아동을 생각하면서 모은 저금통을 접수하는 날로 모금 수입으로 수술이 필요한 아동, 일시적인 도움이 필요한 아동을 도왔다. 장애아동의 경우 방학을 이용하여 수술을 하는 일이 많았다. 특히 외과수술은 더위를 피해 겨울에 진행하는 경우가 많았다. 아동에게 교육비와 수술비를 지원하는 따뜻한 행사여서일까? 사람들은 마음의 문을 활짝 열어주었다. 매년 접수되는 저금통 숫자는 늘어갔고 저금통마다 회원들의 마음이 가득 담겨있었다.

저금통 사랑나누기 최병대작가의 스케치

즐거운 기부문화를 만들자

야외무대에서는 공연이 진행되고 길거리에서는 장아람 언니들 마켓과 바자회가 열렸다. 영화관 건물이다 보니 유동 인구가 많았다. 게다가 장아람 언니들 마켓의 핸드메이드 제품은 독특하고 질 좋은 제품이 많았다. 거리를 거니는 사람들의 발걸음을 멈추게 했고, 자신의 구매 활동이 장애아동의 수술비로 기부된다고 하니 많은 사람들이 물건을 구매해 주었다. 우리는 그들에게 따뜻한 차를 건네며 답했다.

공연장에서는 다양한 공연과 저금통접수가 진행되었다. 즐거운 기부 문화를 확대해 나가고 싶었다. 장애아동을 돕기 위해 1년 동안 정성껏 모금한 저금통을 무대로 직접 가지고 나가 접수하면서 인터뷰를 진행했다. 특히 어린아이들에게 저금통 접수는 의미 있는 순간이 되었다. 공연도 즐거웠지만 무대로 나가 인터뷰하던 일을 더 오래 기억했다. 어린아이 때부터 나눔이 습관이 되게 하고, 즐거운 나눔이 되게 하기 위한 의미 있는 연말 프로그램이다.

저금통접수 인터뷰 모습, 이들은 성인이 되었다

장아람의 날씨

봄, 여름, 가을, 겨울에 장애아동 가족이 외출할 수 있도록 준비하는 장아람재단의 모든 행사는 농사처럼 하늘과의 동업이다. 장애아동 가족들이 어렵게 외출하는 날이니 좋은 날씨를 달라고 하나님께 투정을 부리는 일부터 시작된다. 특히 겨울 행사는 아이들의 외출이 더 어렵다. 눈이 내리면 길도 미끄럽고 날이 추우면 옷도 두꺼워지니 활동도 불편해진다. 그러니 먼저 하늘에 타협점을 찾는다. 제발 화창한 날씨와 눈이 내리지 않는 날을 달라고.

겨울 행사가 가까워질수록 기온이 떨어진다는 소식은 어쩔 수 없음에도 속상했고, 그러면 눈이라도 내리지 않으면 된다고 행사 당일까지 하늘을 보며 애절한 눈빛을 보내곤 했다. 다행히도 우리는 늘 '역시, 장아람 날씨지!' 하며 화창한 날을 맞이하곤 했다. 신촌으로 향하던 장아람 사람들이 종로에 눈이 내리기 시작한다고 걱정하며 연락을 했지만 신촌은 따뜻한 햇볕이 내리쬐는 화창한 날씨였다.

저금통 사랑나누기 야외행사, 최병대작가 스케치

장애아동 가족의 참여로 변화된 공연장

매년 12월 둘째 주 토요일에 열리는. <저금통 사랑나누기>는 2023년 23회를 맞이했다. 저금통을 접수하면서 공연을 관람하는 형식은 지금까지 유지되고 있다. 장애아동 가족의 공연관람이 쉽지 않던 시절, 그들에게 저금통 사랑나누기 행사는 12월을 멋지게 마무리하는 겨울 외출이었다.

후원 회원들의 저금통 접수는 의미가 있었다. 자신의 아이들과 함께 후원하고 있는 단체에 방문해서 1년 동안 누군가를 돕기 위해 모은 돼지 저금통을 무대로 나와 인터뷰를 하고 직접 접수를 한다. 친구들의 인터뷰 모습을 지켜보면서 나누며 살아가는 사람들의 모습을 눈에 담는다. 후원 회원들이 젊은 시절 봉사자였을 때 꾸던 꿈이었다. 나의 자녀들에게도 장아람을 후원하게 하고, 봉사하게 해야지 했던 꿈이 이제는 하나둘씩 이뤄지고 있다.

중증 장애아동의 겨울 외출은 어려움이 많았다. 겨울 행사에 나오라고 말하기가 쉽지 않았다. 그러나 장애아동 가족이 겨울에도 참여하기 시작하자 그들을 12월 연말 공연에 지속적으로 초대하고 싶었다. 초대를 하면서 장애아동을 위해 더 많은 준비를 했다. 행사가 거듭될수록 저금통 사랑나누기 행사의 앞자리가 부족했다. 휠체어를 이용하는 친구들이 많았다. 그러나 공연장 내에 휠체어석은 몇 좌석 되지 않았기에 공연장 무대 앞줄에 휠체어 자리를 마련해야 했다. 앞좌석에 나란히 함께하는 휠체어에 앉은 아이들은 공연자들의 마음을 내려놓게 했다. 겨울 행사 때 공연 기부를 하는 공연팀은 아이들에게 감동을 받았다. 12월이라는 계절은 작은 불빛에도 눈빛이 흔들리고 마음이 일렁이는 계절인가 보다. 장애아동 가족의 참여가 증가하면서 야외 공연장은 실내 공연장으로 변경되었고, 이제는 따뜻한 공간에서 공연 관람과 저금통 접수를 진행하고 있다.

착한 사람이 꽉 차 있다

감동은 이제 시작이다. 저금통을 접수하기 위해서 많은 사람이 무대로 올라온다. 어떤 의미로 동전을 모았는지, 어떻게 모으게 되었는지를 인터뷰하면서 아이들의 순수함에 함께 웃고 어른들의 인터뷰에 귀를 기울인다. 장애아동 가족들의 저금통 접수와 인터뷰는 참았던 눈물을 터트리게 만든다. 저금통의 무게가 심상치 않다. 얼마나 열심히 모았는지 저마다의 사랑의 무게가 느껴진다. 무 겁 다. 도움만 받았던 장아람에게 할 수 있는 일은 저금통 사랑나누기 행사에 참여해서 그 고마움을 이야기하는 것이 보답하는 일이라고 생각한다고 했다. 아직 어린 친구들도 많지만 스무 살이 되어서 후원이 종료된 친구들도 프로그램에 참여하고 있다. 어릴 때는 가야 할 치료실이 많아서 프로그램 참여율이 저조했는데 졸업을 하고 나니 더 갈 곳이 없어진 친구들은 장아람재단의 프로그램에 꼬박꼬박 참여하기 시작했다. 그들은 정성껏 동전을 모으고 저금통 안에 편지까지 넣어주곤 한다. 동전을 개수하는 날 그 편지를 꺼낸 사람을 울리고 만다. 현장 인터뷰에서도 꼬마였던 아이가 성인이 되어 '그동안 고마웠다.' 고 말하고 다음 말을 잇지 못할 때 우리는 엉엉 울고 만다. 그 친구의 마음이 어떠한지를 우리는 알기 때문이다. 자신을 이렇게 잘 대해주고, 많은 프로그램에 참여하게 해준 장아람이 있어서 행복하고, 장아람재단과 장아람 가족들에게 고맙다는 친구의 고백은 저금통 사랑나누기 행사에 참여한 모든 사람을 착한 사람으로 만들었다. 아니, 착해지고 싶게 만들었다. 아니 우리는 착한 사람들이다. 우리가 착하지 않으면 누구를 착하다 하겠는가! 객석을 올려다본다. 계단까지 착한 사람들이 꽉 차 있었다.

이렇게 착한 사람들을 위해서 우리는 매년 12월 둘째 주가 되면 좋은 공연을 준비해 따뜻한 시간을 함께한다. 매년 공연 기부를 해준 공연자들은 대가를 바라지 않고 장애아동 가족들과 후원회원들의 만남을 풍성하게 해줬다. 전문 공연장이 아니라서 음향시설도 조명도 미흡하지만 최선을 다해 준비해 줬다. 그 좁은 공연장에서 국립 극장에 올리는 발레 공연을 일곱 번이나 했다. 그들 덕분에 장애아동 가족들은 멋진 공연을 마음껏 누릴 수 있었다. 좁은 공연장에 맞춰 큰 공연을 짧게

줄이고 세트를 바꾸며 준비해 주신 뷰티플 가든 발레단(BGB) 정미자 단장님과 단원들에게 감사를 전한다.

그리고 14년 동안 함께해준 CCM 가수 고효경은 매년 12월 둘째 주 토요일, 장아람 저금통 사랑나누기 행사를 항상 우선순위에 두고 매년 새로운 음악가를 직접 섭외해서 늘 새로운 공연으로 함께 해줬다. 긴 시간 동안 공연을 함께 해 준 사람들 덕분에 행사는 지속될 수 있었다. 커다란 위로를 받았던 정말 행복한 순간들이었다. 매년 음악공연을 해준 공연 팀, 댄스로 함께 해주고, 연주로 함께해준 공연 팀, 인형극과 쇼로 함께해준 공연 팀, 그리고 장아람재단 공연에서 빠질 수 없는 손수레의 수어공연은 저금통 사랑나누기 행사의 꽃이다.

저금통 사랑나누기 행사는 참교육의 현장이었고, 장애와 비장애가 함께하는 공간이었지만 우리에게는 다름을 찾기 어려운 같은 마음의 사람들이 모여 앉아 있는 날이었다. 장애와 비장애가 구분 없이 앉아 공연을 즐길 수 있는 곳, 장아람재단이다.

저금통 사랑나누기 저금통접수 인터뷰

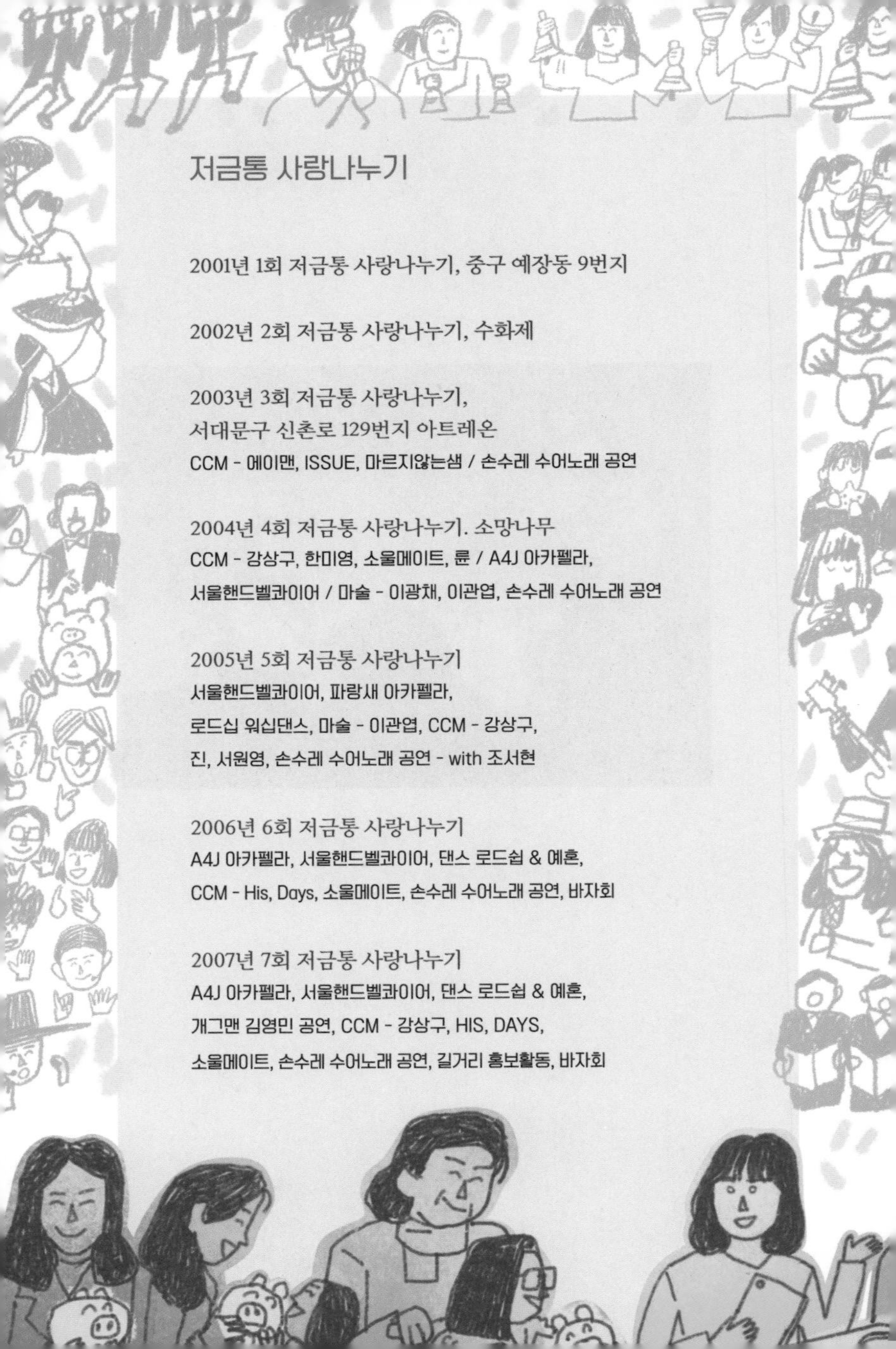

저금통 사랑나누기

2001년 1회 저금통 사랑나누기, 중구 예장동 9번지

2002년 2회 저금통 사랑나누기, 수화제

2003년 3회 저금통 사랑나누기,
서대문구 신촌로 129번지 아트레온
CCM - 에이맨, ISSUE, 마르지않는샘 / 손수레 수어노래 공연

2004년 4회 저금통 사랑나누기. 소망나무
CCM - 강상구, 한미영, 소울메이트, 륜 / A4J 아카펠라,
서울핸드벨콰이어 / 마술 - 이광채, 이관엽, 손수레 수어노래 공연

2005년 5회 저금통 사랑나누기
서울핸드벨콰이어, 파랑새 아카펠라,
로드십 워십댄스, 마술 - 이관엽, CCM - 강상구,
진, 서원영, 손수레 수어노래 공연 - with 조서현

2006년 6회 저금통 사랑나누기
A4J 아카펠라, 서울핸드벨콰이어, 댄스 로드쉽 & 예혼,
CCM - His, Days, 소울메이트, 손수레 수어노래 공연, 바자회

2007년 7회 저금통 사랑나누기
A4J 아카펠라, 서울핸드벨콰이어, 댄스 로드쉽 & 예혼,
개그맨 김영민 공연, CCM - 강상구, HIS, DAYS,
소울메이트, 손수레 수어노래 공연, 길거리 홍보활동, 바자회

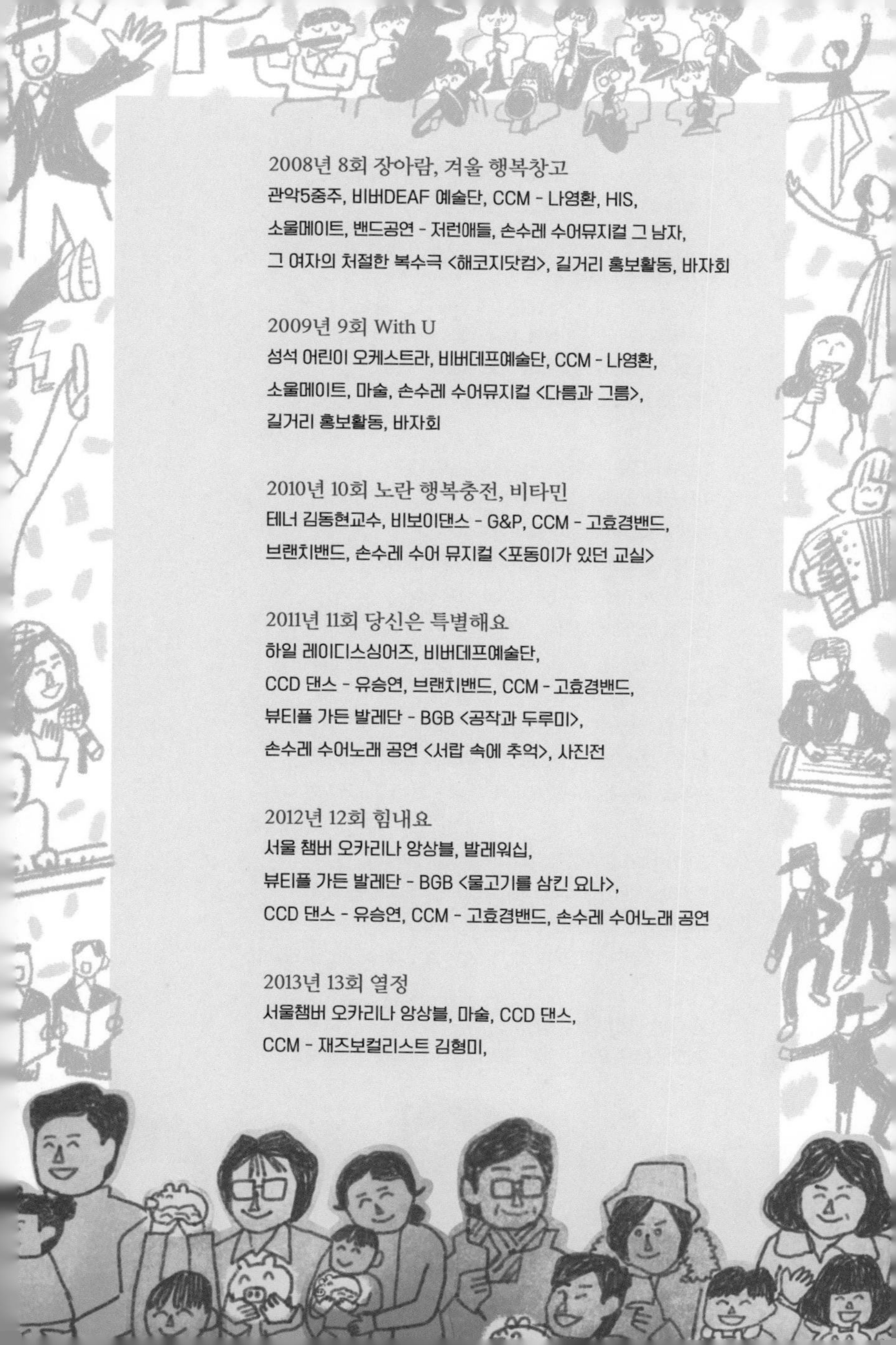

2008년 8회 장아람, 겨울 행복창고

관악5중주, 비버DEAF 예술단, CCM - 나영환, HIS,
소울메이트, 밴드공연 - 저런애들, 손수레 수어뮤지컬 그 남자,
그 여자의 처절한 복수극 <해코지닷컴>, 길거리 홍보활동, 바자회

2009년 9회 With U

성석 어린이 오케스트라, 비버데프예술단, CCM - 나영환,
소울메이트, 마술, 손수레 수어뮤지컬 <다름과 그름>,
길거리 홍보활동, 바자회

2010년 10회 노란 행복충전, 비타민

테너 김동현교수, 비보이댄스 - G&P, CCM - 고효경밴드,
브랜치밴드, 손수레 수어 뮤지컬 <포동이가 있던 교실>

2011년 11회 당신은 특별해요

하일 레이디스싱어즈, 비버데프예술단,
CCD 댄스 - 유승연, 브랜치밴드, CCM - 고효경밴드,
뷰티플 가든 발레단 - BGB <공작과 두루미>,
손수레 수어노래 공연 <서랍 속에 추억>, 사진전

2012년 12회 힘내요

서울 챔버 오카리나 앙상블, 발레워십,
뷰티플 가든 발레단 - BGB <물고기를 삼킨 요나>,
CCD 댄스 - 유승연, CCM - 고효경밴드, 손수레 수어노래 공연

2013년 13회 열정

서울챔버 오카리나 앙상블, 마술, CCD 댄스,
CCM - 재즈보컬리스트 김형미,

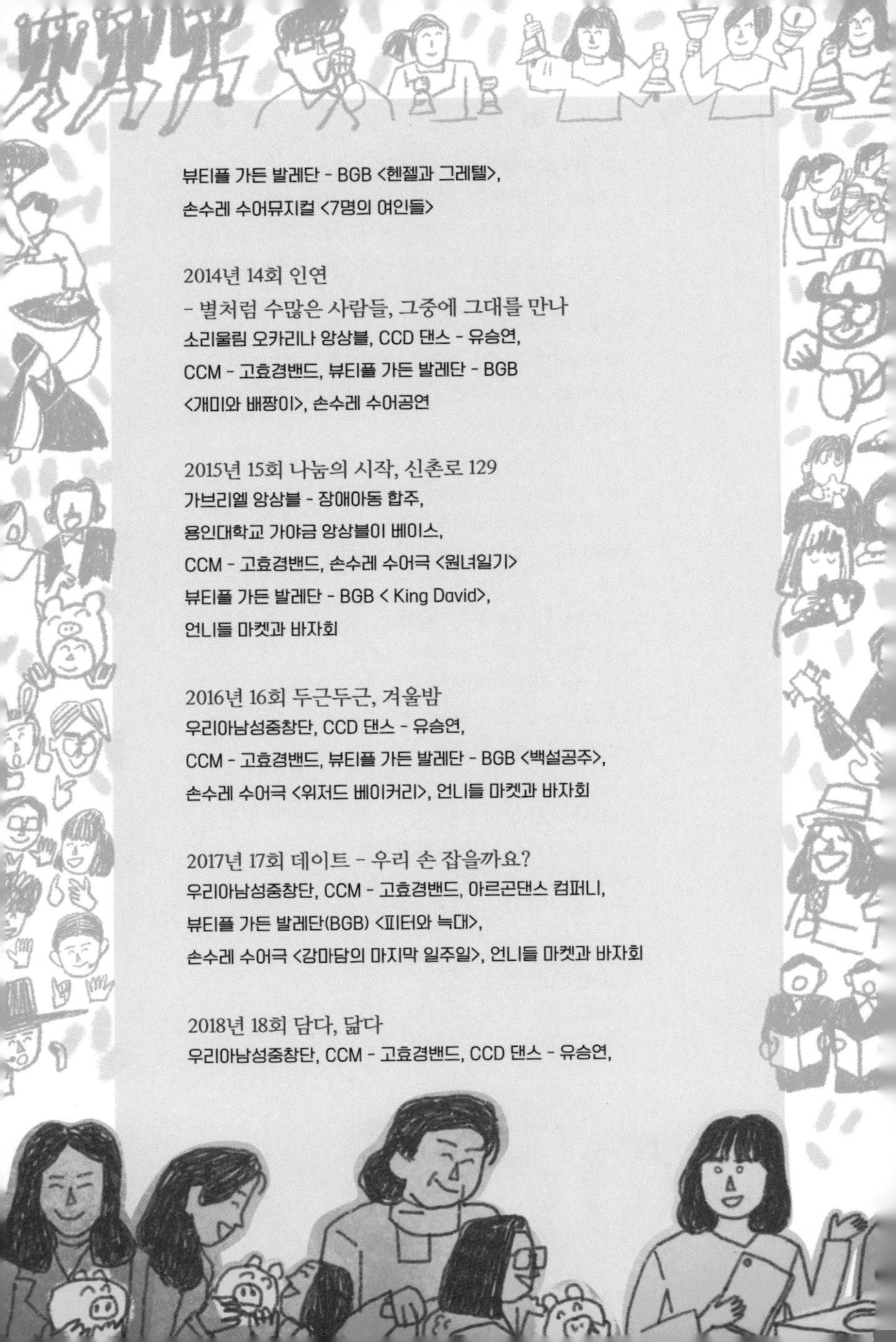

뷰티플 가든 발레단 - BGB <헨젤과 그레텔>,
손수레 수어뮤지컬 <7명의 여인들>

2014년 14회 인연
- 별처럼 수많은 사람들, 그중에 그대를 만나
소리울림 오카리나 앙상블, CCD 댄스 - 유승연,
CCM - 고효경밴드, 뷰티플 가든 발레단 - BGB
<개미와 배짱이>, 손수레 수어공연

2015년 15회 나눔의 시작, 신촌로 129
가브리엘 앙상블 - 장애아동 합주,
용인대학교 가야금 앙상블이 베이스,
CCM - 고효경밴드, 손수레 수어극 <원녀일기>
뷰티플 가든 발레단 - BGB < King David>,
언니들 마켓과 바자회

2016년 16회 두근두근, 겨울밤
우리아남성중창단, CCD 댄스 - 유승연,
CCM - 고효경밴드, 뷰티플 가든 발레단 - BGB <백설공주>,
손수레 수어극 <위저드 베이커리>, 언니들 마켓과 바자회

2017년 17회 데이트 - 우리 손 잡을까요?
우리아남성중창단, CCM - 고효경밴드, 아르곤댄스 컴퍼니,
뷰티플 가든 발레단(BGB) <피터와 늑대>,
손수레 수어극 <강마담의 마지막 일주일>, 언니들 마켓과 바자회

2018년 18회 담다, 닮다
우리아남성중창단, CCM - 고효경밴드, CCD 댄스 - 유승연,

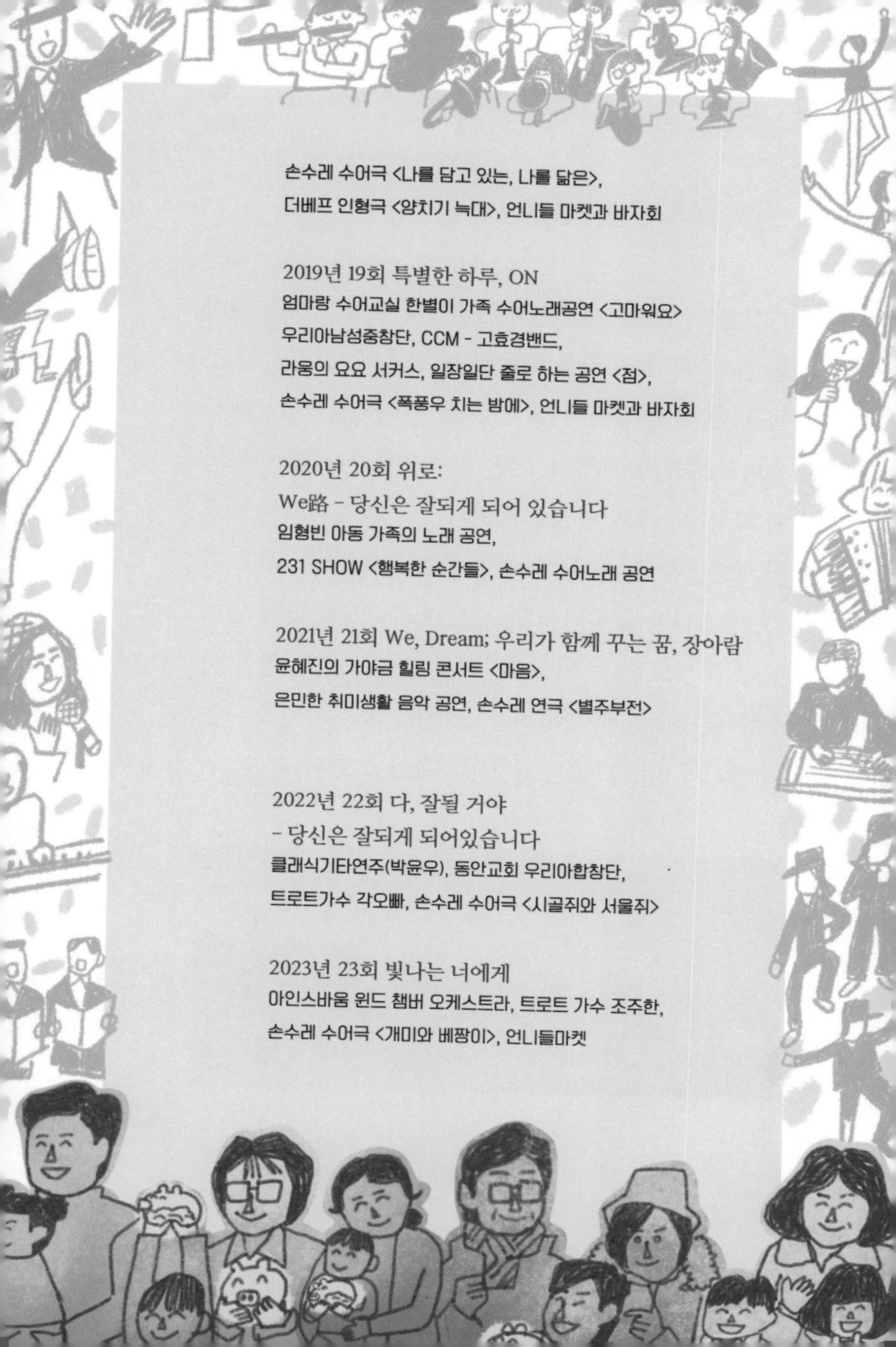

손수레 수어극 <나를 담고 있는, 나를 닮은>,
더베프 인형극 <양치기 늑대>, 언니들 마켓과 바자회

2019년 19회 특별한 하루, ON
엄마랑 수어교실 한별이 가족 수어노래공연 <고마워요>
우리아남성중창단, CCM - 고효경밴드,
라움의 요요 서커스, 일장일단 줄로 하는 공연 <점>,
손수레 수어극 <폭풍우 치는 밤에>, 언니들 마켓과 바자회

2020년 20회 위로:
We路 - 당신은 잘되게 되어 있습니다
임형빈 아동 가족의 노래 공연,
231 SHOW <행복한 순간들>, 손수레 수어노래 공연

2021년 21회 We, Dream; 우리가 함께 꾸는 꿈, 장아람
윤혜진의 가야금 힐링 콘서트 <마음>,
은민한 취미생활 음악 공연, 손수레 연극 <별주부전>

2022년 22회 다, 잘될 거야
- 당신은 잘되게 되어있습니다
클래식기타연주(박윤우), 동안교회 우리아합창단,
트로트가수 각오빠, 손수레 수어극 <시골쥐와 서울쥐>

2023년 23회 빛나는 너에게
아인스바움 윈드 챔버 오케스트라, 트로트 가수 조주한,
손수레 수어극 <개미와 베짱이>, 언니들마켓

꿈땅

꿈과 행복과 쉼을 담고 싶었던 꿈땅

경기도 양평군 서종면 수입리에 회장님 별장과 경계를 접한 677평의 땅을 구입한 뒤 그곳에 있어야 할 것들을 한 장의 종이에 담아봤다. 거대한 꿈이었는데도 우리는(박종숙, 조현아, 이은주, 이미경, 그리고 하평이와 열하) 이 꿈이 이뤄질 것이라고 믿고 우리에게 필요한 땅을 정하고 그 땅 둘레를 돌며 땅 밟기를 했다. 저기, 저기까지 꿈땅이 되게 해달라고 기도하면서 말이다. 아무것도 없는 허허벌판인 땅을 밟으면서 일곱 바퀴를 돌아야 할지 열 바퀴를 돌아야할지 이야기를 나누며 우리가 이루고 싶은 꿈땅의 그림을 그렸다.

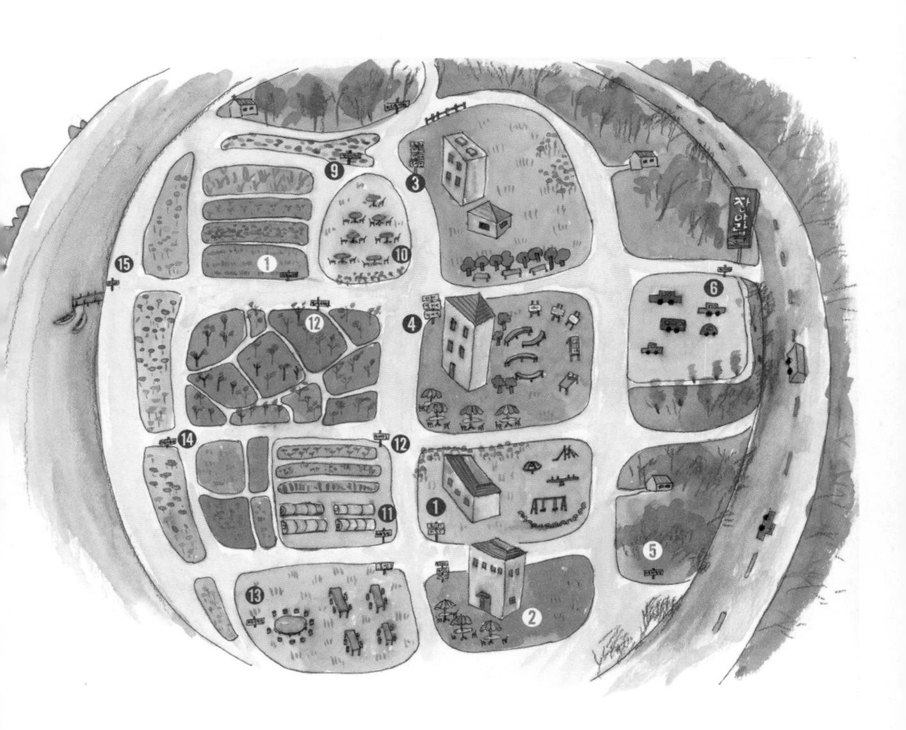

❶ 장애아동을 사랑하는 곳 : 장아람 사무실, 치료실, 상담실

❷ 몸과 맘을 뉘는 곳 : 게스트하우스, 식당

❸ 눈길 가는 곳 : 갤러리, 카페, 스파

❹ 쉼 없이 드나드는 곳 : 도서관, 음악실, 영상실, 홍보, 전시, 판매

❺ 자연이 그대로인 곳 : 자연 체험장

❻ **차들이 쉬는 곳** : 주차장

❼ **나무랑 나랑 숨 쉬는 곳** : 작은 휴양림, 삼림욕장

❽ **평안을 누리는 곳** : 기도와 묵상실

❾ **발걸음 닿는 곳** : 건강산책로

❿ **해보고 달 보는 곳** : 야외마당, 쉼터

⓫ **채소 잘 키우는 곳** : 건강한 채소밭

⓬ **꿈이 자라는 곳** : 꿈나무동산

⓭ **느낌이 살아나는 곳** : 원예치료실, 야외치료실, 공방

⓮ **산꽃 들꽃 놀러온 곳** : 꽃밭

⓯ **바람도 구름도 쉬어가는 곳** : 나루터, 산책로

이런 것들로 채워지는 꿈땅이면 좋겠다고 운영진은 이야기를 나눴다. 그리고 이수정 님에게 꿈땅의 그림을 요청했는데 운영진이 논의한 이야기를 듣지 않았는데도 이수정 님이 그려온 꿈땅의 큰 그림은 우리가 넣고 싶은 풍경들로 가득 채워져 있었다. 마음이 연결되어 있었다. 우리가 꿈꾸는 꿈땅은 이렇게 멋지고 아름답고 좋은 곳이었으면 하는 마음이 서로 이어져 있었던 것이다. 우리가 꿈땅이라는 단어에서 떠올리는 풍경은 하나였다.

장애아동 가족들이 타인의 시선을 의식하지 않고 마음 놓고 쉴 수 있는 편안한 공간을 준비하고 싶었다. 그래서 장애아동 가족들이 그동안 흘린 눈물을 닦고 새로운 희망과 웃음을 안고 일상으로 돌아갈 수 있는 쉼터를 만들고 싶었다.

이수정님이 꿈땅 첫그림

꿈을 담은 묘목을 심다

우리가 꿈땅을 구입한 시기가 겨울이어서 땅은 더욱 아무것도 없는 허허벌판 같았고, 긴 시간 동안 관리되지 않아서 더 외로워 보였다. 아주 오랜 시간 그곳을 지켜온 메타세쿼이아 두 그루만이 우뚝 서 있었다. 우리의 계획은 이러했다. 장아람재단 10주년 기념행사로 꿈땅에 꿈을 담은 묘목심기를 하자. 나의 나무를 심고, 장애아동의 나무를 후원하자. 내가 후원한 1구좌의 나무에 장아람재단에서 지원하는 장애아동의 이름과 후원자의 이름이 함께 적힌 명패가 걸리는 것이다. 70여 명의 회원이 장애아동의 묘목을 후원했고 그 후로도 꾸준히 묘목 기증을 받았다.

묘목 심기 행사와 함께 첫 번째 꿈을 담은 씨뿌리기 행사가 2005년 3월 26일에 열렸다. 장아람재단이 10년을 꾸준히 걸어올 수 있었음에 감사하며 우리는 10년 회원상에 이익환 회원과 이미화 회원, 예쁜 그림 상에 이수정님, 저금통상에 정봉중 회원, 숨은일꾼 상 황소영 봉사자, 함께하기 상에 영암교회 청년부, 협력업체

상에 아트레온 한상필 사장님, 그루터기 상에 인공와우 수술을 받고 다시 시작하는 삶을 살아가는 이상혁 아동에게 시상을 했다. 20년 전의 이야기다 보니 그 당시 사용하던 용어가 어색하기도 하지만 그때 10년이라는 시간을 꾸준히 함께해준 장아람 가족들이 있었기에 우리에게 20년, 30년이 주어진 것이니 기념해야만 했던 순간이었다.

장아람재단 창립 10주년 기념행사 묘목심기

농사를 짓다

꿈땅을 갖고 싶다고 말하니 꿈땅이 생겼다. 꿈을 말하면 함께 그 꿈을 그려주는 사람이 생기고 그것을 색칠해 주는 사람이 모이고 그러다 보면 꿈이 하나둘씩 이뤄져있다. 꿈땅은 장애아동 가족들이 타인의 시선을 의식하지 않고 편안하게 쉼을 얻게 하기 위해서 계획한 사업이다. 땅을 구입하고, 그 땅의 현재 상황에 맞게 다음 작업인 농사를 시작하고, 그다음은 쉼터를 만들어야지 하는 큰 그림을 그렸다.

장아람재단이 구입한 땅은 대지가 아닌 농지였기에 먼저 농사를 짓기로 했다. 아직 땅이 잘 일궈지기 전이었기에 콩쥐가 된 듯했다. 오랜 시간 잠자고 있던 밭이어서 돌을 골라내는 작업을 하고 씨를 뿌렸다. 자연은 사람을 한없이 작아지게 만들었다. 그리고 감사하게 했다. 자연을 알아가게 하고, 생각하게 하는 꿈땅이었다.

14년간 농사를 지었다. 아니 땅이 우리와 친구가 되어줬다. 우리는 그 땅을 가꿨을 뿐이다. 우리는 가꾸는 농작물에 다소 병적인 애착을 보였다. 상처 난 것도 버리지 못하고 채소밭을 정리해야 할 때 아직 익지 않은 열매조차 버리지 못하고 바구니에 담았다. 손질하는 데 시간이 낭비되더라도 괜찮았다. 우리의 흘린 땀이 아까워서, 몇 개월간 자라느라 애써 준 열매들이 아까워서, 애정을 담아 길러내서, 쉽게 버릴 수 없는 소중한 농산물이었다. 땅과 농사에 대해서 아무것도 모르는 간사들이 뭘 믿고 농사를 짓겠다고 했는지 지금 생각해 보면 정말 아찔하다. 그래도 하자, 하니 함께해준 간사들과 봉사자들의 힘은 대단하다.

그렇게 아무것도 모르는 우리들이 농사를 지을 수 있었던 것은 구리 이만웅 박사님과 김경숙 사모님 덕분이었다. 박사님 부부의 도움이 없었다면 불가능했을 것이다. 추운 겨울 비닐하우스에서 장아람재단의 꿈땅 행사에 필요한 모종과 채소밭을 채울 모종을 제공하기 위해서 시기를 맞춰가며 애써주셨다. 아무런 조건 없이 14년이라는 긴 시간 동안 꿈땅과 채소밭에 심을 모종을 내어 주셨다.

14동안 꿈땅 채소밭에 모종을 채워주시고,
농사를 가르쳐주신 이만웅 박사님과 김경숙 사모님

풀도 함께 키우는 채소밭

5월 고구마까지 심겨진 밭은 정말 예뻤다. 그러나 날씨가 더워지고 비가 내리기 시작하자 상황은 달라졌다. 일주일에 하루 농사를 짓는 서울 농부에게 풀을 완벽하게 뽑아내는 것은 어려운 일, 아니 안 되는 일이었다. 결국 6월이 되면 무성해진 풀을 포기하고 만다. 어르신들이 우리 밭을 보면 한마디씩 하신다. 풀은 어쩌려고 하냐고, 풀을 뽑아야지! 그러면 우리는 당당하게 답하곤 했다.

"저희는 풀도 함께 키우고 있어요. 저희는 풀도 키운다니까요!"

매년 풀을 잘 키우다 보니 어느 시기부터는 진딧물도 없어지고 노균병도 없어졌다. 천적들이 모두 채워지자 불필요한 약을 사용하지 않고도 병충해 없이 채소를 키울 수 있었다. 물론 풀이 영양분을 가져가는 부분이 많으니 수확량은 보장할 수 없었다. 땅은 하나를 얻으면 하나를 포기해야 함을 가르쳐줬다. 우리는 채소를 판매

할 목적으로 농사를 짓는 것이 아니었기에 현재 우리의 형편에 맞게 농사짓는 정도와 규칙을 정해갔다.

농사를 시작하는 봄에는, 가장 먼저 정리된 밭에 퇴비를 뿌리고 밭을 갈아엎는다. 일주일에 한 번씩 농사짓는 우리들이니 멀칭 비닐의 힘을 빌릴 수밖에 없었다. 씨를 뿌릴 밭을 제외하고 고구마밭까지 멀칭 비닐을 씌운 밭은 간격 있게 멋있는 밭으로 탄생되었다. 삽질을 얼마나 꼼꼼히 잘하는지 우리는 땅을 일구면서 일 잘한다는 말을 듣기 싫어했을 정도다. 그러나 어쩌겠는가, 장아람은 뭐든 다 잘하는 사람들이 모여 있는 곳인 것을. 처음에는 간사들만의 힘으로 농사를 지었지만 규모가 커지면서 도움을 요청할 수밖에 없었다. 씨뿌리기를 준비하기 전 날짜를 정하면 장아람재단의 대단한 봉사자들은 또 함께해 준다. 그들이 없었다면 예쁜 밭을 만들지 못했을 것이다.

그러나 더위에 일하기가 점점 힘들어졌다. 농사를 짓기 시작하면서 지구 온난화에 대해 관심을 더 갖게 되었다. 어느 해 우리는 1도 높아진 지구를 마주하게 되었다.

꿈땅 밭을 갈다

서울에서 출발해서 양평에 도착하면 이미 기온은 30도를 웃돈다. 더 쉽게 농사를 짓는 방법은 없을까? 그렇다면 손이 덜 가는 농작물 위주로 심어야겠다. 의논을 해본다. 올해는 어떤 농작물로 구성을 해볼까?

그런데 이야기의 끝은 늘 이렇다.

"토마토는 있어야지, 고추는 필수야, 고추는 내가 맡을게, 호박도 엄청 쉽잖아, 오이는 꿈땅 오이가 제일 맛있지, 토란도 그냥 심어놓기만 하면 되잖아, 봄에 쌈 채소는 몇 가지 있어야지, 상추가 끝나갈 무렵 참외는 심어줘야지, 고구마는 사람들이 한 박스씩 가져갈 만큼은 심어야지, 우리 꿈땅 대파가 제일 건강해. 가지는 몇 개만 심어도 충분히 수확하잖아, 가을 상추가 금상추래, 올해 무가 적었지? 꿈땅 배추가 정말 달아."

결국 우리는 아무것도 포기하지 못했다. 그리고 모종을 길러주시는 구리 이만웅, 김경숙 부부의 정성을 거저 다 받았다. 포기할 수 없는 농작물이었기에 주시는 대로 계절에 따라 농작물을 심고 가꿨다.

채소 꽃이 세상에서 제일 예쁘다

봄에 씨를 뿌린 상추와 치커리와 쑥갓이 자라 봄철 씁쓰름하게 입맛 도는 먹을거리를 제공해준다. 짧은 기간 자라고 온도가 높아지면 수확을 할 수 없게 된다. 5월이 되면 씨를 뿌린 채소밭을 정리하고 다음 농작물을 심을 준비를 해야 한다. 그러나 우리는 서두를 필요가 없다. 상추가 큰 키를 자랑하면서 쑥쑥 자라 노란 꽃을 가득 피우고, 쑥갓이 자라 국화꽃 같은 노란 꽃을 피우고, 치커리도 나도 키가 크다며 쑥쑥 자라 보라색 꽃을 피워낸다. 매년 봄, 우리는 상추꽃과 쑥갓 꽃과 치커리 꽃을 보기 위해 채소의 키를 키운다.

오이꽃, 호박꽃, 토마토 꽃, 고추 꽃, 깻잎 꽃, 아욱꽃, 완두콩꽃, 고구마꽃….

채소 꽃은 대체적으로 노랗거나 흰 꽃이 핀다. 예쁘지 않은 꽃이 없다.

가을에 배추마저도 꽃처럼 보인다.

상추대가 올라오고 꽃봉우리가 잡히고 노란 꽃을 피워낸다

예쁘게 농사를 지었다

농사는 각이라고 했다. 고랑을 내다가 틀어지면 안 되니 줄을 잡아 고랑을 반듯하게 내려고 노력했다. 그렇게 줄을 맞춰 채소를 심고 줄맞춰 자라는 채소들의 규칙적인 모습은 와, 밭이 이쁘다. 라는 말이 절로 나오게 했다. 그리고 농사는 하늘과의 동업이라고 했다. 농사를 지으면서 우리는 농부의 수고를 알았고, 땅의 소중함을 알게 되었고, 땀 흘린 만큼 주는 자연의 이치가 얼마나 가치 있는 일인지를 깨달았다. 하늘이 주는 단비는 말할 수 없는 기쁨이고 감사였다.

그러나 일주일에 한 번, 서울에서 양평으로 농사지으러 가는 일은 쉽지 않았다. 아무도 농사를 지어본 경험이 없었다. 단지 앤 국장만이 부모님이 농사를 짓는 것을 아주 조금 도왔을 뿐이고 어깨너머로 보았을 뿐이었다. 그래도 다행히 땅을 좋아했고, 꽃을 좋아했고, 식물을 좋아했다. 벌레도 피하지 않는 성향이어서 땅을 가꾸는 일을 겁 없이 시작할 수 있었지만, 함께하는 간사들은 말도 못 하고 몸으로만 힘겨움을 표현해야 했다.

그래도 매해 농사일이 거듭될수록 우리는 제철 채소를 알아갔고, 제철 채소를 먹는 일이 얼마나 건강한 식생활인지를 알게 되었다. 14년간 우리는 양평 꿈땅에 예쁘게 농사를 지었다. 점점 농사를 짓는 땅의 평수가 늘어 300여 평의 땅에서 수많은 채소를 길러냈다. 잘하지 못하는 일이었지만 모종을 후원해 주고 농사를 가르쳐주는 이만웅 박사님 덕분에, 그리고 뭐든 열심히 하는 우리니(장아람 is 뭔들) 농사일을 꽤 잘 해냈다. 수확물의 품질도 나쁘지 않았다. 일주일에 한 번씩 농사를 지으러 다니는 우리에게 하늘과의 동업은 절실했다. 화요일 저녁마다 비가 내리기를 기도했다. 매주 수요일에 농사지으러 양평으로 향하는 우리들에게 화요일 저녁에 내리는 비는 단비와도 같았다. 농작물 관리가 쉬워졌고 밭에 물을 대지 않아도 되니 훨씬 수월했다. 그래서 요즘도 화요일에 비가 자주 내리는가 보다 생각하고 있다.

채소 박스를 보내다

노지에서 기르는 상추의 첫 수확물이 얼마나 맛있는지 우리는 안다. 노지에서 기른 토마토를 밭에서 바로 따서 먹는, 그 뜨거운 토마토가 얼마나 맛있는지 우리는 안다. 구부러졌지만 맛있는 오이, 약을 치지 않아도 건강하게 자란 대파의 소중함. 건강한 채소였다. 잘 자란 농작물의 양이 점점 많아졌다. 건강하게 기른 채소를 아이들 가정에 보내자, 그래서 이 채소를 받은 날 돼지고기 한 근 사서 구워 먹으면 좋겠다. 한주에 10박스에서 20박스의 수확물을 정성껏 포장해서 아이들 가정으로 택배를 보내면 다음 날 도착했다는 연락을 받는다. 시장에 반찬거리 사러 나가려고 했는데 한아름 채소 선물 꾸러미가 도착했다는 연락을 받을 때면 수요일의 수고로움이 싹 가셨다.

봄에는 씨를 뿌리고, 모종을 심고, 늦은 봄부터 수확을 하고, 뜨거운 여름에는 가을채소를 심고, 가을에는 고구마를 수확했고, 늦가을에는 배추와 대파와 무와 토란을 수확했다. 그리고 겨울에는 땅에게도 쉼의 시간을 갖게 했다. 그렇게 14년의 시간 동안 우리는 꾸준히 농사를 지었다. 장아람재단의 프로그램을 진행하다 보면 매해 그 시기에 꼭 필요한 인적자원이 나타났다. 마침 그해 안식년을 갖는 회원, 취업 준비를 하는 회원, 이직 준비를 하는 회원, 잠시 쉬는 회원 등 그들은 그때마다 그들을 필요로 하는 프로그램에서 봉사자로 함께했다.

우리가 양평에 땅을 사고, 농사를 짓기 시작할 무렵 부천에 살던 김보미 회원이 양평으로 이사를 왔다. 어쩜! 양평으로 이사를 온 김보미 회원은 매주 수요일 꿈땅으로 출근을 했다. 그리고 자신뿐만 아니라 양평지역의 봉사자를 섭외해 함께 농사일을 돕기 시작했는데 그들의 도움이 없었다면 농사를 더 빨리 포기했을 것이다. 김보미 회원은 새벽에 혼자 밭으로 나와 수확하는 일을 했다. 서울에서 출발한 간사들이 도착할 즈음이면 수확이 완료되어 있었고 간사들은 그 이후의 남은 작업을 진행하였다. 작업을 마치고 채소 박스를 실은 차량은 서종면 우체국으로 달렸다. 조금이라도 빨리 신선하게 장애아동 가족에게 전달되기를 바라면서 속도를 내서 일했다. 그리고 이정환 회원도 몇 년 동안 농사일을 도우며 궂은일도 마다하지 않고 처리해 줬다. 삽질이 필요할 때 모이는 멤버들도 있었다. 이들의 도움이 없었다면 우리는 14년을 다 채우지 못했을 것이다.

지구 온도가 1도 높아졌고 그래서 새벽과 해 질 녘이 아니면 농사를 지을 수 없는 날씨가 되었다. 우리의 신체 나이가 기온을 이기지 못할 만큼 시간이 흘렀다. 그래서 우리는 잠정적으로 농사를 중단하기로 했다. 처음엔 힘든 농사일이었지만 중단한다고 생각하니 제철 채소가 벌써부터 그리워졌다.

***꿈땅 농작물 :** 상추, 치커리, 고추, 완두콩, 대파, 당근, 토마토, 애호박, 단호박, 토종 호박, 오이, 아욱, 시금치, 근대, 쑥갓, 들깨, 양배추, 양상추, 토란, 브로콜리, 콜라비, 옥수수, 감자, 배추, 무, 고구마, 수세미, 참외, 가지

소풍

계절이 예쁜 봄과 가을에 꿈땅으로 소풍을 떠난다. 농사를 짓던 시기에는 봄에는 씨를 뿌렸고 가을에는 고구마를 수확했다. 우리는 꿈을 담았다. 우리가 운영하는 모든 사업 속에 꿈을 넣었다. 지치도록 꿈을 외쳤다. 긍정의 아이콘처럼 꿈을 이야기하면 이루어지고, 즐거움이 생기고, 과정이 즐거운 장아람재단이었다.

꿈을 담은 씨뿌리기 행사 때는 씨를 뿌리고 상추나 토마토 모종을 심었는데 운영진도 농사에 초보였고, 서울 사는 아이들도 농촌 체험이 낯설었던 시절이라 흙을 만지며 씨를 뿌리는 프로그램이 아이들에게는 신나는 체험활동이었다. 가끔 꽃을 심기도 했었다. 가을 수확하기 행사는 우리가 꿈을 담아 씨를 뿌렸으니 꿈을 맺은 수확하기를 해야지 하며 봄에 심은 고구마를 수확했다. 장애아동이 땅 위에 털썩 주저앉아 씨를 뿌리고, 모종을 심어보고, 가을에는 돗자리를 펴고 고구마를 수확해 보는 프로그램을 14년 동안 운영했다.

2019년 농사를 잠정적으로 중단하면서부터 꿈땅의 씨뿌리기 행사와 수확하기 행사는 같은 시기에 봄 소풍, 가을 소풍으로 이름을 변경했고, 행사 내용에도 변화를 주게 되었다. 그때부터 봄 소풍과 가을 소풍은 공연 프로그램으로 채워졌다. 버스킹 공연과 인형극 무대가 꿈땅에 올려졌다. 프로그램이 더 풍성해지기 시작했다. 즐거움이 있는 공간에서 장애아동과 비장애아동이 함께 만나 같은 프로그램을 즐기는 곳, 꿈의 공간이었다.

꿈땅 프로그램은 정회원 중심으로 운영되고 있다. 주차 공간과 편의시설에 제약이 있어 인원 제한을 둘 수밖에 없었다. 80여 명의 회원들로 시작한 초기 꿈땅 프로그램이 150명을 넘어서자 비치되어야 할 물품들이 많아졌다. 매해 꿈땅 봄 소풍과 가을 소풍에 참여하는 장애아동 가족과 정회원 가족들의 늘어나는 모습을 보면서 최호준 회장님은 필요한 물품을 행사에 맞춰 미리미리 준비하시는 일종의 루틴이 생겼다. 장애아동 가족들은 꿈땅을 참 좋아해줬다. 많은 장애아동 가족이 함께하다 보니 편의시설에 여러 가지 어려움이 있었다. 그 어려움을 발견하면 최호준 회장님은 또 하나씩 고쳐

나가기 시작했다. 다음 해에 참석하면 또 달라져 있는 꿈땅의 모습을 발견하는 재미를 느낄 수 있었다. 장애아동 가족들에게 꿈땅은 말 그대로 꿈땅이 되어가고 있다. 좋은 사람들과 좋은 풍경 속에서 놀이를 즐기고, 밥을 먹고, 공연을 관람하는, 함께 살아가는 행복한 작은 세상을 직접 느끼는 이곳이 꿈땅임이 분명하다. 함께한 비장애아동 가족들 또한 함께 살아가는 멋진 이 순간을 기억하게 된다.

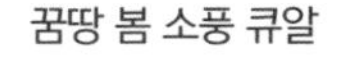

꿈땅 봄 소풍 큐알

꿈땅 가을 소풍 큐알

14년 동안의 씨를 뿌리고 수확하는 일, 그리고 소풍 나오는 꿈땅은 늘 평화롭고 행복한 기운이 가득하다. 4월과 10월 둘째 주 토요일에 진행되는 소풍은 길이 여간 막히는 게 아니다. 꿈땅은 정체 구간을 뚫고 나와야 되는 곳에 위치해 있다. 매년 꽃 보러 가기 좋아서, 단풍구경가기 좋아서 늘 길이 막힌다. 그래서 매년 오시는 분들은 왜 새벽에 출발해야 되는지를 안다. 막힌 길을 뚫고 도착한 꿈땅은 멋지다. 많은 사람들의 수고로 완성되어진 소풍 장소에 도착한 우리들은 저 막힌 길을 달려 바다로 산으로 가는 차량들이 하나도 부럽지 않다. 뒷산이 감싸 안고 있는, 강물이 반짝이는 꿈땅 안에 있는 우리는 평화롭다.

수경이네 간식 차

씨를 뿌리고 고구마를 수확할 때도 우리는 땅이 주는 즐거움을 만끽했고, 봄 소풍과 가을 소풍으로 운영하면서는 가족들이 함께 즐길 수 있는 프로그램과 공연으로 더욱 풍성하게 채울 수 있었다. 수많은 아동극을 올리면서 꿈땅에서 앞으로 펼쳐질 페스티벌을 꿈꿔보기도 했다. 장애아동과 비장애아동 가족이 함께하는 꿈땅이 말 그대로 꿈의 땅이 되기를 바랐다. 장아람재단의 많은 사업들이 그렇듯 꿈땅의 프로그램도 많은 사람이 봉사자로 참여하고 있다. 프로그램 참여 후 힘든 시간을 잊고 다음에도 참여해야지 다짐하며 새벽잠을 포기하고 달려와 주는 봉사자들이 있기에 완성되어지는 소풍이다.

몇 해 동안 임수경 회원의 부모님은 대목 장사도 포기하고 트럭을 몰고 꿈땅으로 오셨다. 꿈땅에 나타난 "수경이네가 쏩니다!" 간식 차는 모두를 놀라게 했고, 모두를 즐겁게 했다. 점심으로 고기를 그렇게 많이 먹고도 수경이네 간식 차에서 제공되는 떡볶이, 어묵탕, 고구마 튀김, 맛탕을 포기할 수 없었다. 정말 멋진 시간이었다.

참으로 행복했던 간식 차였다. 연예인 간식 차가 부럽지 않았다. 지금은 임수경 회원 부모님이 다른 일을 하시게 되어 간식 차가 꿈땅에 오지 못하고 있지만 우리는 또 다른 맛으로 프로그램을 채워나가고 있다.

꿈땅 소풍을 풍성하게 해 준, 수경이네 푸드트럭

친구가 되는 꿈땅

꿈땅에서 함께하는 시간 동안 우리는 평화를 맛본다. 1년에 4번의 만남이 있는 프로그램을 지속적으로 운영하다 보니, 꾸준히 참여하는 사람들은 이제는 아는 친구를 만난 듯 반갑게 장애아동의 이름을 부르며 인사를 나눈다. 프로그램을 함께하는 동안 우리는 무엇으로도 구분되지 않는다. 장아람은 즐거운, 행복한 프로그램을 운영하고 싶었다. 그동안 진행해 온 프로그램을 나열해 보니 우리가 얼마나 즐겁게 운영해 왔는지를 알 수 있었다. 정말 열심히 프로그램을 준비했고 함께 즐겼다. 장애아동도 실내에서 함께할 때와 야외에서 함께할 때의 미소가 달랐다. 그리고 몰랐던 아이들의 다른 모습도 발견할 수 있었다. 비장애아동 가족도 꿈땅 소풍을 기다렸다.

"엄마 저 너무 기대되고 좋아서 잠이 안 와요."

그래서 걱정인 에리나 회원. 아들 제욱이가 장아람을 너무 좋아해서 유치원 행사를 포기하고 꿈땅 소풍을 가기로 결정하고, 꿈땅 가기 전날 밤 너무 기대되어서 잠이 안 온다는 이야기는 운영진에게 엄청 큰 힘이 된다.

"엄마, 조금 더 놀다 가면 안 돼요?"

꿈땅의 모든 프로그램이 끝나고 마을 청소까지 마치고 돌아갈 준비를 하고 있는데 더 놀다 가고 싶다는 아이들의 성화를 이겨내지 못하고 부모님들은 꿈땅 잔디밭에서 아이들이 맘껏 뛰어놀 수 있도록 기다려준다. 이곳이 좋다는 아이들이 정말 사랑스럽다.

"누구도 서로가 다르다고 느끼지 않고 모두가 특별해지는 마법 같은 공간, 그곳이 바로 꿈땅인 것 같아요."

꿈땅에 있는 동안 우리는 그저 평범함 사람일 뿐이다. 그것을 누가 가르쳐 주지 않아도 꿈땅 안에 있으면 우리는 느낀다. 장아람재단이 오랫동안 꾸어온 꿈이다. 장애가 자연스럽게 스며들고, 장애와 비장애가 구분되지 않고, 우리가 이웃이 되어 있는 모습이다. 우리가 오랫동안 기다렸던 꿈이 이곳에서 일어나고 있다.

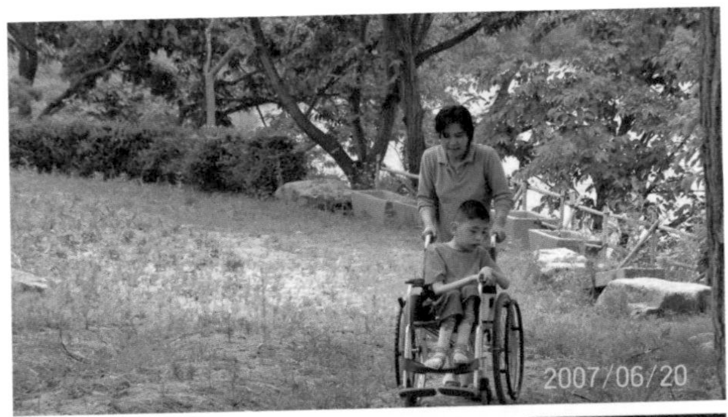

꿈땅 초기 모임

최호준 회장님과 이경희 이사님의 노동으로 완성되는 꿈땅

꿈땅은 매해 변화하고 있다. 장애아동 가족에게 더 좋은 모습의 꿈땅을 선물하기 위해 최호준 회장님과 이경희 이사님은 매년 노동을 아끼지 않고 있다. 처음 꿈땅은 낡은 집 한 채와 메타세쿼이아 두 그루가 전부였다. 강가 산책로도 나무로 뒤덮여 길인지도 알 수 없었던 곳이었다. 그래도 봄이 되면 강가 밤나무가 새잎을 내고, 반짝이는 윤슬이 아름답고, 새벽 물안개가 멋진 곳이었다.

나무로 뒤덮인 강가 산책로는 북한강과 접한 채 오랜 시간 동안 방치되어 있어서 땅이 점점 물에 깎여 내리기 시작했다. 땅을 구입하자마자 보수해야 할 곳이 많았다. 큰 비에 무너져 내리지 않게 하기 위해서 몇 차례의 큰 공사 끝에 멋진 산책로를 가지게 되었다. 그래도 10년에 한 번씩은 강가 산책로는 수난을 겪고 있다. 어느 해에는 평상이 떠내려갔고, 어느 해에는 나무집 중간까지 물이 차오르기도 했다. 어느 해에는 나무 경사로를 짠하고 오픈하려던 참이었는데 강물이 먼저 악수를 청해버렸다. 꿈땅에 좋은 것들을 채우는 일에는 진흙을 청소해 내는 일까지 포함이다.

2007년 어느 날 2,000여 평 땅의 끝자락에 정자 하나가 들어섰다. 허허벌판인 땅에 고풍스러운 정자를 배치했다. 그 당시 가격도 엄청났고, 아직 집도 짓지 않은 때였기에 서두르지 말고 천천히 하면 좋겠다 싶었지만, 꿈땅은 최호준 회장님의 개인 땅과 장아람재단 땅이 함께 공존하는 공간이다. 초기에 꿈땅을 가꾸기 시작할 때 들어간 비용은 모두 최호준 회장님께서 개인적으로 투자한 금액이다. 그러니 잘 가꿔주시면 장아람은 그에 맞게 잘 사용하기로 마음먹었다. 2,000여 평의 전체 땅의 작은 부분이 장아람의 소유일 뿐이다. 지금도 모든 관리는 최호준 회장님의 사비로 운영되고 있다.

캐나다 어느 숲의 나무집 사진을 보았다. 그곳의 나무집은 경사로가 설치되어 있어서 장애인도 자유롭게 오고갈 수 있었다. 나무집 하면 왠지 설레지 않는가. 숲속에 나무집 하나 갖고 싶지 않은 사람이 있을까. 신문을 스크랩했다. 그러고는 나무집을 갖고 싶다는 꿈을 꿨다. 그러자 나무집이 만들어졌다. 꿈땅은 넓은 숲이 아니었기에 지형에 맞게 나무집을 만들어야 했다. 꿈땅 산책로 밤나무 위에 나무집을 짓기로 했다. 그러면 휠체어를 이용하는 장애인이 나무집을 어떤 방법으로 올라가게 할까? 최호준 회장님은 고민 끝에 도르래를 이용하는 방식의 나무 엘리베이터를 설치하기로 했다.

나무 엘리베이터를 장착한 1호 나무집

장애인에게 제한이 되는 공간이 되면 어떻게 하나 걱정했는데 엘리베이터가 있는 나무집이라니! 장애아동 가족들은 나무 엘리베이터가 있는 나무집을 보고 감탄하지 않을 수 없었다. 단지 밤나무 위에 올린 나무집이라서 좁다는 게 작은 아쉬움이었다. 그 아쉬움을 보완하고자 첫 번째 나무집 왼쪽으로 나무집 하나를 더 만들어 출렁다리로 연결했다. 나무집은 아이들의 즐거운 놀이터가 되어주고 있다. 어른들에게는 반짝이는 북한강 윤슬을 바라보고 강바람을 쐬며 차 한 잔을 마실 수 있는 멋진 공간이다. 조용히 이야기를 나누기에도 좋은 곳이다.

강가 산책로에 급경사인 곳이 있었다. 소풍 때 아이들이 강가 산책로로 향할 때마다 위험할까 걱정이었다. 급경사인 경사로를 어떻게 해결할까 궁리하다가 조금 돌아가더라도 안전한 경사로를 만들자며 나무집과 연결되는 완만한 나무 경사로를 만들었다. 가족 단위의 방문이 많은 꿈땅에 아이들이 좋아할 만한 것들도 배치했다. 대형 미끄럼틀이 설치되었고 축복의 통로에는 오밀조밀한 놀이터와 그네를 만들었다. 그리고 정원을 가꾸다 보니 겨울에 추운 양평의 지역적 특징을 고려해 온실을

설치했다. 거기에 멋진 정원까지 가꿔져 있다. 처음 꿈땅에 온 사람들은 놀란다. '와, 장아람재단이라는 단체 뭐지? 아주 작은 단체인 줄 알았는데 이렇게 멋진 곳이 꿈땅이라고?' 감탄하며 말한다. 물론 이렇게 아름다운 곳이 되기까지는 최호준 회장님과 이경희 이사님이 매주 흘린 땀과 수고가 있었다. 사실, 우리는 회장님께서 가꿔주시는 공간을 활용하는 능력이 뛰어나다고 보면 되겠다.

현재도 최호준 회장님과 이경희 이사님은 주말마다 양평 꿈땅으로 향한다. 그곳에서 풀을 뽑고 꽃을 심으며 정원을 가꾸고 있다. 일하다 보면 땀이 온몸을 적시고, 관절이 아프고 힘든데도 일하는 동안은 그걸 잊으신다. 봄 소풍, 가을 소풍 때 만나는 장애아동 가족에게 가장 좋은 꿈땅을 보여주고 싶고 즐기게 하고 싶으신 것이다. 그 마음을 알지만 앤 국장은 잔소리를 한다. 제발 무더운 한낮에는 일하지 마시라고, 그러나 이젠 포기했다. 최호준 회장님과 이경희 이사님이 흘린 땀만큼 꿈땅이 멋진 쉼터가 되고 있기 때문이다.

나무집과 놀이터가 있는 산책로

30여 년의 시간 동안 장아람재단을 일구어 오신 최호준 회장님은 장애인 가족의 이야기를 모으는 안테나를 갖고 계시다. 꿈땅에 필요한 편의시설을 보수하고, 아이들의 성장에 따라 작아져 버린 수영장을 넓히고, 더 좋은 도구들을 채우고, 온실도 더 좋은 모습으로 보수하고, 나무집도 새롭게 변신시킨다. 작은 기도처로 쓸 미니 나무집도 만들었다. 여행을 하시다가 꿈땅에도 작은 기도처소가 있었으면 좋겠다는 생각을 하셨단다. 사업 초기 우리는 '평안을 누리는 곳'이라는 명칭의 기도와 묵상실이 있는 꿈땅을 만들자 했었다. 간사들도 어디에선가 좋은 것을 보면 회장님께 보여드린다. 그러면 회장님은 꿈땅의 적절한 곳에 그것을 만들어 버리고 만다. 부디 작은 나무집 안에 들어가 강가를 바라보면서 묵상을 해보는 경험을 해보기를 바란다.

장애아동을 향한 마음이 시작하던 그때와 한 점도 다르지 않다. 여전히 노력하시고, 애정을 가지고 후원을 아끼지 않는 최호준 회장님과 이경희 이사님께 진심으로 감사를 드린다. 그리고 많은 장애아동 가족이 말로 다 하지 못할 만큼 진심으로 고마워하고 있음을 전하고 싶다.

하늘에서 바라본 꿈땅

행복한 쉼터

구체적이지 않고 어설프게 계획했다고 생각했던 꿈땅은 우리가 세운 10개년 계획에 맞춰 하나둘씩 진행되고 있었다. 5년 정도 지나면 꿈땅에 집 한 채 있어야지 했던 우리는 그 시기에 맞춰 집을 짓기 시작했고 2010년 꿈땅 <행복한 쉼터> 오픈 행사를 진행했다. 2010년 가을 수확하기 행사 때 함께 한 사람들과 리본을 길게 잡고 커팅식을 했다. 드디어 행복한 쉼터, 꿈집이 오픈한 것이다.

오래된 건물 한 채만 있을 때 몇몇 가족을 초청해 보았다. 아무것도 갖춰지지 않은 꿈땅이었지만 장애아동 가족들은 즐거워했다. 감자와 배추를 수확할 때는 채소 수확량이 많아서 몇몇 장애아동 가족을 초청하여 수확물을 나눴다. 소소한 모임을 운영하면서 행복한 쉼터의 필요성을 피부로 느낄 수 있었다.

우리는 그랬다. 장애아동과 가까이에서 이웃하고 있었다. 여전히 장애아동의 어려움을 다 알지는 못하지만 힘내라는 말보다는 그저 일상의 이야기를 나누고 싶었다. 장애아동 가족과 일상을 이야기하면서 장아람만이 나눌 수 있는 사업을 발견했다. 꿈땅에서 행복한 쉼터를 운영하게 된 것도 장애아동 가족의 이야기를 귀 기울여 들었기 때문이다.

꿈땅 초기사진

행복한 쉼터에는 매년 15가족 이상이 휴가를 온다. 4월부터 10월까지 운영되는 행복한 쉼터는 일주일에 한 가족씩 예약을 받고 있다. 서울과 경기도 양평을 오가며 운영하기에는 역부족이어서 한주에 한 가족씩만 예약제로 운영하고 있는 것이다. 그래서 아쉬움이 남는 꿈땅 사업이다. 아쉬움이 남는다는 건, 아직 해야 할 일이 있다는 것이니 우리는 여기서 멈추지 않고 더 멋진 사업으로 발전시켜 나갈 것이다.

타인의 시선을 의식하지 않아도 되는 쉼

장애아동 가족들이 타인의 시선을 의식하지 않고 편

행복한 쉼터 오픈 리본컷팅식

안히 쉬고, 그 에너지로 일상을 살다가 에너지가 방전되면 다시 쉼을 얻을 수 있는 곳이 행복한 쉼터, 꿈땅이 되기를 바란다. 장애아동 가족은 외출 시 주위 사람들을 살필 수밖에 없다. 중증 장애아동의 경우, 따가운 시선을 보내는 사람이나 알 수 없는 표정을 지으며 피하는 사람을 만나기도 한다. 돌발 행동을 하는 장애아동의 경우, 주위 사람들에게 피해를 줄까 봐 가족들은 노심초사 손을 꼭 잡고 움직여야 한다. 그러다가 아이들이 갑자기 누군가에게 달려가기라도 한다면 그들의 부모님은 아이를 따라잡아 상대방에게 머리를 숙이며 죄송하다고 말해야 한다. 전후 상황을 설명할 시간도 없이 장애아동의 부모님은 무조건 미안하다는 말부터 시작한다. 어느 날 점심을 먹고 산책을 하다가 갑자기 뛰어오는 아동을 만났는데 장아람재단에서 일하다 보니 우리는 상황을 이해할 수 있었다. 갑자기 뛰어든 행동이 아무렇지도 않았다. 그러나 아버지는 순식간에 벌어진 일에 당황하며 우리에게 죄송하다고 몇 번이고 사죄했다. 우리는 괜찮다고 했지만, 부모님은 상황설명보다 죄송하다고 미안하다고 말하는 게 낫다고 생각했을 것이다. 그동안의 경험이 그렇게 쌓여왔으니 말이다.

그래도 1995년보다 2023년이 더 좋은 세상이고, 사람들의 장애에 대한 인식도 나아졌기에 하나씩 노력해 가면 더 좋은 세상이 될 것이라는 것을 우리는 안다. 그러나 지금도 저렇게 몸이 불편한데 왜 나왔냐는 시선과 직설적인 언어 사용으로 장애아동의 가족에게 상처를 주는 이들도 여전히 존재한다. 아이들의 몸이 커지면서 장애아동 가족은 가족들만이 쉴 수 있는 곳, 아이가 소리를 질러도 뛰어다녀도 사람들의 시선을 의식하지 않을 곳을 찾게 된다. 그곳이 꿈땅이다. 어느덧 꿈땅 행복한 쉼터를 운영한 지도 10년이 훌쩍 넘었다. 장애아동 가족들이 여전히 가고 싶은 쉼터, 쉬고 싶은 곳이 되게 하기 위해서 재정비하고 더 많은 가족이 편안한 쉼을 얻게 되기를 바라며 장아람재단은 더 큰 꿈을 꾼다. 장애아동 가족에게 완벽한 최고의 쉼터가 되기 위해서 더 좋아진 꿈땅, 더 편안해진 꿈집을 우리는 꿈꾸고 있다. 꿈땅 행복한 쉼터를 사랑하고 애용하는 장애아동 가족에게 더 좋은 쉼을 주고 있을 미래의 꿈땅을 계획한다.

도착점 없이 달리고 있는 기차에서 잠시 쉬어갈 수 있는 정거장 같은 곳이다. 누구도 터치하지 않는 곳, 다시 재충전할 수 있는 곳, 넓은 거실에서 마구 뒹굴어도 누구도 뭐라 하지 않는 곳, 찬찬히 둘러보면 아기자기 예쁜 곳이 많은 곳, 온전히 쉴 수 있는 곳, 그래서 매년 잊지 않고 찾게 되는 곳이다.

민선이 가족

꿈땅에 가족끼리 오면 찬혁이가 나무집을 참 좋아해서 수시로 나무집을 왔다 갔다 한다. 우리 가족끼리 있으니까 주변의 시선을 의식하지 않아도 되니 얼마나 마음이 편하고 좋은지 모른다. 동생들은 수영장에서 물놀이하고 저녁에는 게임도 하고 만화도 읽고, 그야말로 우리 가족만의 힐링 장소다. 우리 가족에게 꿈땅은 최고의 쉼터이다.

찬혁이 가족

꿈땅 오픈식

행복한 쉼터, 꿈땅 2023년 모습

봉사자의 밤

봉사자의 도움으로 운영되는 장아람재단

장아람재단은 지역사회 인적자원을 동원하여 프로그램을 수행하는 단체이다. 장아람재단의 수많은 프로그램 중 봉사자 없이 운영할 수 있는 프로그램은 없다. 장아람재단의 봉사자들은 너도나도 '저 써주세요.'라며 1년 동안 조건 없이 수고해 준다. 장아람재단은 고마운 봉사자들에게 작은 마음을 전하고 싶었다. 1년 동안 수고한 봉사자들을 초청하여 감사를 전한다. 그들의 수고를 다 담지 못하지만 매년 봉사증에 이름과 감사의 글을 담아 전달식을 진행하고 함께 수고한 봉사자들과 교제의 시간을 갖는다. 20년째 운영한 봉사자의 밤은 이제 장아람재단의 송년회가 되어버렸다. 봉사자들은 봉사자의 밤을 치러내야 장아람재단의 프로그램을 비로소 끝낸 기분이 든다고 한다. 그리고 다시 연간계획표를 받아 자신의 1년 스케줄에 장아람재단의 프로그램 일정을 기록하는 것으로 새해를 시작한다.

어느 사회단체에서 운영하는 후원의 밤에 초대받은 적이 있었다. 후원회원들을 초청해서 사업보고를 하는 시간과 고액 기부자들에게 감사 인사를 전하는 자리였다. 원형 테이블에 스테이크로 식사가 준비된 만찬이었다. 타 단체는 후원의 밤을 어떻게 운영하고 있는지도 알고 싶었고 친구가 일하고 있는 단체라 응원도 할 겸 참여했다. 그때부터 알았다. 우리 단체는 유명해지지는 못하겠다. (여러분, 그래서 지금 우리가 아직도 작은 단체인 거예요. 미안해요.) 이런 형식의 행사는 운영하고 싶은 않다는 마음이 생겼다. 우리가 진행하는 후원의 밤이 어떤 사람들로 구성되어야 할까를 생각했다.

알 것이다. 장아람이라면 어떻게 할지를…!! 작은 규모의 재정으로 프로그램을 운영해야 하는 단체였다. 그런데도 아무 조건 없이 재능을 기부해주는 사람들, '저 참석합니다.' 라고 말하는 사람들로 인해서 하고 싶은 사업을 멋지게 해내고 있는 단체다. 그들의 자발적인 도움이 없었다면 사업을 추진할 수 없었을 것이다. 우리는 그들과 함께 장아람재단의 한 해의 마지막을 기념하기로 했다. 그렇게 시작한 봉사자의 밤이 어느새 20

회째를 맞는다. 이제는 장아람재단 사무국도 봉사자들과 함께 해야 한 해의 마침표를 제대로 찍는 것 같다.

잘했다! 수고했다! 격려해주는 날. 특별한 프로그램이 있는 것도 아니지만 맡겨진 위치에서 봉사했던 사람들이 모여 서로 선물을 주고받으며 응원하는 봉사자의 밤은 요즘 시대에 보기 드문 풍경이 펼쳐진다. 손 편지가 오가고, 몇 해를 함께 봉사해온 사람들이 연말 선물을 주고받는다. 집으로 돌아갈 때는 종이가방 가득 선물이 담겨있다. 집으로 돌아가 인증사진을 남기며 수고한 우리들은 서로 격려하고 즐거워한다. 아, 1년이 꽉 채워졌구나, 행복하다 말한다.

봉사자의 밤을 운영하면서 사무국의 간사들은 다시금 뼈저리게 느낀다. 장아람재단에 이렇게 좋은 봉사자들이 없었다면 프로그램을 유지해 나갈 수 있었을까! 봉사자의 밤은 사무국 자체에서만 준비하는 프로그램이라서 봉사자의 소중함을 더 느낀다. 사무국 다섯 명의 간사들이 준비하는 프로그램이라서 부족함이 많은데 이날마저도 장아람의 고정 봉사자들은 자연스럽게 자신이 해야 할 일을 하고 있다. 고맙다.

그들이 장아람에서 오랜 시간 봉사활동을 지속하고 있는 이유는. 장아람의 사업도, 장애아동도 중요했지만 그들이 참여한 프로그램에서 함께 한, 내 옆에 있던 사람들 덕분이었다고 한다. 장아람에서 좋은 사람들을 만났고 그들과의 관계가 지속되었기에 이곳에 계속 머물러 있다고 말한다.

봉사자의 밤 10년 봉사자상 수여식

장아람과 함께하는 이유

장아람을 수어로 시작했는데 지금은 수어가 아닌 함께하는 시간으로 지내고 있다. 봉사라고 이야기해주시는데 봉사라는 개념이 왠지 부끄럽다. 장아람에서의 시간은 봉사가 아니다. 내가 얻어가는 것이 더 많다. 봉사자라는 명목으로 그 자리에 있다 보면 되레 그보다 몇 곱절 더 얻게 되는 에너지가 마음을 울렁거리게 한다. 그 에너지는 누구 한 사람의 것이 아닌 서로에게 힘이 되고자하는 사람들이 장아람에 모이기 때문에, 그 마음들이 모여 그런 에너지를 만드는 것 같다. 그래서 장아람에 가면 왠지 모를 힘이 솟아난다. 나는 아무데서나 큰소리로 말하고 사람들 앞에서 몸을 움직이고 자유롭게 표현하는 사람이 절대 아니다. 하지만 장아람에선 가능하다. 사람들 앞에서 노래를 하고 춤을 추고 연기를 한 곳, 이 모든 것이 장아람이기에 가능하다. 그런 힘을 주는 곳이 장아람인데 자꾸만 나는 봉사자라 불린다. 그래서 부끄럽다 봉사자라는 말이. 나주에 내려와서도 장아람 행사에는 꼭 참여하고 싶어 했던 큰 이유도 그 에너지를 받고 싶어서이다.

장아람에 가면 각자 자기의 자리에서 열심히 살아가던 사람들이 한데 모여 서로에게 힘이 되려 하고 서로에게 빛이 되려 한다. 서로를 다독이고 서로를 위로하고, 위로가 된다. 그 빛나는 사람들 덕에 나도 그들 틈에서 조금이나마 빛이 나는 사람이 된 것 같다. 장아람은 그런 곳이다.

정애령 봉사자

장아람과 함께하는 행사들은 어떻게 참여하는지, 나도 어떤 태도를 가져야 하는지 충분히 고민하게 하면서 더 재밌게 하려면 어떻게 하면 좋을까? 와 이런 것도 행사를 할 수 있네? 라고 나에게 늘 새로운 아이디어와 동기부여를 주고 있고, 상상의 실현이란 부분에서도 장아람과 함께하게 되는 이유 중 하나라고 생각한다.

문은지 봉사자

평소에 난 평범한 사람이라고 생각하며 살다가도 장아람에만 오면 결코 평범하지만은 않을 수도 있겠다는 생각을 하게 된다. 지인들이 묻는다. “거기 나도 갈 수 있어?” 근데……. 선뜻 오라고 하기가 어렵다. “거기 뭐가 좋아? 도대체? 왜?” 라는 질문에도 선뜻 답하기가 어렵다. 누군가를 데려가기는 쉽지 않은데 난 꼭 가고 싶은 곳! 이상하게 딱 정확한 타이밍에 위로가 되고 힘이 되는 곳이다. (물론 가끔은 말이 씨가 되는 무서운 곳이기도 하다.) 무언가가 나를 이끌었는지 모르지만 장아람은 끊어내기는 쉽지 않은 곳이다. 서로의 마음을 담아 뭐든 나누어 주고 싶어 하는 곳! 그곳에서 나는 얼마나 많은 마음을 주고 있는지 생각해보게 되는 것 같다. 장아람에서는 나를 ‘봉사자’라고 부른다. 봉사자라고 하기에는 장아람 속에서 만난 소중한 인연들과 함께하는 시간을 통해 빡빡한 삶 속에서 오히려 힐링이 되는 순간들이 많아서 그 호칭이 참 이상하고 어색하다. 봉사자라기보다는 작은 마음을 보태며 장아람과 함께하고 싶은 사람이라는 것이 정확한 표현일 것 같다. 장아람은 알 수 없는 이상한 매력을 가진 곳이다. 장아람 속의 많은 사람들은 각각 보면 진짜 다른데 어우러지면 어느

덧 모두가 '장아람 스타일'이 되어가는 것 같다.

나에게 장아람은 변치 않고 늘 거기 있어줬으면 좋겠는 곳, 지금처럼 서로 마음을 나누고 위로가 되어주면 좋겠는 곳이다. 그리고 가끔 그 속에서 일어나는 작은 기적들이 언젠가는 더 큰 기적으로 나타나기를 바래본다.

최주희 봉사자

*봉사자의 밤

매년 12월 셋째 주 목요일

1년 동안 수고한 봉사자들을 초대하여 1년을 마무리하며 함께 식사를 하고, 봉사증과 선물을 나누는 날

배움터

수어교실은 장아람재단의 입구다

장아람재단의 위치는 서대문구 신촌로 129번지다. 신촌이라는 지역적 특성으로 인해 유동인구도 많고 대학가라서 젊은이들의 발걸음이 영화관으로 향한다. 영화관에서 장아람을 알게 되어 장아람재단의 배움터에 등록한 사람들이 많다. 많은 배움터 중 현재까지 계속 이어져 오고 있는 것은 수어교실인데 2000년대 수어교실 멤버들은 화장실 동기라는 말을 사용했다. 아트레온 영화관에 영화를 관람하러 왔다가 화장실에 게시된 수어교실 안내문을 통해 등록한 사람들이 많았기 때문이다. 수어교실을 통해 손수레에 함께하고 있는 사람들은 몇 갈래 부류가 있다. 화장실 동기냐, 블로그 동기냐, 피라미드냐, 초기에는 화장실 동기들의 전성시대였고 2010년대 후반기부터는 블로그 동기들의 전성시대를 맞이하고 있다.

수어를 왜 배우냐는 질문에, 2000년대 초반에는 수

어로 노래를 하는데 너무 아름다워 보여서, 교회에서 수어 찬양을 하기 위해서, 농인들에게 봉사활동을 하기 위해서, 취업을 위한 자격증 취득을 위해서 수어를 배우겠다는 사람들이 많았다. 수어를 세계 공통언어인 것으로 생각하고 배우러오는 사람도 많았다. 농인의 언어라고 말하지만 3개월 정도 배우면 어느 정도 할 수 있느냐는 질문을 가장 많이 받았다. 수어가 농인의 언어라는 인식이 점점 확산되면서 수어를 배우는 이유가 조금은 달라졌지만 여전히 농인의 친구가 되기 위해서라기보다는 봉사하기 위해서, 취업을 위한 자격증 취득을 위해서 수어를 배우는 사람이 많다.

수어교실을 시작하면서 수강생들은 깨닫는다. 쉽지 않다는 것을. 그렇다. 처음 배우는 언어이지 않는가! 이제 ㄱ ㄴ ㄷ 을 배우는 초보다. 언어는 꾸준히 사용해야만 몸에 익숙해진다. 수어를 배우는 사람들은 많지만 농인을 만나 대화를 나눌 수 있을 만큼의 시간을 투자하는 사람은 적다.

오랜 시간 동안 수어를 계속하고 있는 사람

장아람재단은 수어교실을 운영하면서 몇 가지 강조하는 것이 있다. 우리는 외국어를 배우기 위해서 학원도 다니면서 언어영역의 능력을 갖춘다. 그러나 사람마다 영어, 불어, 일본어, 중국어, 그 외의 외국어 중 자신에게 더 잘 맞는 언어가 있다. 특별히 언어능력이 뛰어나서 모든 언어에 능통한 사람도 있지만 대부분의 경우 더 잘 맞는 언어가 있다.

장아람재단의 수어교실은 3개월 동안 기초과정을 배우면서 내가 수어라는 언어와 맞는지 확인에 들어간다. 간혹 정말 수어라는 언어와 맞지 않는 사람이 있다. 수어라는 언어는 그저 손가락을 움직여서 단어를 표현하는 것이 아니기 때문이다. 눈을 마주보고 얼굴에 표정을 넣고 온몸을 사용하는 언어이다 보니 이질감을 느끼는 사람도 있을 수 있다.

장아람재단에서 운영하는 수어교실은 일주일에 1회,

2시간의 강의 시간 동안 수어를 배운다. 일주일에 1회 수어를 배워서 빠른 속도로 실력이 성장할 수는 없다. 매일매일 공부해야 습득되는 것이 언어이다. 수어를 전문적으로 배워야 한다면 전문교육원에서 수강을 하는 게 맞다. 그러나 자신과 수어가 잘 맞는지 확인하기 위해서 3개월의 과정은 의미가 있다고 본다.

잘하는 사람을 양성하는 것이 더 좋겠지만 수어를 배우는 사람들의 직업군은 다양하다, 이들이 자신의 직업군에서 농인을 만났을 때 '안녕하세요,'라고 인사 할 수 있고, '어떤 도움이 필요하신가요?'라고 질문을 할 수 있고, 수어 통역은 아니더라도 그 상황을 지혜롭게 해결해 줄 수 있었으면 한다. 수어를 배우는 수강생 중에 어린이집이나 유치원 선생님이 많다. 농인의 자녀들이 어린이집이나 유치원에 갔을 때 담당 선생님이 '안녕하세요!'라고 수어로 말했을 때 농인 부모는 밝은 미소를 지을 것이다.

농인의 생활권에 수어를 할 수 있는 이웃이 많아지기를 바란다.

수어가 자신과 맞는 언어라고 생각된다면 지속적으로 배우기를 추천한다. 수어라는 언어는 좀 더 넓은 세상을 알게 하고 배우게 한다. 수어를 지속적으로 배우다가 어느 순간 수어의 참 매력을 느끼는 멋진 순간과 맞닥뜨리기를 소망한다. 그 순간을 만나는 사람은 농인의 이웃이 되어 있을 것이다. 수어는 마음과 생각이 특별해지는 언어다. 수어라는 언어를 할 줄 아는 농인의 이웃이 많아지기를 바라며 장아람재단은 수어교실을 꾸준히 운영하고 있다.

수어 동아리, 손수레

수어를 꾸준히 배우기 위해서 시작된 모임이 손수레라는 수어 동아리다. 6개월 동안 수어를 배웠지만 수료생들은 부족함을 느껴졌다. 함께 수어를 배운 사람들이 좋았고 장아람에서 배우는 수어도 좋았다. 수어를 계속 사용하면서 농인을 만나기 위해 동아리 활동을 시작했다. 매일매일 만나도 즐거운 사람들이었다. 퇴근 후 만나고 주말에도 만났다. 가까이에 이웃하며 살고 있는 것도 아니었다. 단지 함께하는 그 시간이 좋아서였다. 수어로 봉사활동을 하고 싶었지만 자신들의 수어 실력으로는 농인을 위해 봉사하는 것이 아니라 농인에게 오히려 봉사를 받아야 된다는 사실을 알게 되었다. 그래서 이들은 먼저 장아람재단의 프로그램에 봉사자로 활동하면서 장아람재단에 참여하는 농인을 만나는 일부터 시작하기로 했다.

2002년 모임을 결성하고 활동을 시작한 손수레는 각종 수어 동아리 수어문화축제에도 참여했고, 대학로에서 거리 공연도 열었다. 무엇보다도 손수레 회원들은 장아람재단의 주요 프로그램에 든든한 봉사자가 되어 주었다. 이들은 모임의 지속적인 활동을 위해서 수어교육에 집중했다. 수어로 맺어진 인연이고 수어를 더 잘하고 싶어서 활동을 지속하고 있지만 직업으로 수어를 사용하지 않고 농인 친구를 자주 만나지 않으니 수어 실력은 쉽게 늘지 않았다. 수어라는 언어는 배우면 배울수록 어려운 언어이기도 하고, 배우면 배울수록 매력적인 언어이기도 하다.

손수레 동아리는 장아람재단의 겨울행사인 저금통 사랑나누기 행사 때 수어공연을 올리기 시작했다. 노래공연으로 시작한 수어공연은 수어노래극으로 발전했고, 2008년부터는 수어뮤지컬 공연으로 진행했다. 어떻게 하면 농인에게 더 즐거운 공연을 제공할 수 있을까를 고민하기 시작했다. 수어연극과 수어 뮤지컬로 공연의 형식을 변경한 이유는 모두가 즐거운 공연이 되게 하기 위해서였다. 17년이라는 역사를 자랑하는 손수레는 여전히 좋은 사람들이 함께하고 있고, 수어를 잘 배워 농인의 친구가 되고자 하는 사람들의 모임으로 지속되고 있다. 장아람재단의 크고 작은 행사 때마다 이들의 도움이 없다면 프로그램을 유지해 나가는 일에 어려움이 많았을 것이다. 오늘도 손수레는 함께 살아가는 세상을 꿈꾸며 장아람재단과 함께 나아가고 있다.

2007년 2월 27일 화요일, 운명의 날

아트레온이 CGV아트레온으로 바뀌기 전인 2007년

당시, 영화관의 모든 화장실에는 장아람 수어교실 개강 홍보물이 붙어 있었다. 어떻게 알고 수어교실에 오게 되었냐는 물음에, 열에 아홉은 화장실 광고를 보고 왔다고 답할 정도로 홍보 효과가 높았고, 이제 그 답은 장아람에 오게 된 시점을 구분하는 척도가 되었다. 나 역시 아트레온에 영화를 보러 왔다가 화장실에 붙은 광고를 보고 수어교실에 등록하게 되었고, 2007년 2월 27일 장아람과의 인연이 시작되었다.

2007년 수어교실 멤버들, 2023년 꿈땅 봄 소풍에서 만나다.

왜 그렇게 수어를 잘하고 싶었을까. 당시 기초반 김한나 선생님에게 처음 수어를 배우던 때, 영어 알파벳 지화도 가르쳐 달라며 진도를 더 나가자 하고, 내가 좋아하는 노래 가사를 수어로 표현하면서 이게 맞느냐, 모르는 수어 표현은 일찍 오거나 남아서 하나라도 더 배우곤 했다. 그렇게 배운 단어를 수업이 끝난 후 아트레온 1층 길가에 앉아 조원들끼리 공유하던 나는 어느새 '여걸 세븐' 조장이 되어 있었다. 매주 화요일, 얼마나 열심히 진지하게 수어 공부에 매진했던지! 그런 우리를 보고 '하버드 조'라고 불렀다. 12기 기초반을 수료하고 중급반을 다닐 때는 동기들과의 사이가 더욱 끈끈해졌다.

수어와 장아람, 함께하는 사람들이 마냥 좋았다. 퇴근 후에 신촌으로 향하는 발걸음은 노래 가사처럼 룰루랄라, 내 가슴은 마냥 두근두근 댔다. 아트레온에 도착해 10층 가는 엘리베이터를 기다리고 있을 때면 설레기까지 했었으니까. 수업이 끝나고도 헤어지는 게 아쉬워서 한참을 장아람에서 웃고 떠들었던 시간, 만났다하면 함께 있는 시간이 좋아 현생은 뒤로 하고 밤을 지새운 날도 많았다. 무작정 바다를 보러 가자고 떠났다가 갑자기 중미산에 갔던 일, 그해 대학로에서 열렸던 수화문화제도 처음 가보고, 종로에 있던 수화사랑카페에 가서 농인들의 수어 공연을 처음 접하기도 했다. 그렇게 미친 열정으로 중급반 활동을 하면서 우리는 '미친 중급반' 이라는 별명을 얻었다. 그저 그런 수어 공연은 하고 싶지 않았던 우리는 수료식에서는 처음으로 수어 연극을 준비했다. 누군가는 대본 각색을 하고 누군가는 소품을 만들고 의상을 준비했다. 누가 시킨 것도 아닌데 평일, 주말할 것 없이 다 같이 모여 연습했던 날들은 마냥 즐거웠던 기억뿐이다. 과정만큼이나 근사했던 우리의 수료식 공연은 솔직히, 좀 재밌었다. 농인들도 인정해줄 정도였으니까.

중급반 수료 후, 장아람의 수어 동아리인 '손수레' 에 들어가면서부터 우리의 행보는 좀 더 본격적이었다랄까. 처음 양평 '꿈땅'에 갔던 날, 차가운 공기와 따뜻했던 햇볕. 너무나 평온했던 기억이 잊히지 않는다. 이름처럼 꿈. 땅. 이었던 그곳이 그렇게도 좋았나보다. 건축모형회사를 다니고 있던 나는 갑자기 꿈땅 모형을 제작해서 냅다 기증을 했다. 4인용 식탁 사이즈는 족히 되었을 크기의 모형을, 원하지도 않았는데. 봄에는 밭을 갈고 가을에는 고구마를 수확하는 일에도 빠지지 않았다. 꿈땅에서는 결코 삽을 놓은 적이 없었다. 그렇게 장아람의 모든 행사에 봉사자로 참여하는 것은 물론, 한나 선생님의 지도 아래 수어교실 개강식, 수료식 축하공연과 가족만남의 날, 저금통 사랑나누기 행사의 수어 공연도 함께했다. 나중에는 느린 노래의 가사에 맞춰서 하는 수어 공연이 식상해 랩이 있는 곡으로 공연을 하기도 하고, 아이디어 회의를 통해 창작 수어 연극을 하기도 했다.

어느샌가 나는 또 손수레 회장을 맡고 있었고, 저금통 사랑나누기 행사의 수어 공연을 기획하는 감독이 되어 있었다. 늘 좀 더 새로운, 재밌는 공연을 하고 싶어 노래 공연에서 수어 뮤지컬로, 그리고 수어 연극으로 점차 확장된 다양한 공연을 시도했다. 드라마나 연극을 각색해 마치 대학로의 무슨 극단이라도 되는 냥, 행사 두 달 전부터는 매일 장아람으로 퇴근하며 손수레 회원들과 공연 연습을 했다. 안무를 짜느라 장아람 사무실에서 밤을 새기도 하고, 새벽까지 연기와 동선 연습을 하고, 무대 배경을 만들기도 했다. 수어 뮤지컬을 준비하던 때에는 공연에 쓸 음원을 찾아 내용에 맞게 개사를 하고 녹음실을 빌려 직접 노래까지 불렀다. 배역을 맡은 공연자들은 수어 연습은 물론이거니와 연기, 대사, 동선, 안무, 노래 연습까지! 매년 겨울을 그렇게 뜨겁게 저금통 사랑나누기 수어 공연으로 마무리했고, 모든 게 끝난 뒤에는 일상을 가득 채웠던 그 시간의 공백과 허기로 인해 후유증을 앓기도 했다.

어떻게 그렇게까지 했을까. 무엇이 우리를 그렇게 만들었을까. 심하게 맹렬했고, 매우 진심이었다. 나라는 사람이 워낙 기대치가 높아 같이 준비하는 회원들을 무던히 힘들게 하기도 했는데, 손수레를 거쳐 간 수많은 사람들과 공연을 함께 준비했던 모든 이들에게 이 글을 빌려 당시 치기어린 열정으로 빚어진 나의 과오에 대한 사죄와 감사의 말을 전하고 싶다. 행사 당일 오직 그 한 순간을 위해, 매일같이 몸과 마음을 다해 빛을 내준 사람들, 그 눈부신 마음이 있어 가능했던 일, 울고 웃었던 다시없을 시간이다.

어림잡아 50회 정도의 수어 공연에 참여하고 기획했

을까. 처음 손수레에 들어가 동기들과 함께 만들었던 수어 연극, 기어코 애령이를 울렸던 '해코지닷컴'과, 의상과 소품이 한몫했던 하지만 공연 당시 조명이 무척 아쉬웠던 '원녀의 일기', 수어 못지않게 엄청난 안무 연습을 했던 수어 뮤지컬 '7명의 여인들'. 16년간 수많았던 공연과 그보다 더 수많았던 우리의 뒷이야기들. 분명 힘들기도 했지만, 그보다 더한 희열과 설명하기 버거운 감정들이 고스란히 녹아있다. 지금도 가끔 라디오에서 예전에 수어 공연했던 노래가 나오면 그때 그 시절의 감정이 일렁인다. 여전히 '미친 중급반' 동기들을 만나면 매번 그 시절의 에피소드를 곱씹으며 깔깔거린다. 우리 그때 참 재밌었고, 좀 멋졌지. 뭐 하나에 미칠 만큼 진심인 순간이 있었다는 것 그 자체가.

청인과 농인 모두가 즐길 수 있는 공연을 만들고 싶었다. 돌이켜보면, 초창기엔 문장식 수어에, 농인과 농문화에 대해서는 제대로 알지 못한 채 공연을 했었다. 농인의 언어인 수어를 지속적으로 즐겁게 배우면서 가까이에서 농인을 만나고 알아가고, 점차 농문화를 이해하며, 수어를 통한 나의 쓸모에 대해 늘 고민했었다. 수어 통역사를 꿈꾼 적도 있었지만 장아람에서 좋은 사람들을 만나 잊지 못할 추억을 만들며, 장애아동 가족들에게 한순간 즐거움을 줬다면, 그 또한 적절한 나의 쓸모였겠지. 장아람재단의 간사로 일을 하게 된 후로는 방지연 회장을 필두로 한 손수레가 멋진 수어 공연을 지금까지 이어오고 있다.

어쩌면 너무 미화된 기억의 조작일지도 모르지만, 뭐가 됐든, 그때의 내가 얼마나 열정적이었는지, 얼마나 욕심쟁이였고, 얼마나 반짝거리고 있었는지는 명확하게 알고 있다. 장아람의 30년이란 시간 속에는 나와 같은 아니, 나보다 더한 열정을 가진 사람들이 각자 자신의 최고의 모습으로 함께했다. 지금도 그렇게 함께하고 있는 이들이 있고, 앞으로도 많은 반짝이는 마음들이 장아람과 함께할 것이다.

* 아트레온에 영화를 보러 왔다가 화장실에서 우연히 본 수어교실 광고, 그렇게 수어를 통해 2007년 2월 처음 장아람에 오게 되었다. 매우 격렬한 열정으로 손수레 활

동을 해온지 9년 차가 되었을 무렵 나는 다니던 회사를 관두고 공부를 하고 있었다. 2015년의 어느 날, 장아람재단에서 함께 일해보지 않겠냐는 국장님의 권유를 받았다. 오랜 시간 함께 했던 익숙한 공간과 사람들, 예상치 못한 새로운 시작과 새로운 포지션에 대해 고민하고 있던 나에게 친한 친구는 말했다. "어차피 매일 장아람에 가는데, 뭘 고민해? 이미 장아람이면, 좋잖아!"그렇게 장아람재단의 간사로 함께한 지 9년 차가 되어 간다.

임현선

*** 장아람이 운영한 배움터 :** 그림 교실, 컴퓨터 교실, 손바느질 교실, 펠트 교실, 사진 교실, 수어 교실, 인형 교실, 캘리그라피 교실, 원데이 클래스

*** 배움터 강사 :** 최병대, 이필천, 권민영, 박수진, 김준근, 박숙희, 언니들 마켓팀

*** 장아람재단 수어교실 역대 강사 :** 이은주, 김한나, 정영

미, 종은숙, 박철수, 양홍석, 황은진, 조희경, 소보사(소리를 보여주는 사람들), 김주희, 이성림, 우정목, 김선미, 김선화, 안석준, 지미경, 김선영

* **손수레의 활동 :** 장아람 프로그램별 봉사활동, 수어공연, 통역지원

꿈땅 소풍에 참석한 손수레 회원 단체사진

언니들 마켓

신촌로 129번지 1층에서는 매월 둘째 주와 넷째 주 금요일에 프리마켓이 열린다. 우리는 언니들 마켓이라 부르기로 했다. 원데이 클래스 강사들로 구성된 재능기부 선생님들이 신촌로 129번지 1층에 불을 밝힌다. 아트레온 1층 아트하우스 로비에 한 줄로 길게 앉아 직접 만든 물건을 판매하는 일은 수익을 내기 위함이 아니다. 이들의 목표는 프리마켓을 운영하면서 장아람재단을 홍보하는 것이고, 좋은 사람들을 만나 수다 수다한 시간을 보내는 일이다. 홍보력이 약한 장아람재단을 돕겠다며 이 사람들은 어김없이 둘째 주, 넷째 주 금요일이면 신촌으로 모인다. 자신의 본업을 뒤로 하고 시간을 내서 마켓을 여는 것이다. 언니들 마켓의 물건은 핸드메이드 제품들로 구성되는데 10명의 인원이 판매 물품을 만들어 판매하다 보니 종류가 다양해서 길을 지나는 사람들의 발걸음을 멈추게 한다.

자신의 시간을 쪼개서 함께하는데도 늦으면 눈치를 보며 미안해하고 판매가 저조한 날에는 기부 금액이 적다며 걱정을 했다. 아무리 생각해도 정말 특이하고 멋지고 가슴 뭉클한 사람들이다. 즐거운 만남이었다. 즐겁고 행복하지 않으면 할 수 없는 일이었다. 매월 둘째 주, 넷째 주 금요일은 신촌로 129번지 길거리에서 더위도, 추위도 아랑곳하지 않고 정해진 시간을 지키며 활동해 줬다. 몇몇 선생님은 어린 자녀를 데리고 나오기도 했다. 아이들은 언니들 마켓이 열리는 곳 뒤편 무빙온(현재 아트하우스) 로비에서 자연스럽게 친구가 되었다. 9시에 잠을 자야 되는 세종이는(한정민 간사의 아들) 9시가 되면 돗자리를 펴고 잠들기도 했다.

언니들의 홍보활동은 여기에서 끝나지 않았다. 아트레온 갤러리가 오픈할 즈음이었는데 갤러리를 활성화시키고자 전문 원데이 클래스를 갤러리에서 열었고, 갤러리에 전시회를 유치하는 등 아트레온이라는 건물이 활성화되기를 누구보다도 간절히 원했던 행동파 대원들이었다. 누가 시키지도 않았는데 장아람재단의 운영을 돕기 위해 자발적으로 움직이는 사람들이었다. 그러니 봉사자의 밤이 언니들에게는 송년회가 열리는 날이었고 그해 마지막 만남을 봉사자의 밤으로 마무리 짓는 사람들이었다. 이들은 추운 겨울 저금통 사랑나누기 행사 때 야외에서 마켓을 열어 장아람재단이 행사를 하고 있음을 알리는 역할도 했다.

언니들마켓 초기멤버

언니들 마켓은 2015년부터 2019년까지 진행되다가 코로나시기를 맞아 외부 판매는 중단하게 되었고 현재는 장아람재단 사무실에서 팝업스토어로 운영되고 있다. 그런데 이들은 저금통 사랑나누기 행사 때만은 언니들 마켓을 열자라는 의견을 전했다. 그래서 2023년 겨울 저금통 사랑나누기 행사 때부터 다시 신촌로 129번지 1층에 불을 밝혔다.

*** 언니들 마켓 멤버 :** 안정희, 김보미, 박수진, 이정희, 박종숙, 이은영, 이은주, 한정민, 권민영, 조선미, 최미정, 김정은, 한지혜

월간, 장아람

장아람의 그림

장아람재단의 모든 이미지는 일러스트레이터 이수정 님의 그림이다. 2000년 3월 소식지(통권 56호)부터 <월간, 장아람>의 첫 페이지를 열어주고 있는 그녀의 그림은 2023년 현재 24년째 계속되고 있다. 그녀는 할머니가 되어서도 장아람재단의 그림을 그리기로 결심했다. 그녀에게 그림 그리기는 직업이 아니다. 그녀는 직장 생활을 하면서 틈틈이 그림을 그린다. 매년 주제에 맞게 그림을 그리는 일을 20년 넘게 하고 있으니 아이디어가 고갈될 만도 하다. 그래서 포기하겠다고 몇 차례 이야기를 나눴지만 다음 해가 되면 다시 새로운 그림을 그리고 있는 그녀다. 할머니가 되어서도 함께하고 있을 우리의 모습을 떠올리니 가슴이 따스해진다.

그녀는 사람들이 자신의 그림을 보고 따뜻함을 느낀다, 위로를 받는다, 평온해진다. 그런 말을 들으면서 그림을 그려나갈 힘을 얻는다. 그래서 더 힘을 내서 자신의 그림 속 주인공이 행복했으면 하는 마음을 담아 그림을 그려낸다. 그림 속 주인공이 당신이 되어 행복하기를 바라면서 말이다.

언젠가 이수정 님의 그림으로 그림책을 만드는 꿈도 꾸고 있다. 처음 만난 20대 시절 나눴던 이야기였는데 잠시 그 꿈을 잊고 있었다. 이수정 님이 그림을 그리고 나는 그 그림에 글을 붙이거나, 이수정 님이 그림을 그리고 글을 쓰면 나는 검수를 해주는 역할을 하는, 그래서 책 한 권을 완성하자던 그 꿈을 생각해 냈다. 잠시 잊고 있었던 그 꿈을 떠올리니 입꼬리가 슬며시 올라간다. 상상만으로도 행복해진다. 그림은 즐거운 친구라던 이수정 님. 여전히 포기하지 않고 그림을 그리고 있는 그녀를 응원한다. 20년 넘게 친구로 함께하고 있음이 고맙다.

일러스트레이터, 이수정

<월간, 장아람>은 2000년 이전까지 첫 페이지의 그림이 정해지지 않아서 이지은 님, 이효정 님, 정훈 님의 재능기부로 첫 페이지를 채웠다. 그러다가 정훈 님의 소개로 이수정 님을 만나게 되었고, 2000년 3월호부터 이수정 님의 그림으로 첫 페이지를 열기 시작했다. 이수정 님의 그림은 이제 장아람 그 자체다. 이수정 님의 그림을 보면 <월간, 장아람>이 떠오르는 건 장아람 사람들이라면 당연한 일이다. 그녀는 디자이너로 활동하며 오늘도 <월간, 장아람>의 표지 그림을 그리고 있다.

장아람재단은 30주년을 맞이하여 이수정의 일러스트 그림을 전시하기로 했다.

어렸을 때 운보 김기창 화백의 그림을 보고 반해 회화를 전공하게 되었다. 진로를 고민하던 끝에 디자인을 선택하고 지금까지 디자인 작업을 하고 있다. 직장 생활을 하면서 퇴근 후 그림을 그리고 싶을 때 그림을 그리는 게 행복하다. 순간순간 생각날 때마다 그림을 그리곤 한다. 그림이 따뜻하다는 사람들의 피드백을 많이 듣는다. 내 그림이 사람들에게 따뜻함을 주는 것을 알기에 그림을 그리면서 힘이 난다. 내 그림을 보는 사람들이 그 그림의 주인공이 되고, 그래서 행복했으면 하는 마음을 표현하고 싶었다. 긴 시간 장아람재단의 그림을 그리면서 중간에 포기하고 싶을 때가 있었는데, 장아람재단의 끈질긴 부탁으로 이제는 할머니가 되어서도 <월간, 장아람>의 그림을 그려보려고 한다. 한계에 부딪쳐도 포기하지 않고 나아가는 지금의 내 모습은 어쩌면 장아람재단의 그림을 계속해서 그려왔기 때문일 거다.

나는 순수한 어린아이처럼, 특별히 내면 안에 동심의 세계로 파고들어가 마음껏 그릴 수 있기를 바란다. 그래서 억지로 하는 일이 아닌 마음이 생길 때마다 그림을 그린다. 나만의 작품을 남기고 싶다. 그림을 그리면 잡생각이 사라지고 편안해지고, 위안을 얻기도 한다. 어렸을 때 종이인형을 오리고 붙이고 꾸미기를 좋아했는데 요즘은 아크릴물감, 오일파스텔부터 색연필, 마카 등 다양한 재료를 섞어 그리고 있고, 최근에는 콜라주도 하나둘씩 늘려가는 재미를 느껴가고 있다.

그림은 즐거운 나의 친구다.

이수정

함께하는 모습을 보여주고 싶다

<월간 장아람>에는 앞서도 말했듯이 즐거운 만남, 행복한 순간, 우리가 함께해야 하는 이유들을 기록하고 싶었다. 함께하는 우리들의 모습을 소식지에 알리면서 아

직 장애아동을 만나지 못한 사람들이 장애아동을 만나게 된다면 우리처럼 편안하게 만나고 새로운 친구를 만나듯 함께하는 일이 자연스럽기를 바랐다. 내가 장애에 대해 알게 된 시기가 고등학교 시절이었듯이 각자의 삶을 살아가고 있는 우리들은 여전히 장애를 접하기가 어렵다.

봄에는 봄 소풍, 여름에는 여름 축제, 가을에는 가을 소풍, 겨울에는 저금통 사랑나누기 행사를 통해서 1년 4계절을 함께하고 있는 우리들의 모습을 소개한다. 아직은 우리들끼리의 즐거움이고 만남일 수 있지만 함께하고 싶지만 방법을 모르는 사람들에게 함께할 수 방법을 알리고자 한다. 함께 살아가는 일, 어렵지 않다. 장아람에 대해서 알았다면 1년에 4번씩 공식적으로 진행되는 프로그램에 참가 신청을 해보자. 봉사자로 함께할 수 있고, 장애아동 가족의 이웃으로도 참여할 수 있고, 장애아동의 가족일 경우에도 함께할 수 있다. 우리들의 함께하는 모습이 더 많아지고, 더 넓어지기를 바란다.

1995년 A4 용지 4면에 인쇄되어 발간되던 소식지는 크기와 분량의 변화를 거쳐 2023년까지 매월 발간되고 있다. 2000년부터 이수정 님의 표지 그림이 시작된 후로 장아람재단의 소식지 <월간, 장아람>을 눈에 띄게 해줬다. 비치된 소식지를 보고 장아람을 알게 된 사람들이 늘어갔고, 더 체계적인 소식지가 되기 시작했다.

인터넷의 발달과 환경을 보호하는 차원에서 지류 인쇄가 줄어들고 있고, 소식지를 우편으로 받지 않고 이메일로 보내지는 문화가 되어가고 있음에도 현재까지 우리는 인쇄물로 <월간, 장아람>을 발간하고 있다. 우편으로 소식지가 배달되고 봉투를 뜯어 그 자리에서 <월간, 장아람>을 읽어 내려가 보라. 하루의 보람을 느끼게 되기를 바란다. 재정 보고에 적힌 나의 이름을 발견하면서 말이다.

변화하는 세상과 발맞춰가기

다음카페에서 싸이월드 클럽으로, 네이버 블로그와 인스타그램, 해피빈과 모금함, 홈페이지까지

장아람재단은 홍보력이 부족하다. 게다가 운영자인 나는 컴퓨터와 친하지 않았다. 손으로 쓰고 만드는 일을 더 좋아했다. 전화통화보다 만나서 이야기를 나누는 것을 더 좋아했다. 그러나 세상은 급변해 인터넷으로 편지를 보내고 온라인으로 이야기를 나누기 시작했다. 재정이 부족했던 우리는 홈페이지조차 없었다. 그러나 변화하는 세상과 발맞춰가야만 했다. 그래서 시대별로 유행하는 SNS 플랫폼을 이용해 모임 운영을 소소하게 알렸다. 다음 카페, 싸이월드 클럽, 네이버 블로그, 페이스북, 인스타그램에 장아람재단의 활동을 소개했다. 작은 단체라서 정회원이나 봉사자 등 활동회원 위주로 온라인 만남을 시작했는데 우리를 알아보는 사람들이 하나둘씩 늘어가기 시작했다. 어렵게 찾아내 연락해 오는 사람들도 있었고, 장애아동 가족도 치료실인줄 알고 찾았다가 예상과 다른 활동을 하는 장아람재단을 발견해 냈다. 잘 찾아지지 않는 단체를 발견해 내는 사람들에게는 우리를 만나야만 할 사연들이 있을 것이라는 느낌이 들었고, 역시나 만나보면 장아람이란 단체가 필요한 사람들이었다.

충무로역 몇 번 출구이었는지는 기억나지 않다. 노란 줄을 따라 발걸음을 옮겨 도착한 장아람 사무실은 아직 고등학생이던 내게는 낯선 장소였다. 행사가 시작하기도 한참 전, 행사 준비로 분주한 가운데 돼지 저금통만 드리고 나왔던 기억이, 장아람과의 첫 만남이다. 고등학교에 다닐 때부터 특수교육과를 목표로 봉사동아리에서도 활동하며 꿈을 키우던 어느 날, 'Daum' 홈페이지의 카페소개에서 나의 가치와 딱 맞는 곳을 발견하였는데 그곳이 바로, 이곳, 장아람이었다. 꿈과 열정이 가득했던 나는 회원가입을 했고, 특수교육과에 입학해서 전문가가 되면 '교육 후원'을 하리라는 마음을 갖고 가입 인사말을 남겼던 기억이 생생하다. 물론 그로부터 2~3년 뒤에서야 '교육 후원'이라는 것이 '교육비 후원'임을 알았다. 물론 가진 재능으로 교육 후원을 할 수 있지만 장애아동이 가지는 특성이나 현실적으로 여러 한계점이 있다는 사실을 알게 되면서 인정하지 않을 수 없었다. 하지만 장아람 회원들이 이미 알고 있는 것처럼, 장아람은 우리들이 가진 재능과 끼의 기부로 똘똘 뭉쳐진 곳이다. 특수교육을 전공했다고 해서 그것으로 무엇을 할 수 없을지라도, 장아람을 알리는 역할도 하게 되고, 시간을 내어 행사 도우미로 참여하기도 하고, 내가 좋아하는 일들로 도울 수 있을 때의 기쁨은 장아람 사람들은 이미 모두 알고 있을 것이다. 유아특수교육과에 입학하여 학생회에서 행사를 할 때 장아람재단 엽서를 팔기도 했고, 가족만남의 날이나 저금통 데이에 봉사자로 참여하곤 했지만 긴 잠복기도 있었다. 어쩔 수 없는 장아람 가족이 되려 했는지, 장아람이 신촌 아트레온 사무실로 이전하고 나서 보니, 우연의 일치로 나 또한 신촌에서 교회 생활을 했고, 대학원 공부를 장아람재단 사무실 가까이에서 하게 되면서 우리의 만남이 다시 시작될 수 있었다. 이제는 결혼한 아줌마가 되었는데, 시댁이 장아람재단 사무실에서 걸어갈 수 있는 거리에 있다. 내 삶의 일부가 된 비타민 같은 존재인 장아람이다.

위순영

장아람재단 사무국

30여 년의 시간 동안 장아람재단은 꾸준히 사업을 유지해 왔다. 하나의 프로그램이 시작되면 그 프로그램은 어느새 10회가 되었고, 20회가 되어 있었다. 같은 이름의 프로그램이었지만 내용은 늘 새롭고 싶었다. 새로운 기획을 할 때마다 장아람재단 사무국 간사들은 기획회의를 거쳐 자신이 해야 할 일의 목록을 정리했다. 그리고 그 일이 운영될 수 있도록 각자 자신의 역할을 수행했다. 좀 더 완벽하게, 좀 더 서둘러 일해 달라는 요청에 '너무 일이 많다.', '시간이 촉박하다.', '할 수 없다.'라고 말하지 않았다. 그 많은 일을 잘 운영할 수 있도록 묵묵히 일했다. 장아람재단 사무국의 간사들이 없었다면 긴 시간을 이어오기 어려웠을 시간이다. **장아람재단과 함께하고 있는 간사** – '이은주, 박종숙, 이정은, 임현선, 한정민', **함께 한 간사** – '안선현, 이지연, 황소영'에게 이 자리를 빌려 감사를 전한다.

장애아동 가족을 위한 따뜻한 마음과 더 나은 세상을 만들겠다는 의지가 없었다면 장아람재단에서 일할 수 없었을 것이다. 좋은 사람들과 함께 꿈꾸고 있기에 30년을 이어올 수 있었다. 또한 아무런 보답도 바라지 않고 장아람재단의 재정을 든든하게 돕고, 도움이 필요할 때마다 함께해 주시는 이사님들이 계시기에 우리는 사업을 유지해 나갈 수 있다. 이사회마저도 타 단체와 다르다. 사무국을 믿어주고 응원해 주는 마음, 우리가 하고 있는 일에 최선의 응원을 해주고 있는 장아람재단 이사회에도 고개 숙여 고마움을 전한다. 장아람재단 사무국은 오늘도 책임과 의무를 다하며 나아가고 있다.

사무국 간사들

30년간 장아람재단 이사회

대표이사 : 최호준

이사 : 강부월, 강연국, 권경숙, 권미리, 권윤중,
김광호, 김규하, 김기언, 김동석, 김동언,
김문규, 김미경, 김미리, 김승헌, 김원홍,
김재태, 김재현, 김정태, 김정희, 김종인,
김연중, 나민수, 문주현, 박신영, 박영부,
박장희, 방현숙, 백성현, 서한석, 송정부,
송치호, 신종인, 신준기, 안황권, 양민철,
오현숙, 위종훈, 유재홍, 윤세의, 윤영호,
이강우, 이경희, 이윤희, 이익환, 이준우,
이진국, 이 찬, 이해묵, 이형구, 이혜경,
임정순, 전효중, 정진필, 조현아, 지행옥,
최성우, 최성준, 최숙경, 최영원, 최이식,
한옥자, 한현미, 홍성원, 홍진이

감사 : 김동식, 황진홍

장아람재단의 지나온 거처

장아람재단

서울 서대문구 창천동 20-25번지 신영극장

서울 중구 예장동 9번지 지하 1층 디자인네트

서울 서대문구 신촌로 129번지 아트레온4층 ▸ 10층

* 나눔의 시작, 신촌로 129번지가 되기를 바란다.

꿈땅

경기도 양평군 서종면 북한강로 꿈땅, 행복한 쉼터

행복한 쉼터, 꿈땅

장아람재단 걸어온 길

수어동아리 '손말사랑회'지원
최호준 교수, 정진필 학생

1987

1995

장애아동을 사랑하는 사람들 창립 3.1(창립 멤버: 박종숙, 조한
아) 생계비 / 특수교육비지원 총 9명 / 치료비지원 총 3명
언어치료 프로그램(Spv2)지원 / 장아람 소식지 발간 (박종숙
/ 장아람 사무국: 서대 문구 창천동 20-25 4층

1993 김소라 아동
구개음파열 치료비지원

1994 **창립 준비** 최호준, 정진필, 이미경
창립 멤버로 준비시작

교육비지원 총 118명 / 결연지원 총 3명 / 치료비지원 총 5명 / 보장구지원 총 2명 / 매월 아동 생일챙기기: 꽃으로 전하는 사랑(블루밍 화원) / 이은주 간사 근무 / SBS 세상에서 가장 아름다운 여행: 고은아아동, 구인우아동 방영 / 장애우주간 문화나눔: 청각장애우와 함께 가는 문화여행 / C3TV(기독교 인터넷 방송) 아름다운 시선의 그림읽기 장아람코너 개설 / 제6차 정기이사회 / 수어교실(6기 기초반, 4기 중급반/7기 기초반, 5기 중급반) / 손수레 모임: 손수레 카톨릭농아선교회 수어경연대회 인기상 수상 / 소형 모금함배치 40개/ 2회 장아람 가족만남의날 / 카드, 엽서 제작판매 / 제4회 저금통 사랑 나누기 / *일러스트레이터 이수정님 서울시 환경공모전 일러스트부문 금상수상 / 1회 봉사자의 밤 / 꿈땅 답사 / 간사워크숍(안면도/충주, 제천)

200

2005

교육비지원 총 124명 / 결연지원 총 10명 / 치료비지원 총7명 / 보장구지원 총 3명 / 매월 아동생
챙기기 꽃으로 전하는 사랑(블루밍화원) / 장애아동가족지원사업: 형제 자매의 장학금 지원사업시작
MBGI 장학금 / 제7차 정기이사회 / 최호준 회장님 경기대학교 부총장 취임 / 손수레 모임 / 수어교실
기 기초반, 6기 중급반/9기 기초반, 7기 중급반) / 소형 모금함배치 44개 / 매월 소식지 발간 / 꿈땅구
677평 / 꿈땅 채소밭 운영 / 창립 10주년 기념행사<꿈을 담은 묘목심기> / 1회 꿈땅 봄소풍<꿈을 담
씨뿌리기 / 1회 꿈땅 가을소풍<꿈을 맺은 수확하기> / 3회 장아람 가족 만남의날 / 카드, 엽서, 비
제작판매 / 5회 저금통사랑나누기 / 2회 봉사자의 밤 / 간사워크숍(일본)

2006

교육비지원 총 126명 / 치료비지원 총 4명 / 결연지원 총 7명 / 보장구지원 총 1명 / 매월 아동생일 챙기
꽃으로 전하는 사랑 (블루밍화원) / 매월 소식지 발간 / 제8차 정기이사회 / 사무실 이전(아트레온 4층
층) / 손수레 모임: 수어교실(10기 기초반, 8기 중급반 / 11기 기초반, 9기 중급반) / 소형 모금함배치
개 / 꿈땅 채소밭 운영, 채소 박스 발송시작 / 2회 꿈땅 봄소풍<꿈을 담은 씨뿌리기> / 2회 꿈땅 가을소풍
꿈을맺은수확하기> / 홍보활동 장애인선교, 지도자세미나, 장아람 홍보부스운영(사랑의교회 안성 수양
선일여고 1학년 7월 14일 길거리 홍보(아트레온 1층) / 4회 장아람 가족 만남의날: 수원 사랑의 빵(구효
지원받기 시작 / 6회 저금통사랑나누기: 카드엽서판매 / 3회 봉사자의 밤 / 간사워크숍

2010

교육비지원 총 94명 / 치료비지원 1명 / 결연지원 총 6명 / 매월 아동생일챙기기: 꽃으로 전하는 사랑(블루밍
/ 매월 소식지 발간: 표지그림 주제-환경, 지구아껴쓰기 / 손수레모임 / 수어교실(18기 기초반, 16기 중급반 /
기초반, 17기 중급반) / 소형 모금함배치 / 꿈땅 채소밭 운영, 채소 박스 / 꿈땅 행복한 쉼터 오픈식 2010년
9일 리본컷팅 / 6회 꿈땅 봄소풍<꿈을 담은 씨뿌리기> / 6회 꿈땅 가을소풍<꿈을 맺은 수확하기> / 8회 장
가족 만남의날 / 10회 저금통사랑나누기 / 7회 봉사자의 밤 / 간사 워크숍(전주) / 이지연 간사 퇴사

2011

교육비지원 총 80명 / 치료비지원 5명 / 결연지원 총 3명 / 매월 아동생일챙기기: 꽃으로 전하 는 사랑(블루밍화원) / 매월 소식지 발간 / 네이버 해피로그<사단법인 장아람재단> 등록 / 손수레 모임 / 수어교실(20기 기초반, 18기 중급반 /21기 기초반, 19기 중급반) / 소형 모금함배치 / 꿈땅 채소밭 운영, 채소 박스 / 꿈땅 행복한 쉼터 운영시작 / 7회 꿈땅 봄소풍<꿈을 담은 씨뿌리기> / 7회 꿈땅 가을소풍<꿈을 맺은 수확하기> / 9회 장아람 가족 만남의날 / 11회 저금통사랑나누기 / 8회 봉사자의 밤 특별상: 이수정, 고효경, 블루밍화원 이경실 / 간사워크숍(고흥)

2012

교육비지원 총 75명 / 치료비지원 2명 / 결연지원 총 4명 / 교육결연 총 2명 / 매월 아동생 일챙기기: 꽃으로 전하는 사랑(예지꽃방) / 매월 소식지 발간 표지그림 주제: 꿈 / 배움터: 김준근 사진교실 / 손수레모임 / 수어교실(22기 기초반, 20기 중급반/23기 기초반, 21기 중급반) / 소형 모금함배치 / 꿈땅 채소밭 운영, 채소 박스 / 꿈땅 행복한 쉼터 운영 / 8회 꿈땅 봄소풍<꿈을 담은 씨뿌리기> / 8회 꿈땅 가을소풍<꿈을 맺은 수확하기> / 10회 장아람 가족만남의날 / 12회 저금통사랑나누기<힘내요> / 9회 봉사자의 밤 / 황소영 간사입사 / 간사 워크숍 / 최호준 회장님 EBS 명사 책읽어주기, EBS 초대석 출연

2021

교육비지원 총 41명 / 치료비지원 2명 / 결연지원 총 1명 / 매월 아동 생일챙기기 / 손수레 모임 / 수어교실(40기 기초반, 37기 중급반/41기 기초반, 38기 중급반) / 소형 모금함 배치 / 장아람재단 장학회 상반기(6명), 하반기(5명) / 장아람재단 교육실 개별 책상과 의자 20세트 기증: 한빛메딕스 서호균회원 / 6회 장애아동 엄마들을 위한 배움터, 엄마의 날 / 꿈땅 행복한 쉼터: 장애아동 가족 휴가비 지원, 건조기 후원: 윤태준 가족 / 17회 꿈땅 봄소풍 / 17회 꿈땅 가을소풍 / 19회 장아람 가족 만남의 날 "달콤한 나라, 요란한 동네"어: 꿈땅 가을소풍때 연기진행 / 21회 저금통사랑나누기 "We, Dream; 우리가 함께 꾸는 꿈, 장아람" / 18회 봉사자의 밤 / 간사 워크숍(양평)

2023

교육비지원 총 36명 / 치료비지원 총 2명 / 결연지원 총 1명 / 매월 아동 생일챙기기 / 수어교실(44기 기초반, 41기 중급반/45기 기초반, 42기 중급반) / 손수레모임 / 소형 모금함배치 / 장아람재단 장학회 상반기(5명), 하반기(5명) / 78회 장애아동 엄마들을 위한 배움터, 엄마의 날 / 꿈땅 행복한 쉼터: 장애아동 가족 휴가비지원 / 19회 꿈땅 봄소풍 / 19회 꿈땅 가을소풍 / 21회 장아람가족만남의날 "달콤한 나라, 요란한 동네" / 23회 저금통사랑나누기<빛나는 너에게> / 발달장애예술가 기획전시후원<내가 그린오티즘展> / 20회 봉사자의 밤 / 간사워크숍(전북 정읍, 고창, 부안, 군산) / 30주년 기념 행사 준비 출판 및 전시, 판매

2022

교육비지원 총 38명 / 결연지원
수어교실(42기 기초반, 39기 중급
손수레모임 / 소형 모금함배치 /
반기(7명) / 7회 장애아동 엄마들
이 형성되다"세븐 나인" / 꿈땅
지원 / 18회 꿈땅 봄소풍 / 18회
만남의 날 "달콤한 나라, 요란한 동
잘 될거야!> / 발달장애예술가 기
/ 19회 봉사자의 밤 / 간사 워크숍

2013

교육비지원 총 67명 / 치료비지원 총 2명 / 결연지원 총 4명 / 기타지원: 설 선물후원 / 매월 아동 생일챙기기: 꽃으로 전하는 사랑(예지꽃방) / 매월 소식지 발간 표지: 그림주제-수어표현 / 손수레모임 / 수어교실(24기 기초반, 22기 중급반/25기 기초반, 23기 중급반) / 소형 모금함배치 / 장아람재단 장학회 설립 / 원데이 클래스 시작 / 꿈땅 채소밭 운영: 김보미 님과 양평팀, 이정환님 꿈땅 농사멤버 시작 / 채소박스 / 꿈땅 행복한 쉼터 운영 / 9회 꿈땅 봄소풍<꿈을 담은 씨뿌리기> / 카페베네청년봉사단 서울 제3조(봉삼이네) 장아람재단 협약식체결(1년) / 9회 꿈땅 가을소풍<꿈을 맺은 수확 하기> / 11회 장아람 가족 만남의날 / 13회 저금통 사랑나누기<열정 passion> / 10회 봉사자의 밤

2014

교육비지원 총 59명 / 치료비지원 총 4명 / 결연지원 총 3명 / 매월 아동생일챙기기: 꽃으로 전하는 사랑(예지꽃방) / 매월 소식지 발간: 크라프트지에 추억을 담다 / 손수레모임 / 수어교실(26기 기초반, 24기 중급반/27기 기초반, 25기 중급반) / 소형 모금함배치 / 장아람 재단 장학회 지원 시작(장아람재단 20주년 기념 프로젝트), 하반기 8명 / 20주년 기념컵 제작 판매 / 원데이 클래스 / 꿈땅 채소밭 운영: 김보미님과 양평팀 / 채소 박스 / 꿈땅 행복한 쉼터 운영 / 10회 꿈땅 / 봄소풍 <꿈을 담은 씨뿌리기> / 10회 꿈땅 가을소풍<꿈을 맺은 수확하기> / 농업회사법인 월드T&F와 장아람재단 업무협약 / 12회 장아람 가족 만남의날 / 14회 저금통사랑나누기<인연, 별처럼 수많은 사람들 그중에 그대를 만나> / 11회 봉사자의 밤 / 간사 워크샵(홍콩)

2019

교육비지원 총 41명 / 치료비지원 총 4명 / 결연지원 총 2명 / 매월 아동생일챙기기(경남 양산의어 세움교회 생일챙기기 시작: 서영완 목사, 안선현 사모) / 매월 소식지 발간 / 손수레모임 이성림 선생님 / 수어교실(36기 기초반, 33기 중급반/37기 기초반, 34기 중급반) 김한나, 정영미 선생님 / 엄마랑 수어교실 32주 운영(강사: 김한나, 한지혜) 수어배우기, 놀이 연극치료, 가인초등학교 인식 전환 교육 / 소형 모금함배치 / 장아람재단 장학회 상반기 (6명), 하반기(7명) / 장아람 언니들 마켓 / 4회 장애아동 엄마들을 위한 배움터, 엄마의 날 / 꿈땅 채소밭 잠정적 휴식기 / 꿈땅 행복한 쉼터 장애아동 가족 휴가비 지원 / 15회 꿈땅 봄소풍: 언니들마켓팀 가랜드제작 / 15회 꿈땅 가을소풍 / 17회 장아람 가족 만남의날 <달콤한 나라, 요란한 동네> / 장아람 가족 만남의날 봉사자 워크숍: 한지혜, 언니들마켓 강사진 / 19회 저금통사랑나누기 "특별한 하루, ON"-엄마랑 수어교실 발표: 한별이가족 수어노래<고마워요> / 16회 봉사자의 밤 / 간사 워크숍(양양)

총 1명 / 매월 아동생일챙기기 /
반/ 43기 기초반, 40기 중급반) /
장아람재단 장학회 상반기(6명), 하
을 위한 배움터 엄마의 날: 자체조직
행복한 쉼터: 장애아동 가족 휴가비
꿈땅 가을소풍 / 20회 장아람 가족
네" / 22회 저금통사랑나누기<다,
획전시 후원<내가 그린 오티즘展>
(제주도)

2020

교육비지원 총 45명 / 치료비지원 총 1명 / 결연지원 총 1명 / 기타지원(마스크) 총 50명 / 매월 아동 생일챙기기 / 손수레 모임 강사: 안석준 선생님 / 수어교실(38기 기초반, 35기 중급반/39기 기초반, 36기 중급반): 안석준, 김선미 선생님 / 소형 모금함배치 / 장아람재단 장학회 상반기(7명), 하반기(7명) / 5회 장애아동 엄마들을 위한 배움터, 엄마의 날 / 꿈땅 행복한 쉼터: 장애아동 가족 휴가비 지원 / 코로나로 모든 프로그램 예약제로 변경 및 참석인원 정원제로 변경 / 16회 꿈땅 봄소풍 취소 / 16회 꿈땅 가을소풍 / 꿈땅 축복의통로 설치물설치 / 8회 장아람 가족 만남의날 달콤한 나라, 요란한 동네 / 20회 저금통사랑나누기 위로 / 17회 봉사자의 밤 축소운영 / 간사 워크숍(양평: 언니들 마켓 함께) / 한정민 간사입사

교육비지원 총 54명 / 결연지원 총 2명 / 매월 아동생일챙기기: 꽃으로 전하는 사랑(예지 꽃방) / 매월 소식지 발간: 표지그림주제-꽃 / 손수레 모임 / 수어교실(30기 기초반, 27기 중급반/31기 기초반, 28기 중급반) / 소형 모금함배치 / 장아람재단 장학회: 상반기(9명), 하반기(7명) / 공연: 고요한소리 음악회 / 장아람 언니들마켓 원데이클래스 / 배움터: 인형교실(권민영 선생님), 캘리그라피 교실(박숙희 선생님) / 꿈땅 채소밭 운영 / 채소 박스 / 꿈땅 행복한 쉼터 운영 / 꿈땅 1호 나무집(엘리베이터장착) / 미니 수영장 / 12회 꿈땅 봄소풍<꿈을 담은 씨뿌리기> / 12회 꿈땅 가을소풍<꿈을 맺은 수확하기> / 대한제분 후원 시작 / 14회 장아람 가족 만남의 날 / 16회 저금통사랑나누기<두근두근, 장아람> / 13회 봉사자의 밤 / 간사 워크샵(거제도)

2016

2015

교육비지원 총 60명 / 치료비지원 총 5명 / 보장구지원 총 1명 / 결연지원 총 3명 / 매월 아동생일챙기기: 꽃으로 전하는 사랑(예지꽃방) / 매월 소식지 발간: 표지그림주제-나무 / 손수레모임 / 수어교실(28기 기초반/29기 기초반, 26기 중급반) / 소형 모금함배치 / 수원 아주대학교병원 대형모금함(기도하는모금함) 설치 / 장아람재단 장학회 상반기(6명), 하반기(9명) / 장아람 언니들 마켓 시작 / 언니들 마켓과 함께 하는 공연과 전시회 기획-고효경밴드 생일파티 자선공연, 콩콩프로젝트 전시회(1), 청소년밴드공연, 콩콩 프로젝트 전시회(2), 가야금 앙상블이 베이스 공연, 미농의 인형전시회, 천연제품 전시회 및 체험전, 콩콩 프로젝트 전시회(3) / 원데이 클래스 / 배움터: 인형교실(권민영 선생 님), 캘리그라피교실(박숙희 선생님) / 꿈땅 채소밭 운영, 채소 박스 / 꿈땅 행복한 쉼터 운영 / 11회 꿈땅 봄소풍<꿈을 담은 씨뿌리기> / 11회 꿈땅 가을소풍<꿈을 맺은 수확하기> / 13회 장아람 가족만남의날 / 15회 저금통사랑나누기 / 12회 봉사자의 밤 / 간사워크샵 / 임현선 간사 입사

교육비지원 총 56명 / 치료비지원 총 18명 / 결연지원 총 2명 / 매월 아동생일챙기기: 꽃으로 전하는 사랑(예지꽃방) / 매월 소식지 발간 / 손수레모임 / 수어교실(32기 기초반, 29기 중급반/33기 기초반, 30기 중급반) / 소형 모금함배치 / 장아람재단 장학회: 상반기(8명), 하반 기(9명) / 장아람 언니들 마켓 / 인형교실(권민영) 운영 / 1회 장애아동 엄마들을 위한 배움터, 엄마의 날 / 꿈땅 채소밭 운영, 채소박스 / 꿈땅 행복한 쉼터: 장애아동 가족 휴가비 지원 / 꿈땅 2호 나무위의 집, 놀이터 / 13회 꿈땅 봄소풍<꿈을 담은 씨뿌리기> / 13회 꿈땅 가을소풍<꿈을 맺은 수확하기> / 15회 장아람 가족만남의날 / 17회 저금통사랑나누기 <데이트, 우리 손 잡을까요?>(하나샘 안녕) / 14회 봉사자의 밤 / 언니들마켓과 손수레 엠티(양평 꿈땅) / 간사 워크샵(제주도, 울진)

2017

2018

교육비지원 총 53명 / 치료비지원 총 2명 / 결연지원 총 2명 / 매월 아동생일챙기기 / 매월 소식지 발간 표지그림주제: 장아람재단의 프로그램이야기 / 손수레모임 / 수어교실(34기 기초반, 31기 중급 반/35기 기초반, 32기 중급반) / 소형 모금함배치 / 장아람재단 장학회 상반기(7명), 하반기(7명) / 장아람 언니들마켓 / 인형교실 운영(권민영) / 목공교실 8주 진행(안정희) / 2회, 3회 장애아동 엄마 들을 위한 배움터, 엄마의 날 / 꿈땅 채소밭 운영 / 꿈땅 행복한 쉼터: 장애아동 가족 휴가비 지원 / 14회 꿈땅 봄소풍<꿈을 담은 씨뿌리기> / 14회 꿈땅 가을소풍<꿈을 맺은 수확하기> / 16회 장아람 가족 만남의날 / 18회 저금통사랑나누기<담다, 닮다> / 15회 봉사자의 밤 / 황소영 간사 퇴사 / 정원혜 수습간사 입사 및 퇴사 / 간사 워크샵 1회(홋가이도), 2회(설악 델피노)

꿈땅 연혁

2004

꿈땅을 찾기 위해서
이곳저곳 답사를 하다가
양평에 정착

2006

구리 이만웅 농사박사님의 도움으로 채소밭을 멋지게 일구기
매주 수요일 간사들은 농부가 되었다
채소 박스 택배 발송 시작 / 김장 채소 수확
2회 꿈을 담은 씨뿌리기 / 2회 꿈을 맺은 수확하기
씨를 뿌리고 봄나물 캐기 / 고구마와 땅콩 수확

2005

꿈땅 구입: 경기도 양평 수입리 677평
돌을 골라내고 아무것도 없던 땅을 일구기 시작
강가 산책로 조경작업으로 강가 멋진 산책로를 만들다
1회 꿈을 담은 묘목심기

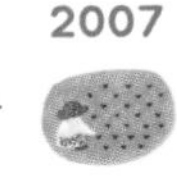

2007

채소 박스 / 꿈땅 정자 설치
꿈땅을 더 구입하여 농사 규모
감자와 옥수수 풍년
장애아동 가족 꿈땅 나들이 시작
3회 꿈을 담은 씨뿌리기
3회 꿈을 맺은 수확 하기
씨를 뿌리고 봄나물 캐기
고구마와 땅콩 수확

2018

채소 박스
봄 소풍에 비가 내렸다 / 14회 꿈을 담은 씨뿌리기
14회 꿈을 맺은 수확하기 / 꽃화분 만들기,
비 오는 꿈땅 그리기, 풍선 놀이, 고구마 수확,
형빈이네 버스킹, 달콤한 나라 요란한 동네가 꿈땅에 오다
팝업북으로 들려주는 이야기 <뿔>

채소 박스 / 매년 둘째 주 프로그램을 임시적으로
넷째 주로 변경하여 고구마 모종을 심음
11회 꿈을 담은 씨뿌리기 / 11회 꿈을 맺은 수확하기
고구마 모종 심기, 비누 만들기, 진딧물 퇴치제 만들
고구마 수확, 꿈땅 가을 담기 미술 프로그램, 수경이

2019

채소밭 운영 잠정적 중단. 지구온난화의 심각성을 알게 된다
소풍을 더 멋지게 만들기 위해서 언니들마케팅 가랜드를 만들다
채소밭에 매실나무를 추가 식재하고, 왕 대추나무를 심다
꿈땅 야외 공연을 시작하다
15회 꿈땅 봄 소풍
15회 꿈땅 가을 소풍:
버스킹: 형빈이네, 조남매 공연: 줄로하는 공연<점>, 요요서커스,
체험: 나무와 흙, 꿈땅 마을잔치,
비눗방울 놀이, 타투, 연날리기, 뽑기

2017

채소 박스 / 2호 나무집, 놀이터
13회 꿈을 담은 씨뿌리기
13회 꿈을 맺은 수확하기
씨뿌리기, 상추 모종 심기, 왕관 만들기,
비눗방울 놀이, 고구마 수확, 새 만들기, 보물찾기
바자회, 수경이네 간식 차(푸드트럭)

2020

꿈땅의 불편함을 해소하기 위해서
강가 나무 경사로를 설치하다
16회 꿈땅 봄 소풍 / 16회 꿈땅 가을 소풍(넷째 주로 연기 진행)
코로나로 인해 봄 소풍 취소
달고나 만들기, 보물찾기, 제기차기, 세기P&C 사진관
공연 – 가야금이 들려주는 이야기 <곁에서>, 창작집단 – 인사리 <빨강 풍선>

2021

윤태준 아동 가
최호준 회장님
17회 꿈땅 봄 소
세기 P&C 사진
콧물끼리 놀이,
19회 장아람 가
버스킹 공연, 인

채소 박스의 규모가 점점 늘어갔다(30여 가지 140박스)
4회 꿈을 담은 씨뿌리기
4회 꿈을 맺은 수확하기
씨를 뿌리고 꿈땅에서 숲 체험과 봄나물 캐기
고구마 수확, 보물찾기, 미니올림픽

2010

꿈집 오픈 리본컷팅식 <꿈집 문 여는 날>
무와 배추도 잘되는 꿈땅 채소밭 / 채소 박스
6회 꿈을 담은 씨뿌리기 / 6회 꿈을 맺은 수확하기
씨뿌리기, 토마토 모종 심기, 놀이 활동, 고구마 수확
칠판 도화지 그림그리기 대회, 보물찾기

09 꿈집 건축을 시작하다
꿈땅 채소밭은 무엇을 심든지 풍년이었다
채소박스 / 5회 꿈을 담은 씨뿌리기
5회 꿈을 맺은 수확하기 / 씨뿌리기,
토마토와 가지 모종 심기, 미니 비닐하우스 설치하기,
비눗방울 놀이, 고구마 수확, 천연염색 손수건 만들기

2011 행복한 쉼터 운영 / 채소 박스
7회 꿈을 담은 씨뿌리기
7회 꿈을 맺은 수확하기
씨뿌리기, 토마토 모종 심기, 상추 모종 심기,
인절미 만들기, 고구마 수확, 솜사탕 만들기,
체험 프로그램 4가지, 비눗방울 놀이

카페베네 청년봉사단 장아람재단과 협약식을 맺다
고구마도 잘 되는 꿈땅
채소 박스 / 9회 꿈을 담은 씨뿌리기
9회 꿈을 맺은 수확하기
씨뿌리기, 토마토와 상추 모종심기,
비눗방울 놀이, 고구마 수확, 게임 활동

2013

꿈땅 행사에 참여하는 가족들의 증가 2012
채소 박스 / 8회 꿈을 담은 씨뿌리기
8회 꿈을 맺은 수확하기 / 씨뿌리기,
토마토 모종 심기, 주령구 만들기, 런닝맨
고구마 수확, 런닝맨2, 솜사탕,
팥빙수, 고구마 퐁듀

' 나무위에 집을 짓고 싶었다.
뤄짐 – 꿈땅 1호 나무집 (엘리베이터 장착)
; 오픈 / 12회 꿈을 담은 씨뿌리기
맺은 수확하기 / 씨뿌리기, 하늘 나는 물고기 만들기,
들이, 고구마 수확, 마트로시카 고양이 접기,
|, 수경이네 간식 차

2014 채소 박스 / 10회 꿈을 담은 씨뿌리기
10회 꿈을 맺은 수확하기 / 씨뿌리기,
토마토와 상추 모종 심기,
쟁반노래방, 말달리기, 보물찾기,
예지꽃방 하나샘의 겹베고니아 꽃심기,
고구마 수확, 게임 활동, 들꽃 꽃꽂이, 수경이네 간식 차

3호 나무집 – 작은 나무집, 데크설치
18회 꿈땅 봄 소풍 / 세기P&C 사진관, 공연: 작은극장 H – 한혜민 <눈>,
시끌벅적 와글와글 눈치코치 가족 오락관 / 18회 꿈땅 가을소풍
세기P&C 사진관, 요요만들기, 요요콘테스트, 요요서커스 – 문현웅
어른들을 위한 공연 <여행... 가방 속에서 꺼낸 기억> – 오정은 / 아이들을 위한 공연 <양파의 꿈> – 최은별

증
등
공연: 231 SHOW 이석원 <멋>,
, 아이들 게임 활동
라, 요란한 동네> 꿈땅에 오다
P&C 사진관 / 꿈땅 온실 설치

2023 어느새 쌓여온 시간 동안 꿈땅은 꿈의 땅이 되었다.
19회 꿈땅 봄 소풍: 아인스바움 윈드챔버 오케스트라 공연
세기P&C 사진관, 시끌벅적 와글와글 눈치코치 가족 오락관 시즌2
19회 꿈땅 가을 소풍 : 체험프로그램
종이스패너만들기, 백드롭페인팅,
종이인형극 <괴물이 나타났다>

4. 보통의

보통의 세상을 꿈꾼다.
열심히 사는 만큼 주어지는 결과,
결과만큼이나 쌓아 온 과정도 중요시되는 세상.

세상

서로 사랑하는 세상.
더 가지려고 욕심내지 않고 이웃과 나누고자 하는 세상.
다양함을 이해하고 인정하는 세상,
그런 보통의 세상을 꿈꾼다.

사람을 대하는 방법은 다르지 않다

사람들은 종종 묻는다. 이 친구는 어떤 장애이고, 그 장애를 가진 친구를 어떻게 대해야 하는지, 다가가는 방법이 있는지를. 우리가 처음 프로그램을 진행하면서 장애아동과 일대일 봉사자를 연결할 때 하루 동안 함께할 친구가 어떤 장애를 가지고 있으며, 어떻게 대해야 되는지를 자세히 설명했다. 처음 만나는 사람에 대해서 이론적으로 제공하는 정보였다. 짧은 시간에 전하다보니 완벽할 수가 없었다. 게다가 정보를 숙지해서 장애를 가진 친구를 대하다 보니 뭔가 자연스럽지 않았다. 그 후로는 일대일 봉사자에게 그 친구만의 특별한 정보 외에는 제공하지 않고 다른 방식의 접근 방법을 제시했다.

처음 사람을 만났을 때 취해야 하는 태도와 다를 것 없다. 처음 만난 사람과 인사 나누고, 서로 이름을 묻고 처음 만난 사이에 지켜야 할 기본적 예의를 지키면 된다. 두 번 만난 사이에 지켜야 할 기본적인 예의를 지키면 된다. 물론 프로그램에 참여하는 아이들 중에는 부모님의 도움을 받아야 이야기를 나눌 수 있는 친구들도 있다. 웃기만 하는 친구도 있을 테고, 천천히 말하는 친구도 만날 것이다. 갑자기 뛰쳐나가는 친구도 있다. 손을 잘 움직이지 못하는 친구도 있을 것이다.

일단 인사를 나누고 그 친구에게 어떤 도움이 필요한지를 묻고, 함께해 주면 된다. 친구가 손을 잘 쓰지 못하면 손을 잡아도 되는지를 묻고 손을 잡고 도와주면 된다. 친구가 대답을 하지 않는다고 듣지 못하고 이해하지 못하는 것은 아니다. 설명해 주고 이야기해 주면 미소를 짓고 있을 것이다. 말하지 않아도 하루 친구로 함께 한 봉사자들이 자신들의 역할로 충분히 보상받았음을 안다.

프로그램마다 올리는 장애아동 일대일 봉사자 모집 공지는 간단명료하다. '밝고 명랑하고 친절한 분을 모집합니다.' 우리 아이들이 프로그램에 참여했을 때 좋은 봉사자를 만났으면 하는 간절함이 묻어나는 봉사자 모집 공지다. 우리 아이들이 만나는 사람들이 좋은 사람, 좋은 어른, 좋은 친구였으면 좋겠다. 아이들 가정에 좋은 이웃 한 가정만 있다면, 힘들어도 다시 힘을 낼 수 있을 것이다. 장아람 가족들이 그런 사람이 되어주기를 바란다.

안타까워하거나,
지나치게 친절할 필요도 없다.
인간을 대하는 기본을 지켜주면 된다.

시선

오랜만에 버스를 탔다. 왼쪽 자리에 앉은 친구가 다리와 상체를 흔들면서 혼잣말을 한다. 그렇게 몇 정거장을 지나 자신이 내려야 할 목적지에 도착하자 벨을 누르고 버스에서 내렸다. '발달장애인이구나!' 의식한다. 저 친구가 자기가 내려야 할 곳에서 잘 내릴까? 혹시라도 돌발 행동을 하지는 않을까? 안전하게 자신이 내려야 할 곳에서 내려야 할 텐데. 나의 시선은 불편한 시선이 아니라 안타까운 시선이라고 생각했다. 안타까운 시선조차도 그들에게는 불편한 시선이 될 수 있음을 몰랐다. 얼마나 많은 사람들로부터 이런 시선을 받았을까?

'행사 때 마다 저를 용기와 희망의 눈빛으로 반겨주셔서 감사해요.' 장아람재단의 여러 프로그램에 대부분 참석했던 C는 말한다. 휠체어를 이용하는 C는 6살 때부터 장아람의 프로그램에 참여했다. 장아람재단의 프로그램에 지속적으로 참여하면서 느낀 부분이란다. 그래서 장아람에 더 바랄 것이 없단다. 충분히 행복했단다. 그리고 지원이 종료되면 끝나게 되는 만남이 아니라 그 이후에도 프로그램에 참여할 수 있어서 지속적인 유대감을 가질 수 있게 해줘서 고맙다는 말을 전했다. 그러면서 몇 가지 당부의 말을 남겼다.

초등학교부터 대학교까지 다니는 동안 복지는 제도적으로 많이 발전했다. 그러나 제도적으로는 존재하지만 실제 학교생활이나 일상생활에는 반영되지 못하는 경우가 많다고 했다. 휠체어를 이용하는 C는 외출을 할 때 장애인 콜택시를 이용한다. 부모님의 도움을 받을 수 없는 날은 전동 휠체어를 타고 지하철을 이용하곤 했는데 엘리베이터를 향해 가던 자신을 발견하고 엘리베이터 문을 닫아버리는 사람들을 만났을 때 가장 난감했다고 한다. 나와 함께 타고 싶지 않아서, 기다릴 수 없어서

문을 닫아버린 사람들에게 그저 '바빠서 먼저 가야겠다.'는 수신호라도 주면 좋겠다고 했다. 사실 기다려줘야 한다고 말하고 싶지만 C는 의사표현만이라도 확실히 해주면 그것만으로도 충분히 이해할 수 있다고 했다.

학교 행사에 참여하기 위해서 리프트가 없는 버스를 타야 될 때 자신을 들어서 자리에 앉혀줘야 되는 상황. 그들은 괜찮다고 했지만 괜찮지 않아 보이는 불편한 표정. 이러한 시선들이 장애인을 더 불편한 사람으로 내몰고 있다. 한 사람을 위해 편의시설을 완벽하게 갖출 수는 없지만 최대한 장애인의 입장을 고려해 주면 좋겠다. 누구든 어떤 사건으로 인해 장애를 가질 수 있다는 것을 알아야 한다. 그리고 어릴 적부터 장애인을 만날 수 있는 프로그램에 참여할 수 있는 기회를 많이 제공해 주기를 바란다 했다.

행사 때마다 만난 용기를 주는 눈빛, 희망을 주는 시선으로 반겨준 C의 이웃이 있었기에 살아오면서 만났던 불편했던 시선, 안타까운 시선, 혐오의 시선들을 이겨낼 수 있었다고 믿는다. 누구나 슬플 때가 있고, 행복할 때가 있고, 애처로울 때가 있고, 기쁠 때가 있고, 안타까울 때가 있고, 힘들 때가 있고, 그래도 힘을 낼 때가 있다. 우리의 감정은 똑같다. 따뜻한 시선, 친절한 눈빛을 보내자. 누구에게나.

장애인 가족으로 살아간다는 것

특별한 취급을 받고 싶지 않다

우리들은 혼자가 아니다. 이전에는 가족 구성원 중 장애인이 있으니 우리가족이 유달리 특별한 취급을 받게 되는 것 같았다. 동생이 자폐라는 것을 밝히면 주변 사람들에게 불친절한 동정과 착하다는 프레임, 심한 경우엔 나를 무슨 성인군자로 보는듯한 경외심을 받곤 했다. 나에게 있어서 동생의 장애는 별 대수가 아니었지만, 고립된 가족형태일지도 모른다는 사실이 이따금씩 씁쓸하게 다가왔다. 하지만 장아람을 만나고 계절마다 함께 행사를 즐기다보니 우린 고립된 것이 아니었고, 언제든 양지로 나와 햇볕과 바람을 즐길 수 있는 사람이었음을 체감했다.

장애인의 형제자매로써 장아람이 좋았던 점 중 하나는, 동생의 장애를 밝혔을 때 유별난 반응이 따라오지 않는다는 것이었다. 장애인의 형제자매로 참여한 장아람재단이었지만, 아이러니하게도 그곳에서는 프레임에서 자유로울 수 있었다. 그리고 집 외의 공간에서의 동생을 보는 재미도 꽤 쏠쏠했다. 아닌척해도 내가 인사하면 잘 받아주고, 관심 없는 척 해도 집에 갈 때쯤이면 가방에 체험 행사 때 만든 것들이 가득 들어있는 걸 보면 내 동생이지만 나름 귀여운 면모가 있다.

처음으로 꿈땅 봄 소풍에 갔을 때 먼 곳에서 봉사를 해야 한다는 것과, 가족과 멀리 나간 적이 오랜만이라는 생각에 처음엔 조금 부담스러웠다. 하지만 꿈땅의 포근한 분위기와 맑은 공기에 금세 매료되었고, 강물을 바라보며 점심을 먹을 때는 오기 잘했다는 생각도 들었다. 내가 강을 좋아한다는 사실도 그때 처음 알게 되었다. 이름에 강가 수(洙)가 들어갔을 때부터 알아봤어야 했나 보다. 가족과 함께했다는 점도 겪어보니 좋은 추억이 되었다. 그리 살가운 딸도 아니었고, 크면서 혼자 따로 나가는 일이 많아지다 보니 예전에 비해 가족과 함께 놀러간다는 일이 생소했지만 꿈땅 덕분에 주기적으로 가족들과 소풍갈 기회를 얻게 된 것 같아서 좋았다. 동생 돌 사진 이후로 가족사진을 찍은 적이 없었는데, 이제는 일 년에 두 번은 찍게 되니 모아놓고 비교하는 재미도 있다. 그동안 나는 머리가 자랐고, 동생은 키가 자랐다. 나에게 자라날 것이 머리 밖에 없다는 사실이 조금 슬프지만, 동생이라도 무럭무럭 자라서 다행이다.

김지수

한 가족의 삶에 결코 작지 않은 사건, 장애

장아람재단은 장애가족으로 평생을 살아가야 하는 나와 우리 가족의 곁에서 아무런 이유 없이, 어떤 요구도 없이 묵묵히 함께 걸어주었다. 한 가족의 삶에서 결코 작지 않은 사건인 장애를 건강한 시각에서 바라보고, 수용하고, 이해하도록 도와줬다. 시간이 지날수록 단순하고 반복되는 일상만을 살아가던 우리 가족은 저마다의 이유로 장애를 가지게 된 또 다른 이들과 장아람 공동체 안에서 정기적으로 만나며 서로에게 안부를 묻고, 함께 웃고 즐기면서 장애에 대한 부담감과 스스로를 바라보는 낙인감을 지울 수 있었다. 장아람을 통해서 가족이 더 응집되고 서로를 의지하게 된 것 같다.

장애아동 가족의 삶은 매 순간 쉽게 흘러가지 않는다. 장애를 가지고 있다는 상황을 인식하며 가족 모두가 이해하고 받아들이려고 마음을 다잡아보아도, 그렇게 오랜 기간 장애에 대해 알고 익숙해져 있음에도, 장애는 종종 어느 순간 갑작스럽게 나타나서 다시 가족의 마음 한편에 자리를 잡아 움츠리게 만든다. 최근 학교 공부를 하며 접하게 된 정부 발표 자료에서도 유사한 결과를 찾을 수 있었다. 보건복지부가 발표한 2020년 장애인실태조사에 따르면 코로나19가 2022년 현재까지 장기적으로 진행되면서 장애인들은 외출에 어려움을 겪으며, 여가활동 등 사회관계 만족도가 감소했고 그 결과 우울감과 스트레스 인식 정도가 전체 인구 대비 측정값에 비해 높은 수준으로 나타났다. 이런 상황 속에서도 장아람재단은 장애아동과 그들의 가족에게 새롭게 소통할 수 있는 연결통로가 되어주었고 안전한 공간과 프로그램을 만들어 밖으로 나오게 해줬다. 언제 어디서나 장애아동가족의 곁에서 든든한 지지대가 되어 주고 장애아동가족의 삶의 큰 부분을 차지하고 있다. 장애아동가족에게 있어서 장아람의 역할과 의미를 생각해본다면, 처음 장아람이 시작되었을 때부터 지금의 시간이 될 때까지 장애아동가족과의 연대가 더 강화되었고, 앞으로도 그렇게 이어질 것이라고 생각한다.

심승현

편견 없이 사람을 대할 수 있을까?

장애와 비장애가 함께하는 공간, 편견이 없는 세상을 만들겠다고 다짐했지만 편견 없이 사람을 대하는 일이 쉽지 않다는 사실을 우리는 너무나도 잘 알고 있다. 어려운 일임을 알기에 '그랬으면 좋겠다.' 라는 마음이 더 크다. 그러나 장애아동의 가족들과 봉사자들은 장아람이라는 장소에서는 장애와 비장애가 구분되지 않는다고 말한다.

편견없이 사람을 대해주는 장아람 사람들

8년 전, 참 힘든 시기였다. 그 모습이 주변에도 보였는지 활동지원 선생님의 소개로 장아람재단을 알게 되었다. 교육비를 지원해 주는 곳이라는 이야기만 들었을 뿐 정확히 어떤 곳인지도 몰랐다. 그렇게 알게 된 장아람재단은 놀라움이었다. 왜 우리에게 이렇게 잘해줄까? 그냥 받기만 해도 되는 걸까? 처음엔 참 생각이 많았다. 여름 방학 때 달콤한 나라 요란한 동네를 거치고, 가을 꿈땅에서 고구마 수확하기 행사에 참여하면서 알았다. '아! 사람을 아무 편견 없이 대해주는 사람들도 있구나!' 대단한 사람들이구나 하는 존경심이 들었다.

여러 가지로 힘든 상황에서 웃을 일도 없고 웃는다는 행위조차 어색했던 내가 장아람에 가면 웃고 있었다. 사람을 웃게 하고, 그 웃음이 일상에 밑거름이 되는 선한 영향력, 이게 장아람의 힘이 아닌가 하는 생각이 든다. 작년 가을(2022년) 꿈땅에서 내가 미처 알지 못했던 현우의 모습을 봤다. 지금까지 현우가 사람 많은 곳을 싫어하고 관심 받는 걸 싫어한다고 생각하고 있었다. 그런데 요요 뽐내기 대회에 참여하면서 잘한다고 칭찬해주는 사람들에게 으쓱하며 뽐내기도 하고, 무대로 나가 대결을 하려고 먼저 나가 센터를 차지하는 모습이 신기했다. 공연에 도우미로 나와 달라는 손짓에 신발도 신지 않고 나가 씩~ 웃고 하이파이브 하는 모습이 찡했다. 불편한 시선, 관심이 싫어 사람들을 밀어내던 현우가 진심으로 응원해주고 지지해주는 사람들에겐 편하게 다가가는 아이였구나, 하고 꿈땅에서 현우를 알아갔다. 꿈땅에만 가면 우리 가족이 부쩍 친해진다. 평소엔 데면데면한데 가족프로그램이 마음을 모이게 한다. 순위 경쟁 게임도 아닌데 엄마 아빠가 더 열심이다. 하고 나면 현타가 오지만 너무 즐겁다. 꿈땅은, 장아람은 우리에게 큰 그늘을 준다. 우릴 반겨주고 응원해주는 장아람을 나는 사랑한다.

김현우 아동 어머니, 연님

우리의 활동에 참여하고, 우리들의 시선을 편견 없는 사람들의 시선으로 바라봐 준 김현우 아동 가족의 글에는 장아람재단이 품고 걸어가려고 했던 마음이 고스란히 장애아동 가족에게 전해진 것 같아서 뿌듯한 마음에 가슴이 둥실둥실 일렁인다.

그러나 편견은 여전히 내 옆에 있다

얼마 전 친구 수정이가 프랑스 파리 여행을 다녀왔다. 열흘간의 여행이었다. 부부동반 여행이었겠지 싶었는데 회사 연차가 많이 남아서 혼자 다녀온 자유여행이었다고 한다. '와, 멋지다. 대단하다.' 라고 말하며 혼자 하는 여행을 경험해보지 않은 나는 두렵지는 않았는지 물었다. 나의 질문에는 '게다가 너는 농인이잖아. 의사소통의 문제는 어떻게 해결했어?' 라는 속마음이 담겨 있었다.

앗! 그 마음이 드는 순간!
앤! 너 프랑스어 할 줄 알아?

여행을 하는데 농인이어서 다를 게 뭐가 있어!

너무나도 편견덩어리였다.

혼자 자유 여행을 하는데 오히려 소통이 즐거웠다고. 수어를 사용하면서 관광지에서는 기본적인 언어를 이해했다는 것이다. 물론 기본적인 의사소통이었지만 소통에 어려움도 없었고, 번역기도 있고, 국제 장애인증명서를 보여주면 박물관과 미술관을 프리패스로 이용할 수 있었다고 한다. 너무 멋진 여행이었다고 피곤한 눈을 비비며 이야기를 전한다. 수정이는 친구 앤을 건청인과 농인으로 구분하지 않았다. 그저 친구에게 여행 이야기를 전하는 것뿐이었다. "하루 있으니깐 익숙해지더라, 이틀 정도는 파리 외곽을 다녀왔어. 모네의 그림을 현장에서 보는 느낌이 정말 멋졌어. 너도 도전해봐!"

보통 사람의 여행 이야기였다. 여전히 장애가 있으니 불편한 점이 있겠지, 라는 편견을 가지고 있는 나. 그저 평범한 나의 친구로 여기며 함께 살아가고 있는 것인가!! 여전히 내 옆에 딱 붙어 있는 편견을 바라보며 반성하고 있는데 수정이가 프랑스 여행 사진을 투척해준다. 그것도 아주 많이! 멋지다. 그저 여행을 즐기는 사람이 있고, 도전하는 사람이 있고, 그렇지 못한 사람이 있고, 각각의 사람마다의 개성일 뿐이다. 이 부족한 친구는 아직도 여전히 편견 덩어리이지만 계속 좋은 사람으로 성장할게! 마음아, 생각아, 계속 잘 성장하자!

자연스레 인식 전환이 되어가는 장아람 사람들

부모님의 삶을 닮아가는 아이들

나는 아버지를 닮았다. 가족보다 남을 더 잘 챙기는 아버지를 닮았다고 했다. 그래서 항상 어머니에게 씀씀이가 헤프다고 잔소리를 들었다. 그런데 어머니 생신 때 이모가 어머니에게 하는 말씀을 들었다. '언니는 너무 막 퍼줘!' 앗~! 나는 아버지를 닮은 게 아니라, 부모님을 닮은 것이었다. 그것도 부모님의 좋은 점을 닮은 것이다.

장아람재단의 회원들은 자신의 아이들에게 나눔을, 봉사를, 함께 살아가는 모습을 가르치고 있다. 말로 하는 이론 교육이 아닌, 실제 그 자리에 함께하며 눈으로 보고 배우는 교육을 하고 있다. 장애아동과 함께하는 프로그램에 참여한다. 불쌍하니깐 도와야 된다고 가르치지 않는다. 자연스럽게 돕고자 하는 마음이 생길 때까지 기다려준다. 장애를 낯설어 하는 아이들에게 다그치지 않는다. 낯설어 하는 것이 당연함을 이해해주고 그래도 괜찮다고 말해준다. 장애아동과 함께하는 공간에 지속적으로 있다 보면 아이들은 가르치지 않아도 어느 날 부모의 좋은 점을 닮아 있다. 그 아이들이 장아람재단의 봉사자로 함께할 날을 기대한다.

장아람재단의 회원들,
당신들은 세상에서 가장 멋진 부모다.

생각이 자라는 아이, 이안이와 지안이

이안이

이안이가 경기도에서 실시한 미술대회에서 상을 받았다. <생명, 평화, 나눔>이라는 주제로 그림을 그렸는데, 그림이 딱 봐도 "장아람" 이다. 장아람 축제의 한 장면을 그려 넣은 것 같다. 어렸을 때부터 장애를 가진 친구와 함께하는 프로그램에 빠짐없이 참석한 이안이의 세계는 장애아동과 비장애아동이 함께 공존하는 세상이었고 "생명과 나눔, 함께와 평화"이었던 것이다.

지안이

부모 상담을 갔다가 담임선생님께서 '지안이는 우리반의 천사에요.' 라고 말해서 당황했다. 지안이가 학교에서 따돌림을 당하는 친구를 돕고 있다고 했다. 집에 와서는 한마디도 안 하더니. 지안이에게 물으니 별일 아니라며 쑥스러워 한다. 지안이는 몸이 불편한 친구나 나와 조금 다른 친구가 구분되어야 한다고 생각하지 않는 것이다. 장아람재단 프로그램에 참여하면서 나와 다른 친구들을 많이 만나왔고 다름이 문제되지 않는다는 사실을 자연스럽게 익혀왔던 것이다.

그것은 콩콩샘(이정희 선생님)이 긴 시간 동안 봉사활동 하는 것을 바로 옆에서 지켜보며 자랐기 때문이다. 이안이와 지안이의 엄마는 늘 장아람재단에서 누군가를 돕는 사람이었다. 아이는 부모의 모습을 닮아간다. 그렇게 자연스럽게 장애를 편견이 아닌 다름으로 이해해가는 장아람 가족들, 멋지다. 이렇게 자연스럽게 인식이 전환의 목표를 이뤄가는 장아람 가족들이다.

만나서 얼굴을 마주하는 일의 중요성

1년에 4번은 만나자.
그러면 우리는, 우리가 되게 되어 있다.

장애를 먼저 보는 것이 아니라 아는 얼굴을 먼저 보게 된다. 설명을 하지 않아도 같은 공간에서 만남을 반복하다 보면 우리는 어느새 익숙해지고 친구가 된다.

우리는 같은 프로그램에 참여했고, 같은 바람을 맞았고, 같은 햇살 아래 있었고, 같은 공기를 마셨으니까. "너무 좋았어요. 아이들이 집에 와서도 요요 얘기를 많이 했어요. 요요가 이렇게 즐거운 콘텐츠가 될 수 있는지 몰랐습니다. 날씨도 참 맑았고 오가는 길 장거리 운전으로 고생은 했지만 장아람 가을 소풍은 힐링입니다. 첫 방문 때는 장애를 가진 친구들이 어색하고 조심스러웠는데 이제 생각나는 사람들도 생기고 여러 번 만나니 점점 친근하게 느껴집니다." 만나서 얼굴을 마주하며 함께 호흡하는 일이 얼마나 중요한지 설명하지 않아도 장아람 사람들은 안다. 그래서 프로그램에 빠지지 않고 꾸준히 참여하고 있다. 우리는 다음 프로그램에서도 만나서 서로의 이름을 부르며 인사를 나누고 있을 것이다.

아는 사람

조금 늦더라도 인식의 전환이 이뤄지는 곳이 장아람 재단의 프로그램이다. 장애와 비장애가 어울려 함께하는 프로그램을 꾸준히 운영하는 일, 그 일은 참여하는 비장애인들이 장애를 바라보고 인식하는 생각의 변화가 조금 늦더라도 반드시 올바른 관점을 갖게 되리라는 믿음이 있기 때문이다. 그렇게 10년, 20년 넘게 운영하고 있는 프로그램을 통해서 우리는 장애와 비장애가 함께하는 공간을 만들었고 자주 만나게 했다. 물론 처음에는 어색했다. 비장애아동은 장애아동에게 가까이 가지 못했고, 조심스러워했다. 그러나 1년에 4번씩 만나다 보면 아는 얼굴이 되고 그것을 몇 년씩 반복하다 보면 장아람 가족들은 누구나 장애인 친구 한 명쯤은 만들게 된다.

'엄마, 처음에 하영이 언니가 침 흘리고, 고개 숙이고, 이상한 소리를 내는 모습이 무서웠는데 이제는 그렇지 않아요.' 몇 년째 하영이 언니를 만나온 의연이는 이제 하영이 언니가 집에 갈 때까지 함께 기다려주는 일이 어색하지 않고, 반갑게 하영이 언니에게 잘 가라고, 다음에 또 만나자고 인사를 나눈다.

자주 만나는 사이가 되면서, 우리는 그 사람의 장애

를 바라보는 것이 아니라 그 사람의 이름을 부르게 된다. 서로의 이름을 부르는 사이. 그것은 장애를 바라보는 인식 전환의 가장 큰 변화라고 생각된다. 거기서부터 시작되는 것이다.

장애와 비장애, 함께하자

우리의 변화는 장애아동과 그 가족들에게 더 큰 변화를 주게 될 것이다. 그들도 비장애인이 어색하다. 우리를 안타까운 시선으로 바라보겠지, 우리를 이해한다고 하면서 맘속으로는 다른 생각이겠지, 너무 많은 상처를 받아 온 장애아동 가족은 이해한다고 말하는 사람들의 말을 쉽게 믿지 않았다. 그러나 그들도 몇 차례 그리고 몇 년씩 같은 사람들을 만나다 보면 마음을 연다. 그들에게도 우리가 아는 사람이 되어 있다. 그리고 점점 달라지는 시선을 느끼게 될 것이다. 세상에 이런 사람들도 있구나, 좋은 이웃들이구나, 이곳에서는 우리가 안전하게 맘껏 즐겨도 되겠구나, 비로소 장애에서 자유로워진다.

어렸을 때부터 휠체어를 타거나
목발을 짚고 다니는 작은 소녀들을,
그리고 공주들을 동화 속에서 보았다면
내 삶이 어떻게 되었을지 너무나도 궁금하다.

어맨다 레덕, <휠체어를 탄 소녀를 위한 동화는 없다> 中

어렸을 때부터 휠체어를 타거나, 목발을 짚고 다니는 소년과 소녀를, 수어를 사용하는 모습을 동화책이나 TV에서 보고 자란다면, 장애를 가진 아이들도 자신의 모습이 특별해 보이지 않을 것이다. 어렸을 때부터 휠체어를 타거나, 목발을 짚고 다니는 소년과 소녀를, 수어를 사용하는 모습을 동화책이나 TV에서, 그리고 장아람재단에서 보고 자라는 비장애 아이들이라면 그 친구들과 놀이터에서 놀게 될 것이다. 그러니 우리는 동화책에, TV에, 생활에서 함께 살아가는 모습을 보여주어야 한다. 장아람재단 프로그램에 함께 참여하고 있는 장애를 가진 친구들과 비장애 친구들은 함께 살아가는 삶을 몸으로 배우고 있다. 이 아이들이 자라면 내일은 조금 더 재미있는, 행복한 세상이 될 것이다.

계단 3개쯤은 괜찮겠지?

장학금 전달식이 있던 날, 점심식사 장소로 예약할 곳이 마땅하지 않았다. 휠체어로 이동하는 학생이 있으니 이동에 어려움이 없는 곳으로 정해야 했다. 프로그램을 운영하기 위해서 가깝고 좀 더 깔끔한 곳으로 정해야 되는데 장아람재단 근처에서 장소를 정하기가 쉽지 않다. "계단 3개 정도는 괜찮지 않을까?" 이동을 도와줄 사람도 있고, 현재로서는 식사 장소로 거기가 가장 괜찮으니 휠체어를 이용하는 친구에게 이해를 구하자. 너무나도 쉽게 계단 3개가 아무것도 아니라고 생각했다. 물론 휠체어의 이동을 도와 줄 사람이 옆에 있다면 계단 3개 정도는 괜찮을 수도 있다. 하지만 장아람재단의 마음이 그래서는 안 되었다. 우리는 다음에는 계단 3개가 없는 곳으로 가야 하고, 불편한 편의시설이 당연한 일이 되지 않도록 개선을 요구하는 사람이어야 한다.

그래서 꿈땅은 계속해서 편의시설을 갖춰가고 있다. 꿈땅의 통행로는 자갈길과 흙길이 많았다. 경사로도 지형적인 특성상 급경사로 만들어졌다. 예쁨을 포기하지 못해 만들어진 길은 울퉁불퉁하기도 했다. 앤 국장의 아버지는 꿈땅을 좋아하셨다. 연로하셔서 다리가 불편하셨던 아버지는 꿈땅에서 휠체어를 이용하셨다. 잔디밭을 지나 멋진 정자에도 함께 가고 싶었고, 강가 산책로도 함께 거닐고 싶었고, 나무 위의 집에도 함께 올라가고 싶었다. 강가에 나무집이 있다고 하자, 아버지는 내가 거길 어떻게 올라가, 너희들이나 다녀오라고 하셨다. 그러나 꿈땅 나무집에는 나무 엘리베이터가 설치되어 있지 않던가! 아버지는 놀라셨고, 나무 위의 집에 올라가 바람을 쐬고, 강을 바라보며 많은 생각에 잠기셨다. 고마워하셨다. 그러나 아버지를 모시고 이동하는 일은 여전히 쉽지 않았다. 그러다보면 아버지는 그냥 여기 있겠다고 하시곤 했다. 그러면 우리는 아버지가 우리를 잘 볼 수 있는 곳에서 모여 놀이를 즐겼다. 내가 느꼈던 꿈땅의 동선에 대해서 최호준 회장님과 이야기를 나눈다. 그러면 어느 날에는 좀 더 평평한 길이 만들어지고 있다.

꿈땅 소풍 때 휠체어를 이용하는 장애아동이 강가 산책로로 내려가는데 급경사 경사로를 어머니 혼자서 이

동시키는 위험한 모습을 보았다. 남자 봉사자들이 달려가는 모습을 본다. 꿈땅에 휴가를 와도 이동이 자유롭지 못한 장애아동 가족들은 외부 활동보다는 꿈집에서 머무르는 시간이 많다는 것을 눈치 챈다. 그러면 어느 날인가 좀 더 완만한 경사로가 만들어지고 있다. 계단 2-3개쯤은 괜찮겠지 했던 그 순간을 잊지 않은 우리는 계속해서 편의시설을 갖춰가고 있다. 아직도 부족한 이유는 여전히 우리가 불편함에 대해서 잘 모르고 있기 때문이다. 이 정도면 괜찮겠지. 라는 생각이 여전히 마음 한편에 남아 있는 것이다.

엄마의 날에 수어를 사용하는 농인 엄마가 참가 신청을 했다. 농인이 참여한다면 우리는 당연히 수어 통역사를 배치해야 한다. 그러나 전문 통역사를 배치하는 일이 조금 늦었다. 수어를 할 수 있는 봉사자를 배치하고 안심했었다. 그러나 프로그램이 심도 있게 진행되어지면서 전문 통역사의 배치가 얼마나 중요한지를 깨달았다. 그저 간단한 통역으로 프로그램 진행에 겨우 속도를 맞춰 나가던 농인 엄마가, 전문 수어 통역사의 통역으로 함께하는 사람들이 내뱉은 속이야기를 전달 받자 그들의 이야기에 울고, 자신의 이야기를 꺼내놓고 운다. 모두가 아프고 힘든 일이 있구나, 이해를 한다.

계단 두세 개쯤이 괜찮지 않았다. 어떤 일을 진행함에 있어서 '어쩔 수 없지, 지금은 이것이 최선책이야!'라는 답은 한 번으로 족해야 한다. 이 일이 반복된다면 장애는 장아람재단 안에서도 계속 불편함이 될 것이다. 방법을 찾는 우리였으면 한다.

위로

장아람재단은 당신 옆에서 친구가 되고 싶었다. 그저 옆에 있어 주려고 했다. 같이 걸어가 주는 친구이고 싶었다. 힘내라, 다시 시작해보자, 긍정적인 언어를 가지자, 할 수 있다, 말보다 행동으로 보여주고 싶었다. 그 마음이 장애아동 가족들에게 전달되어지기를, 우리가 올바른 방법으로 위로하고 있는 단체가 되기를, 머물러 있지 않고 매일매일 서로에게 위로가 되기를 바란다.

불행에 굴복하지 않는 마음을 가져요

치료하면 나을 것이라고 생각했다. 3개월, 아니 1년, 아니 3년, 5년… 시간이 지나면서 장애라는 것이 길고도 긴, 끝나지 않는 삶이라는 것을 알았다. 기적을 믿고 싶었고, 그 기적이 나의 아이에게 나타나 주기를 간절히 바랐던 날들이었다. 어느덧 내 아이가 20살이 되고, 어른이 되어간다. 나이가 들어갈수록 갈 곳이 점점 제한되는 아이들의 삶. 그래서 장아람 안에서 우리의 만남이 더 특별해진다. 겪고 싶지 않았던 삶이지만, 아이를 통해서 우리 이렇게 만났다. 그러니 우리 함께 걸어가 보자.

이제 우리, 불행에 굴복하지 않는 마음을 갖자.
그것이 우리가 기대할 수 있는 최선의 기적이다.

누군가와 비교할 수 없는 아픔

"아이가 걸을 수 있어서 좋겠어요."
"아이가 그래도 의사소통이 되니 좋겠어요."

종종 이런 이야기를 할 때가 있다. 조금 가벼운 장애, 좀 더 힘겨운 장애가 있을 수는 있겠지만 그 아픔은 비교 될 수 없다. 우리가 만나는 모든 이들은 저마다 우리가 전혀 모르는 전쟁을 치렀고, 지금도 전쟁을 치르는 중이다. 환경이 다르고, 모든 삶은 일률적이지 않기에 그 어떤 아픔도 평균화시킬 수가 없다. 그저 조용히 바라봐주고, 옆에 있어주고, 아픈 이들에게 친절을 베푸는 우리이길 바란다.

기대어 사는 사람들

2019년 10월, 아버지를 갑작스럽게 떠나보냈다. 준비되지 않은 이별로 가족들의 슬픔이 컸다. 눈이 퉁퉁 부운 가족들은 아버지를 보내드리는 의식을 하나씩 치러야만 했다. 워낙에 정이 많으셨던 아버지는 자식들에게 신세지지 않고 훌쩍 떠나셨다. 아버지를 그리워하는 사람들의 발길이 이어졌고, 장아람 가족들의 발길도 끊이지 않았다. 장례를 마치고 돌이켜보니 그 시간을 함께 해준 사람들이 참 많이 고마웠다. 이렇게 큰일을 치르면서 몰랐던 인생의 한 페이지를 배워나가는구나 싶고, 힘든 시간을 버티게 해주는 사람들이 있음에 감사했다. 내 옆에 이렇게 기댈 수 있는 사람들이 있어서 고맙고 든든했다.

내가 경험하고 나면 그 의미는 더 깊어진다. 장애아동 가족에게 장아람재단이 얼마나 고맙고 든든한 단체일지를 생각했다. 장애아동 가족에게 어깨를 내어주며 힘들 때 잠시 기대어 쉬어가라고 말하는 장아람재단이 큰 힘이라고 말하던 장애아동 가족들의 마음이 무엇인지, 이제야 마음을 알 것 같다. 우리 서로의 삶에 기대고, 기댈 수 있는 사람으로 남자.

쉬운 위로, 쉬운 충고는 사양한다

꼬꼬마 어릴 적부터 지원했던 장아람 친구가 성인이 되었다. 오랜만에 그 친구의 가족들과 이야기를 나누게 되었다. 서른이 넘은 그 친구가 이제는 열심히 재활치료를 하고 싶지 않다고 했단다. 그런데 사람들은 엄마에게 충고를 한다. 재활치료를 쉬면 안 된다고, 지속적으로 치료를 해야 한다고 말이다. 꼬꼬마 때부터 만나온 그 친구는 하루도 치료를 쉰 적이 없다. 수술과 재활치료를 반복한 친구는 휠체어에서 일어나 걷기 시작했다. 누구도 엄마와 친구의 선택에 훈수를 둘 수 없다. 우리는 안다. 얼마나 열심히 재활치료를 해왔는지. 그래서 어떤 결과를 얻게 되었는지.

'지금 좀 쉬면 어때요. 조금 쉬어가요. 이제 그래도 돼요.' 다양함이 존재하는 세상인데 우리들은 여전히 어떤 문제에 대해서 가장 좋은 결과를 얻는 한 가지 방법만을 이야기하고는 한다. 특히나 장애에 대한 관점은 더욱더 다양해져야만 한다. 직접 그 시간을 견뎌 온 사람들의 이야기를 더 많이 들을 수 있으면 좋겠다. 그들이 더 많이 이야기 할 수 있는 통로가 많아지기를 바란다. 우리 쉬운 위로와 충고를 건네는 사람보다 그들의 어려움에 귀를 기울일 줄 아는 사람이 되자.

누군가의 도움을 받는 자로 살아야 한다는 것

말하고 싶지 않은 부분까지 드러내야만 후원을 받을 수 있는 단체나 정부지원이 자신을 더 비참하게 만들고 더 절망의 구렁텅이로 빠뜨리는 것 같아서 쉽게 후원 신청을 하지 못하는 장애아동 가족을 만난다. 그것은 지키고 싶은 마지막 자존심이다. 후원을 받으면서, 지금 어려운데 무슨 자존심이냐고 말하는 사람도 많겠지만 인생을 살아가는 가장 큰 힘이 어쩌면 그 알량한 자존심일 수도 있다. 알리고 싶지 않은 나를 공개하는 일은 시간이 필요한 작업이다.

그리고 사실은 누군가에게 도움을 받지 않아도 살 수 있는 삶이기를 바라는 마음이 더 크다. 그래서 장아람 가족들은 언젠가 꼭 갚겠다는 이야기를 한다. 후원이 종료되면 다시 장아람재단을 후원하는 장애아동 가족들이 많다. 후원을 받는 삶보다 후원을 하는 삶이, 받는 것보다 주는 것이 더 편한 일이다. 장아람재단의 지원을 받는 장애아동의 가족들은 행복하다고 감사하다고 말한다. 장애아동 가족이 더 행복했으면 좋겠다. 후원을 받아야 되는 사람들의 조건이 단지 보이는 모습으로 결정되어서는 안 된다. 차가 있고, 집이 있고, 전자제품이 갖춰졌다고 후원받을 수 없어서는 안 된다. 그들은 지금 도움이 필요한 사람들이고 그들은 자신들이 받은 만큼 도움이 필요한 사람들을 돕는 사람들이 될 것이다.

가장 중요한 목록은 역시 사람이다

가장 중요한 목록은 역시 사람이다. 장애람재단에서 현재 활동하고 있는 사람들, 그동안 활동했던 사람들의 이름을 하나하나 읽어본다. 처음 시작부터 지금까지 꾸준히 후원하고 있는 정회원들의 이름을 마음에 담아 본다. 그들이 없었다면 정부지원금이나 기업후원에 의지하지 않는 단체가 30년을 이어오기 어려웠을 것이다. 한 단체에 장기간 후원을 하는 일은 쉽지 않다. 그러나 장애람재단에는 회원도 봉사자도 장기회원이 많다. 감사하다.

30주년 기념 책을 준비하며 회원들에게 장아람재단을 기억하는 이야기를 기록해보라는 미션을 보냈다. 30여명의 이야기의 중심이 동일한 곳을 바라보고 있었다. 그들의 이야기는 장아람재단의 활동으로 자신이 더 많은 도움을 받았고, 위로를 받았고, 성장해 왔다고 말하고 있었다. 장아람을 만나온 시간은 또 다른 세상을 만나게 했다. 장애라는 영역이 그저 막연하기만 했는데 프로그램에서 장애아동을 정기적으로 만나면서, 수어를 배우는 3개월, 혹은 6개월 동안 그들은 인생의 새로운 페이지를 열어 온 것이다.

봉사자 심승현님은, '장아람과 꾸준히 연결될 수 있었던 이유는 장아람의 이름에서 알 수 있듯이 <사랑>이 가장 크게 작용해서 가능하지 않았을까 싶다. 사랑은 손익을 따지지 않고 온전히 마음을 나누어 주는 것인데, 장아람에서는 지금까지 함께 나누었던 많은 행사와 그 안에서 만난 다양한 이들이 만들어 온 시간들은 모두 사랑이 아니었다면 불가능했을 것이다.' 라고 말했다.

장아람재단의 봉사자들에게 이 일을 계속하고 있는 이유를 물으면 첫 번째 대답이 '그냥'이다. 그냥 하게 되는 일이라고 말한다. 이곳에 있으면 에너지를 받는다고 한다. 타인의 좋은 에너지로 내가 채워지는 신비로운 경험을 한다. 그리고 자신의 시간과 물질을 사용하는데도 자신이 더 받는다고 말한다. 그래서 그냥 하게 된다고 한다. 장아람재단은 프로그램마다 그때마다 필요한 사람들이 존재했다. 그들이 그 시간에 장아람에 존재하지 않았다면 우리는 지금을 유지할 수 없었을 것이다. 그때마다 함께 해준 장아람 사람들, 진심으로 고맙다.

좋은 이웃, 좋은 친구가 되고 싶은 것이다

친구 HoON이 서울에 왔다. 4년 만의 만남이었다. 농인 친구와 수어로 대화를 나누는데 한동안 사용하지 않았더니 손이 굳어 자연스럽게 대화가 이어지지 않았다. 그런 나의 수어를 읽어내고 천천히 이야기를 하느라 긴 시간 힘들었을 HoON. 1995년 만났을 때부터 우리가 지내온 시간들이며, 지금의 소소한 일상을 나눴다.

HoON에게는 누나가 있는데 자꾸 혼자인 누나와 나의 미래를 걱정한다. 15년 후쯤 한국으로 돌아오면 누나랑 같이 살겠다고 한다. 누나 또한 하나뿐인 동생이 아프지 않고 잘 살기를 바라며 이래저래 걱정이 크다. 가족사진이라며 누나와 HoON이 가족 세 사람, 넷이서 찍은 사진을 보여준다. 농인으로 한국에서 살아온 날들이 녹록하지 않았던 HoON이는 워싱턴 갈롯데로 유학을 떠났다. 그곳에서 졸업하고 취업하고 결혼까지 해서 살고 있다. 홀로 한국에 남겨진 누나 걱정을 하는 HoON에게 말했다. 누나는 혼자서 잘 살아갈 거야! 그랬더니 농인에게는 노후 준비에 대한 정보를 알려 주는 사람이 없단다. 그래서 누나가 걱정이 된단다.

함께 살아가는 사회를 꿈꿔야 한다. 우리는 국가와 지역사회에 요구해야 한다. 그래야 한다고, 가족만이 오롯이 짊어질 일이 아니라고 말해야 한다. 물론 나도 딱히 대안을 갖고 있지는 않다. 그래도 안된다가 아니라 방법을 이야기하고, 된다고 가능하다고 말하고, 장애인에게 함께 가자 말하는 한 사람이고 싶다. 긍정적인 한 사람만 있어도 세상은 변화하기 시작한다고 믿는다. 장애인도 그 한 사람으로 인해 용기를 내게 될 것이다. 그리고 용기를 내는 그들을 통해 우리도 용기를 얻게 될 것이다.

내 친구 HoON이가 그동안 얼마나 열심히 살았는지 알고 있다. 먼 타지에서 홀로 지내며 알게 모르게 흘려야 했던 눈물은 모두 알지 못하지만 그 시간이 헛되지 않았음을 안다. 한국에 잠시 들어오면 만나자는 사람들이 줄을 선다. 바쁜 와중에도 시간을 쪼개어 장아람재단에는 꼭 들려주니 고맙다. 우리가 건강하자 당부하고 앞으로 행복하자 말하는 기도가 매일매일 이뤄지기를 바란다. 너에게 내가, 나에게 네가 좋은 이웃, 좋은 친구였던 그 시간, 그 시절 우리들의 청춘이 아깝지 않았다. 장아람재단도 장애아동 가족에게, 장아람 사람들에게 좋은 이웃이고 싶다. 1995년에도 그랬고, 2023년에도 그렇다. 그리고 앞으로도 그럴 것이다.

5. 그들이

어느 시기가 되면 우리는 변화를 직면해야 하고, 또 도전해야 한다. 그 시기를 만날 때마다 우리의 쌓인 시간과 경험이 잘 반영되어 바른 방향을 다시 설정할 수 있을 것이다.

있었다

그리고 그때도 함께하고 있는 사람들과 행복하게
이 사업을 유지해 나가고 싶다.

특이한 사람들이 모이는 곳,
이상한 나라 장아람

"특이하다." 나는 이 말을 좋아한다. 어떤 이는 특별하다고 말하면 더 좋지 않느냐 했다. 하지만 "특이하다"는 말에는 특별하다에 담을 수 없는 무언가가 존재한다. 장아람재단에 오는 사람들은 특이하다. 그 특이함에는 세상을 바라보는 관점의 다름이 있다. 장아람재단의 방향성을 바로 이해하고 발맞춰가는 특이함이 있다. 장아람재단은 사실 평범하지 않다. 평범하지 않은 장아람재단과 특이한 장아람 사람들은 잘 어울릴 수밖에 없다. 그들은 이제 자신들이 특이한 사람임을 인정한다. 장아람재단의 사업들은 시작되고 진행되는 동안 사업마다에 특이한 한 사람, 한 사람이 존재한다.

현재는 5명의 간사로 운영되는 장아람재단이지만 어느 해에는 1명, 어느 해에는 3명, 4명이기도 했다. 5명의 운영진은 3명의 풀타임 간사, 2명은 파트타임 간사다. 그러다 보니 사업을 운영할 때 장아람재단은 봉사자의 존재감이 아주 큰 단체이다. 사업 초기 아주 작은 단체를 찾아내 함께 하겠다고 직접 사무실을 방문하고, 방문한 그날부터 장아람재단에 무엇이 필요한지를 체크하고 자신이 도울 수 있는 일이 무엇인지를 찾아내는 봉사자. 봉사하러 온 봉사자가 무엇을 잘하는 사람인지 파악해 버리는 장아람재단. 현재까지도 장아람재단에서 봉사하고 있는 봉사자들은 그들의 재능에 맞는 역할로 함께하고 있다.

꿈땅의 농사에 정예 멤버로 함께해 준, 김보미

꿈땅을 구입하고 아무것도 없는 땅에서 돌을 골라내며 농사를 지을 때 마침 양평으로 이사 온 김보미 회원은 내내 큰 힘이 되었다. 서울촌놈의 농사를 완성시킨 것은 단연코 김보미 님이다. 새벽에 나와 일을 시작해 줬기 때문에 14년이라는 시간 동안 농사를 지속할 수 있었다. 긴 시간 동안 정회원으로 함께해 온 김보미 회원은(프로그램에서 봄샘으로 불린다.) 장아람가족 만남의 날로 장아람재단에 복귀했다. 방명록에 김보미라는 이름과 주소를 적는데 안내 테이블이 한순간 소란스러워졌다. 글씨를 보라는 것이었다. 너~~~~~~~~~무 잘 쓴다. 하나의 독자적인 글씨체였다. 그토록 예쁜 글씨체를 그냥 지나칠 리 없는 우리가 아닌가. 이 사람의 재능은 써줘야 한다. 그래서 현재까지 모든 행사의 명찰을 손수 만들고 직접 쓰고 있다. 모으게 되는 명찰이다. 10개 이상은 모아야 '나 쫌 봉사했지!' 할 수 있지 않겠는가? 라고 우리는 말한다. 글씨 외에도 각종 프로그램에 주요 멤버로 활약 중이다.

2011년 양평으로 이사를 오면서 꿈땅 농사 제안을 받았다. 처음에는 농사의 '농' 자도 모르는 내가 잘할 수 있을까? 라는 마음이 있었지만 일주일에 한 번 매주 수요일에 간사님들과 함께하는 농사를 시작했다. 내가 농사에 합류하기 전에도 수년간 농사를 지어왔던 장아람 간사님들의 노하우는 여느 농부가 부럽지 않았다. 매년 그림일기로 농사일지를 쓰는 앤 국장님을 보면서 농사에 얼마나 진심인가를 느낄 수 있었다. 맨 처음 농사계획을 세울 때 채소들의 구획을 정하고, 거름을 주는 방법도 친환경을 추구하며, 건강한 먹을거리 채소를 만들기 위해 애썼다. 무거운 거름을 옮기고 밭을 만드는 삽질과 멀칭 비닐을 씌우는 일은 그야말로 극심한 근육통을 부르는 일이었지만 만들어진 밭을 보는 뿌듯함이란! ^^

봄에 씨뿌리기 행사를 진행하면서 상추, 치커리, 쑥갓 등 쌈 채소를 시작으로 농사가 시작되었는데 장아람 가족들에게 보내는 효자종목이기도 했다. 시기마다 심어야 하는 채소들은 매우 흥미로웠고 무엇보다 주변 밭과 다른 풍경은 쌈 채소 철이 끝날 무렵에도 밭을 정리하지 않고 쌈 채소의 마지막 선물인 꽃을 보는 과정까지 그야말로 자연적인 아름다움이 있는 멋진 농사였다. 가을 수확하기 행사를 위해 밭의 절반에 고구마를 심었는데 신기하게도 이 밭에서 나오는 고구마는 크기도 맛도 전국 어디에 가서 비교해도 월등할 만큼 좋았다. 잘 보여주지 않는다는 고구마 꽃도 매해 보여주는 좋은 땅이었다. 무더운 여름이 시작되면 낮 기온이 엄청 올라가서 숨을 쉬기도 쉽지 않지만 일주일에 한 번 가꿔주는 밭이라 우리는 한낮의 뜨거운 더위에도 일을 해야만 했다. 그래서 이른 새벽에 출근(?)을 하며 해 뜨기 전에 작업을 끝내려 애썼던 시간들이 기억이 난다. 여름에는 특히 모기떼가 극성을 부리는데 밭에 들어가면 신기하게도 모기에게 공격당하지 않는 내 몸의 (국장님과 간사님들은 모기 밥이 되었던 ㅋㅋㅋ) 특징도 발견했다.

비가 오는 날은 "오늘 꿈땅 들어가요?"라는 질문에 "꿈땅은 비가 와도 쉬지 않아요!"라며 단호하게 불러들이는 앤 국장의 한마디! 우선 토란이 자연 우산이 되어준다. 우비를 입고 수확하는 느낌은 생각과는 달리 무지하게 상큼했다. 가을엔 배추와 무를 심었는데 벌레들이 어찌나 배추를 좋아하는지, 친환경을 추구하는 우리들은 벌레 잡느라 꼬박 쪼그려 앉아를 했다. 봄에 심어두었던 대파는 너무나 풍성해서 장아람 가족들과 회원들에게 나누고도 넘칠 만큼의 양이었다.

각자 자기 이름을 걸고 관리하는 농작물들이 생기고 실명제처럼 운영되다보니 농작물 하나하나에 엄청난 정성이 들어가기도 했다. 지치고 힘들어도 신옥자 언니표 점심상은 정말 끝내줬다. 밭에서 바로 수확해 온 쌈채소들과 제철 재료들로 끓여 주신 국, 언제 먹어도 맛있었던 부침개는 피로를 싹~ 잊게 했다. 정성껏 키운 채소들을 포장하는 작업은 좀 더 예쁘게 생긴 것, 가장 먹음직스러운 것들로 포장해 장아람 가족들에게 보냈다. 수확한 농작물을 받은 가정들이 주시는 감사의 피드백은 우리에게 뿌듯함과 기쁨을 선사했다. 이외에도 꿈땅에서 주는 기쁨은 한국 허브인 쑥 캐기를 시작으로 매실과 보리수 수확을 하는 것이었고, 또 꿈땅 봉사자들을 위한 몸보신 프로젝트 등 봉사를 하면서도 많은 섬김을 받았다.

오랜 시간 꿈땅지기로 농사를 지었고 지금은 신체적인 상황과 기온의 변화로 농사를 중단한 상태지만 그 기간 동안 반짝반짝 빛나는 많은 자원봉사자와 함께여서 행복했고 영농후계자 부럽지 않은 농사 스킬을 갖게 되었다. 인생의 가장 의미 있고 값진 수확을 하게 한 꿈땅 농사, 아낌없이 모든 것을 우리에게 내어 주었던 꿈밭! 가을배추와 무 수확을 끝으로 밭을 정리하면 다음 해를 또 기대하고, 새로운 해가 시작되면 묵묵히 성실하게 밭을 가꾸었던 우리들!! 그 시절의 우리 모두를 칭찬한다.

김보미

장아람 가족 만남의 날 프로그램을 1년 전부터 기획하는, 권민영

권민영 회원은 장아람재단을 아트레온 영화관에 게시된 홍보물에서 알게 되었지만, 용기가 나지 않아 망설이던 중 친구가 먼저 장아람과의 만남을 시작했고, 그 친구 덕분에 장아람 가족 만남의 날에 참여하게 되었다. 권민영 회원은 (프로그램에서 미농샘으로 불린다.) 장아람재단의 사업과 정말 잘 맞는 사람이다. 미농샘은 첫 장아람 가족 만남의 날부터 지금에 이르기까지 즐거운 마음으로 준비해 주고 있다. 1년 전부터 프로그램을 기획해 주는 미농샘 덕분에 운영자는 힘을 얻는다. 배움터 활동이었던 인형 교실을 운영할 때도 자신의 능력을 향상시켜 성장하는 사람. 긍정적인 마인드를 장착한 미농샘이 운영하는 프로그램은 잘될 수밖에 없다. 미농샘은 말한다. 장아람 가족 만남의 날은 본인이 지켜내겠다고! 이보다 든든한 말이 있을까.

매년 8월 "장아람 가족 만남의 날" 행사를 마무리하고 나면 자연스럽게 '내년에는 뭘 하지?'란 질문을 스스로에게 던진다. 이 질문에 대한 고민은 너무나도 즐거운 것이어서 밥을 먹거나 텔레비전을 볼 때는 물론 산책할 때에도 소소한 일상 속에 항상 고민의 창을 열어둔다. "장아람 가족 만남의 날" 행사가 내 재능과 장아람과의 인연을 이어주었다. 나는 나도 모르게 이 행사를 통해서 장아람에서 더 할 일을 찾고 일을 하다가 부족하다고 느끼는 능력이 있으면 밖에서 개발해서 왔다. 장아람과 함께하면서 내 재능은 더욱 단단해졌고 계속해서 발전 중이다. 2008년 8월 "장아람 가족 만남의 날" 행사 때부터 지금까지 나는 계속 성장해 왔다.

힘들게 방황하던 20대의 나는 30대를 무척이나 동경했었다. 30살이 되면 뭔가 짠하고 어른이 될 것 같았는데 실상 30살의 나는 20대의 나와 별 차이가 없었다. 장아람과 인연을 맺은 서른 살부터 비로소 어른이 되어가기 시작한 셈이다. 장아람을 통해 지금껏 가지고 있던 여러 편견을 바로잡으며 내적 성장을 할 수 있었다. 2008년 8월, "장아람 가족 만남의 날" 행사에서 곰 인형 만들기를 했다. 며칠을 꼬박 새워서 곰 인형을 바느질하며 아이들이 얼굴을 그리고 솜을 넣어서 인형을 완성할 수 있도록 준비를 해서 행사에 참여했다. 그때 나는 그동안 살아오면서 만난 것보다 훨씬 많은 장애아동을 만났다. 그런데 사실 이날 장애아동들 만난 게 생각이 나지 않는다. 그때 나는 아이들에게 말도 못 걸고 내 내 인형을 마무리하는 일에만 집중했었다. 나와 다르게 능숙하고 친근하게 아이들을 맞이하며 "곰두리 수예점"을 함께 꾸려준 두 명의 봉사자를('정애령, 전선영'- 결코 잊을 수 없는 소중한 인연) 동경의 시선으로 바라보며 약간의 부끄러움마저 느꼈다.

예쁜 인형을 만들었는데… 멋진 체험을 만들었는데 친근하게 아이들에게 다가가지 못한 것이 못내 아쉽다. 아쉬운 마음을 품고 다음 해 행사를 준비했는데 그것은 바로 에코백 만들기였다. 그때 질 좋고 튼튼한 에코백을 만들기 위해 국장님이 인맥을 동원해 힘들게 준비도 하고(힘든 건 내가 아니고 에코백을 만들어준 공장이었다.) 지난해 행사처럼 아쉬움을 남기지 않으려고 온 마음으로 용기 내서 아이들에게 다가가려고 애썼다. 물론 어색해서 이름표의 이름을 불러주지는 못했지만 그때의 왁자지껄하고도 친근했던 공기는 아직도 기억에 새겨져 있다. 해를 거듭할수록 나는 조금씩, 조금씩 "장아람 가족 만남의 날" 행사를 통해 장애아동들과 가까워졌고 이제는 익숙한 얼굴과 아닌 얼굴을 구별해가며 친근감도 표시하고 이름도 불러주게 되었다.

이제는 나에게도 아이가 생겨서 엄마가 된 입장에서 또 다른 마음으로 아이들을 만나고 있다. "엄마의 날" 이야기도 빠질 수 없는데 사실 "엄마의 날"을 시작하게 된 이야기를 거슬러 올라가 보면 결국 또 "장아람 가족 만남의 날"이 있다. 몇 년도인지 정확히 기억나지는 않지만 그해 "장아람 가족 만남의 날" 행사에서 버려진 나뭇가지를 주워 그 나뭇가지에 실을 연결해서 펠트로 만든 여러 가지 모양을 달아 모빌 만들기를 했는데, 이때 나뭇가지를 양평에서 엄청 많이 준비해 온 바람에 (양평에 사시는 김땡땡 님이라 불리는 봄샘이 준비해주신 나뭇가지였다.) 행사가 끝났는데도 많이 남아서 나는 그 나뭇가지로 뭘 할까 생각하다 당시 배우기 시작했던 퀼트 강좌에서 만들었던 부엉이를(이 부엉이는 나뭇가지가 필요한 것이었다.) 원데이 수업으로 하면 어떨지 국장님께 제안했다. 그때 함께 8월 행사를 하셨던 여러

분야의 솜씨 좋은 선생님들이 계속해서 원데이 클래스를 하게 되었고 그렇게 만난 선생님들과 언니들 마켓도 하고 지금의 엄마의 날까지 하게 되었다.

배움터가 꿈이었던 나는 이 일이 있기 전 장아람에서 잠깐 바느질 수업도 했었지만 능력 부족을 느껴 힘겹게 몇 회 진행하고 더 이상 진행시키지 못했었는데 이렇게 자연스럽게 일이 이루어지는 걸 보면 장아람에선 꿈을 버리면 안 되는 것 같다. 당장 이루어지지 않더라도 버리지 않으면 자연스럽게 꿈이 이루어지는 곳이 장아람이다. 그렇게 다시 꿈을 꾸며 인형 교실을 몇 년 동안 운영했었다. 엄마의 날을 통해서 다른 엄마들과도 친해지고 "엄마의 날"에서 함께한 엄마들의 아이를 만날 때면 내적 친밀감까지 느낀다. 그 덕분이었을까… 새로 이사 온 동네에서 장애아동을 만나면 예전과 다르게 인사를 할 수 있게 되었다. 아직 많이 부족하지만 앞으로 장아람과 함께할 시간 속에서 더욱 성장해 갈 나를 기대해 본다.

권민영

수어교실을 긴 시간 운영해 준, 김한나

영락 농인교회 소띠 모임에서 만난 김한나, 농인 친구의 결혼식에서 수어로 축가를 하는 모습이 아름다웠다. 그래서 김한나를 섭외해야겠다는 생각을 했고 긴 이메일을 보냈다. 그렇게 인연이 이어져 오랜 시간 동안 수어교실 기초반 강사로 활약했다. 장아람재단에서 수어를 배운 사람들은 대부분 김한나 선생님의 제자이다. 2019년에는 통합교육을 받는 이한별 아동을 위해 <엄마랑 수어교실>을 열었는데 당시 김한나 선생님은 구미 농인교회에 부임한 직후였는데 한별이를 위해 32주 동안 구미와 서울을 오가는 수고를 마다하지 않았다. 수어교실뿐만이 아니다. 장아람재단의 크고 작은 행사 때마다 늘 수어 통역을 해주던 김한나 선생님이 없었다면 농인을 위한 아주 작은 배려의 기본조차 지키지 못했을 것이다.

일을 마치고 화요일 오후 7시 10분 즈음, 2호선 신촌역에 내린다. 처음 있는 일도 아니건만 또다시 긴장하며 걷는다. '이번에는 어떤 분들이 오실까?' 기대감, 어색함이 행사장의 공기를 살짝 무겁게 한다. 열심히 책장을 넘기는 사람들의 모습 속에서 뭔가 의연한 다짐들을 엿본다. '꼭 해내고야 말리라!' 오후 7시 30분, 드디어 두 사람(K-김한나, L-앤 국장)이 사람들 앞으로 걸어 나온다. L이 K에게 속삭인다. "나 준비 하나도 안 했어. 어떡해~" 그. 러. 나, 그 말이 무색하게 L은 2~30분의 행사를 부드럽게 잘 이끌어간다.

행사가 끝난 후 교육실이 있는 10층으로 장소를 옮긴다. 늦게 도착한 사람은 용감하게 자리를 선점한 사람 옆에 쭈뼛거리며 앉는다. 앉은 순서대로 조를 나눈다. 3개월을 함께할 동지들이다. 3개월 후 조의 운명을 판가름하게 되는 아주 중요한 시간이건만 그냥 무조건 앉은 대로 나뉜다(사라지는 조가 있는가 하면, 엄청 끈끈해지는 조가 있다). 오후 9시 30분, 두 사람(K, L)은 매번 같은 대화를 한다. "이번 기수는 어떤 거 같아?" 오늘 처음 만났는데도 뭔가 느낌이 온다. 그런데 그게 혼자만의 것이 아니다. 이상하리만큼 두 사람(K, L)의 느낌은 거의 비슷하다.

장아람 수어교실에 오시는 분들은 수어노래가 예뻐

보여서, 가족 중에 농인이 있는데 수어로 대화하고 싶어서, 취업에 도움이 될 것 같아서, 농인들에게 재능기부를 하고 싶어서, 뭔가 또 다른 언어를 배우고 싶어서, 농인을 만나면 도움을 주고 싶어서 등 다양한 마음가짐으로 등록을 한다. 그러나 빨리 뭔가를 해내려고 하는 분들은 얼마 가지 않아 이 과정이 결코 쉽지 않은 여정임을 알게 된다. 중간에 포기하시는 분도 있고, 기초는 수료했지만 다음 단계로 못 가시는 분도 있고. 이러한 일들이 반복될 때마다 K는 자신의 무능을 탓한다. 그러나 이내 "너밖에 없어."라는 L의 달콤한 거짓말에 K는 마음을 다잡고 다음 개강을 또 준비한다. 수어교실 개강식 때마다 펼쳐졌던 장면이다.

지금은 유능한 강사들이 책임지고 있다. 얼마나 감사한지~ 업그레이드된 장아람재단 수어교실은 앞으로도 계속될 것이다. 장아람재단 수어교실 수료자들 중 어떤 이들은 수어 통역으로 봉사하지만 대부분은 각자의 일터로 돌아간다. 그곳에서는 농인을 만날 일이 드물리라. 수어는 점점 잊힐 테고 수어교실은 추억의 한 페이지로만 남게 될 수도 있다. 그럼에도 수어교실을 통해 우리는 작은 희망을 품는다. 각자 삶의 현장에서 어느 날 농인을 만났을 때, 타국에서 고향 친구를 만난 것처럼 장아람에서 배웠던 수어가 생각나면서 쑥스럽지만 왠지 모를 반가움에 옹알이 수준의 소리(수어)라도 낼 수 있게 되길. 낯선 환경에서 그 친구가 안도의 숨을 쉴 수 있게 해주는 사람이 되길.

느리더라도 포기하지만 말자.
유창한 통역 실력이 아니어도 좋다.
모두가 수어 통역사는 아니니까.
오래전에 배웠던 어설픈 실력이라도 상관없다.
용기 내보는 거다.
양쪽 주머니에 수줍게 넣어 둔 두 손을
이제 살포시 꺼내어 "안녕하세요?" 해 보자.
거기서부터 시작이다.
각자의 삶의 현장에서 멋지고 따뜻하게
그림(수어)을 그려나갈
장아람 수어교실 수료생들을 응원한다.

김한나

손수레 공연을 책임지는, 방지연

손수레는 장아람재단 수어교실 중급반 수료 후에 참석할 수 있는 수어 동아리이다. 수어를 배울 뿐만 아니라 장아람재단의 행사마다 든든한 봉사자로 참여하고 있다. 저금통 사랑나누기 행사 때에도 수어뮤지컬과 수어연극으로 함께하고 있다. 많은 사람들이 저금통 사랑나누기 공연 중 단연코 수어뮤지컬(연극)이 최고였다는 감상평을 전한다. 공연을 올리기 위해서 한 달 이상 개인 약속조차 잡지 않고 연습에 열중한 결과다. 수어를 좋아하는 사람들이 모여 허물없는 만남을 유지하고 있다. 그 관계를 유지시키고 수어를 연습시키고 일정을 조율하는 일을 현재 방지연 손수레 회장이 맡고 있다. 그녀는 수어를 정말 좋아한다. 그녀는 늙어서도 장아람에서 수어 통역을 하고 있을 것이라고 말한다.

수어를 통한, 장아람을 통한 변화

나에게 수어는 장아람과 동의어다. 장아람에서 수어

를 배우기 시작했던 영향도 있지만, 장아람에서 수어를 배워서 다행이라고 생각한다. 나는 매우 단조로운 삶을 살았다. 물론 그런 삶을 지금도 좋아한다. 그럼에도 수어를 배우면서 정말 다양한 경험을 할 수 있었고, 다양한 사람들을 만나고 그들의 이야기를 들을 수 있었다. 이 모든 건 장아람이었기에 가능했다. 덕분에 내 삶은 이전보다 다채로워졌고 세상을 보는 눈도 넓어졌다. 장아람에서 활동하면서 자존감이 더욱 단단해졌다. 내가 장아람 행사에 참여하는 것이 당연하다고 생각되어지는 게, 엄청 기분 좋다. 가끔 사정이 있어 참석을 못하게 될 때 핀잔을 듣는 것마저도 기분이 좋다.

'여기에는 내 자리가 있구나!' 하는 마음에 소속감이 느껴지고 엄청 든든하다. 그리고 '잘하고 있어'라는 응원. '잘 지냈어요?'라는 인사. 소소하게 느껴질 수 있는 이런 말들을 주고받을 때 전해지는 마음들도 나를 더욱 단단하게 만들어준다. 평소의 나라면 안 할 일들을 장아람에서 만큼은 욕심도 좀 내고, 도전정신도 발휘하게 되는 것 같다.

“수어 좋아. 수어 계속하고 싶어. 이유를 묻는다면… 그냥, 그냥 배우고 싶었고, 그냥 계속하고 싶다.” (2014년 1월 27일) 수어를 배우고 손수레 활동을 시작할 무렵 적었던 일기다. 나는 처음부터 수어가 좋았다. 그 후로 10년이 흘렀고, 23년 5월 지금의 나는 여전히 수어를 좋아하고 있고, 아주 오래오래 수어를 하고 싶다. 수어를 왜 하고 싶나요? 라고 묻는다면 여전히 특별한 이유는 없다. 수어가 재밌고, 좋아서. 그게 전부다. 그 이유 하나로 10년을 꾸준히 해왔다면 앞으로도 계속 오래오래 할 수 있지 않을까? 그리고 그 활동지는 계속 장아람일 것이다.

욕심을 내보자면, 언젠가는 행사를 마친 후 ‘오늘 통역 잘했어.’라는 말을 들을 거다!!

아마도 먼 훗날일 것 같긴 한데…. 그때까지 잘 부탁드린다.

방지연

손수레 수어공연의 주연을 놓치지 않는, 정은지

손수레에는 몇 년째 임원직을 맡고 있는 사람들이 있는데 그 중 정은지 회원은 저금통 사랑나누기 행사의 주연을 맡고 있다. 그녀는 2023년까지 8개의 공연을 올린 베테랑 멤버다. 정은지라는 사람을 만나면 그저 웃게 된다. 어디서 그런 귀여운 에너지가 솟아나는지 함께 있으면 어이없어서 웃게 되기도 하고, 밝은 에너지에 나도 밝아진다. 범접할 수 없는 끼를 가졌고, 그 끼를 손수레에서 맘껏 발휘하고 있다.

장아람과 10년 넘게 연대하고 있는 이유는 이곳이 아니었다면 만날 수 없었을 좋은 사람들이다. 오랜 시간 장아람재단 봉사활동에 참여하면서 장아람이 추구하는 가치를 공유하고 한 마음으로 시간과 노력을 아끼지 않는 좋은 사람들과의 시너지가 있어 꾸준히 활동할 수 있었다. 장아람재단 프로그램에 참여하면서 농인과 장애아동, 그리고 그 가족의 삶을 알게 되었다. 매번 내가 알지 못했던 누군가의 새로운 삶이 나의 세계로 들어와 요동치기를 몇 번, 그렇게 몇 번을 반복하다가 그 세계는 내 세계에 머물렀고 그렇게 내 세계는 넓어졌다. 그들과 친구가 되고 함께 즐겁게 살아갈 수 있는 활동에 참여할 수 있다는 것 자체로 장아람의 활동은 나를 성장시켜 준다.

정은지

언니들 마켓의 시작점, 이정희

2006년쯤 장아람재단에서 수어를 배우기 시작하면서 이정희 회원은 자신이 장아람을 위해서 무엇을 할 수 있을지를 고민하기 시작했다. 디자이너인 그녀는 사회복지를 공부하기 시작했고 자신의 재능기부를 위해 자격증도 취득했다. 장아람 가족 만남의 날에 자신의 재능을 쓰고 싶어 했고, 자신이 가진 에너지의 2배를 장아람에 쓰느라 프로그램이 끝날 즈음에는 녹초가 되고 만다. 그럼에도 불구하고 원데이 클래스, 언니들 마켓, 엄마의 날의 주요 멤버로 여전히 활약하고 있다. 언니들 마켓을 여는 데 중요한 역할을 해줬다. 자신이 참여하는 활동마다 성과를 내고 싶어 하는 욕심 많은 그녀는 처음 꿈꿨던 만큼 장아람에 기여하지 못하고 있다며 미안해한다. 장아람과 긴 시간 동안 함께 했고, 지금도 함께하고 있고, 자녀들에게 장아람을 몸소 알렸고, 앞으로도 함께할 그녀다.

엄마의 날을 풍성하게 채우는,
한지혜와 박수진

장아람재단에는 봄, 여름, 가을, 겨울 4번의 큰 행사가 열린다. 풀타임 간사 3명, 파트타임 간사 2명뿐인 사무국이 진행하기에는 큰 행사들이다. 그러나 우리는 지금까지 작은 조직으로 큰 행사들을 운영해 오고 있다. 행사 때마다 내가 하겠다고 하는 봉사자들이 있기 때문이다. 행사 때마다 큰 도움을 주는 봉사자들을 위해 하루 클래스를 열기로 했다. 그동안 도움만 받았던 봉사자들에게 체험을 하게 해보자는 기획이었는데 그날 장아람재단의 새로운 배움터가 만들어졌다. 원데이 클래스를 열고 진행하던 운영진들은 목표를 정했다. 장애아동의 엄마들에게도 배움의 기회를 제공하자!

이런 목표를 가지고 4년째 원데이 클래스를 운영하던 우리는 배움터를 열어보라는 해피빈재단의 제안을 받아 엄마의 날을 시작하기로 했다. 마침 한지혜 선생님이 1년간의 휴식기를 가지고 있던 때였는데 '나를 써 주세요.'라며 사무실을 방문한 시기도 그때였다. 그렇게 우리는 시작해 보기로 했다. 1회 엄마의 날은 어설픈 면이 있었지만 열심히 준비했다. 한지혜 선생님의 놀이 프로그램으로 문을 열고 5회 동안 하루에 2가지를 배우는 형식이었다. 아이들을 집에 혼자 두고 오지 못하는 엄마들의 요청으로 아이들 프로그램까지 동시에 운영해야 했다. 재활 심리 상담을 전공한 장아람재단의 회원은 엄마의 날이라는 프로그램은 정말 많은 단체에서 운영되어야 할 좋은 프로그램이라며 우리의 시작을 응원해줬다. 그러나 한 가지, 엄마의 날이 진행되는 동안 상담관찰자가 있다면 좋겠다는 생각이 떠나지 않았다. 몇 년 뒤 박수진 회원은 '내가 해줄게'라며 자원 의사를 전해왔다. 그렇게 엄마의 날은 2023년 현재 8회까지 운영되었다. 한지혜 선생님, 박수진 선생님, 언니들 마켓의 강사진이 없다면 불가능했으리라. 그녀들 덕분에 고퀄리티의 프로그램을 운영하고 있다.

벌써 몇 년째. 봄볕이 완연하고 세상 곳곳이 꽃바람으로 정신을 못 차리는 3월 어느 날이 되면, 아트레온 엘리베이터를 탄다. 심장이 콩닥콩닥하는 것을 느낀다. 낯을 많이 가리는 사람이라 낯선 사람을 한꺼번에 많이 만나는 일이 쉽지 않다. 어머니들이 한 분씩 도착을 하고, 시작 전 간식을 나누며 한 분 한 분 얼굴을 살핀다. 모두 자연스럽게 움직이고 있는 듯하지만 순간순간 덜컥덜컥 마음이 걸리는 듯한 느낌을 받을 때가 있다. 어찌해 드려야 할지 걱정이 천정에 닿을 때 즈음이면 한지붕(한지혜)이 아무 일도 아닌 듯 놀이를 시작한다. 아무도 다치지 않는 바람처럼, 사각사각 시원한 여름 이불처럼, 전생이 있다면 그때마저 알고 있는 듯한 자연스러움으로 엄마들의 마음에 노크를 한다. 비로소 나는 "아, 이제 됐다." 안심을 한다. 잘되고 있었고, 잘되어질 우리의 시작을 그렇게 느낀다.

매달, 선생님들이 준비해 온 재료들을 보면, 이런 사람들이 어디서 이렇게 모여들었을까 하는 생각을 한다. 더 좋은 재료를 못 가져와서 안달 난 사람들처럼, 더 멋진 작품들을 만들어 주고 싶어서 마음이 종종거리는 사람들처럼 그들이 준비해 온 재료와 진행 과정을 보고 있으면, '더 좋을 수는 없다.'라는 말이 여기에 딱 맞구나 싶다. 아이들과 하루 종일 떨어져 있는 것이 편할 리 없는 엄마들이 오롯이 자기에게 집중하고, '지금, 여기'에 모든 마음을 쏟아놓을 수 있는 것은 매시간 각자의 위치를 지켜준 봉사자 선생님들 덕분이다. 더불어 그 모든 시간에 눈치 볼 것 없이 대접받는 존재가 되게 만드는 간사님들과 봉사자들의 진심 어린 준비도 절대 빼놓을 수 없는 중요 요소다.

진행되는 동안 나는 엄마들의 표정을 살피고, 주로 사용하는 단어들을 발견하고, 어떤 때 긴장하는지, 어떤 때 저절로 몸에 긴장이 풀리는지를 가만가만 살핀다. 그리고 세 번째 달이 되면, 엄마들과 마음을 나누는 시간을 일부러 마련한다. 지금까지 3년째 [그룹 상담]이라는 시간을 진행하고 있는데, 이 시간에 내가 가장 많이 하는 생각은 "내가 더 깊고 넓은 그릇이 되어야겠다."는 것이다. 첫해에 그룹 상담을 진행할 때, 과연 엄마들이 내밀한 이야기들을 꺼내 놓을 수 있을지, 여기에서 꺼내 놓은 마음을 후회하지는 않을지, 우리의 비밀스러운 이야기들은 그 자체로 존중받고 비밀이 지켜질 것인지에 대한 걱정이 컸다. 하지만 그 걱정은 첫해에 내려놓았다. 우리는 우리 자체로 안전했고, 우리 사이에는 엄마의 태내처럼 누구도 침범받지 않는 보호가 내재해 있었다.

가끔, 우리는 어디로 가고 있을까를 생각해 본다. 잘 가고 있는 것인지에 대해서도 고민해 본다. 하지만, 늘 답은 하나다. 우리는 잘 가고 있고, 앞으로도 더 잘 가게 될 것이다. 엄마의 날에 참석하는 모든 엄마는 하고 싶지 않다고 그만둘 수도 없고, 잠깐 쉬었다가 하겠다고 할 수도 없는 시간들을 보내고 있다. 때로는 좌절하고, 끝나지 않을 것만 같은 시간들에, 마음에 온종일 풍랑이 이는 것 같을 수도 있다. 하지만, 한 달에 한 번, 엄마들만을 위한 이 시간을 통해 어디서도 느낄 수 없는 안전과 평안을 느낄 수 있길 바란다. 그 시간을 위해 나도 최선을 다해 엄마들 곁에 있겠다. 함께 손잡고 이 길을 가는 엄마들을 응원하고, 간사님들과 봉사자, 모든 시간의 선생님들, 사랑하고 감사하다. 우리는 썩 괜찮은 사람들이다.

박수진

원데이 클래스와 장아람가족 만남의 날을 지속하게 해주는, 언니들 마켓팀

*콩콩샘, 미농샘, 하나샘, 편백샘, 지구야샘, 꼬물이샘, 봄샘, 굿스언니, 편해, 그라탕샘, 한지붕샘, 정아뜰리에, with 나무 안샘

원데이 클래스의 강사진이었고, 장아람 가족만남의 날의 체험 부스 담당자이고, 엄마의 날의 강사진이고, 2015년 4월부터 매월 둘째 주, 넷째 주 금요일에 언니들 마켓을 운영했던 멤버들이다. 언니들 마켓을 운영하면서 매달 두 번씩 정기적인 만남이 계속될수록 이들은

장아람재단의 용사 같았다. 무엇을 하든지 신났다. 핸드메이드 제품을 만들어 판매하지만 수익보다 장아람재단 홍보를 위해서 꾸준히 자리를 지켰다. 뭉클하다. 이 사람들.

더위와 추위와 싸우면서도 함께하는 우리들이 좋아서 함께한 시간이었다. 코로나로 인해 잠정적으로 중단되었지만 5년간의 꾸준한 만남은 장아람재단 프로그램의 단단한 기초가 되었다. 지금도 여전히 활동하고 있는 마음의 힘이 센 그녀들이 있기에 오늘도 장아람재단은 꿈을 꾼다.

장아람재단의 부족함을 채워주는, 문은지

장아람재단은 타 단체에 비해 홍보업무의 비중이 작다. 능력치에 제한이 있기도 하지만 또 홍보를 크게 하고 싶은 단체도 아니었다. 그렇지만 사업이 커지고, 모이는 사람이 많아지고, 프로그램이 발전하고, 활동이 늘어갈수록 우리에게는 필요한 것들이 많아졌다. 봉사자들에게도 횟수가 쌓여가면서 역할이 하나둘씩 추가되기 시작했다. 그중 문은지 회원은 자신의 역할이 하나씩 쌓여갈 때마다 도구라고 말하기에는 큰 기기들을 구입하기 시작했다. 10년이 되었다며 장아람에 야마하 음향기기를 보내왔다. 장아람재단이 행사를 할 때마다 음향에 필요한 기기들을 문은지 회원의 교회에서 대여해서 사용하고 있었는데 하나둘씩 독립하게 만들었다. 이 정도면 장아람재단 단독 공연을 할 때 사용하기 괜찮겠다며 야마하 음향기기를 자신이 장아람재단에 온 지 10년 기념으로 선물한 것이다. 그뿐만이 아니다. 엄마의 날이나 수어교실 수료식 때 영상작업을 부탁하니 영상 촬영을 위한 도구들이 하나둘씩 쌓여가기 시작했다. 말만 하면 되는 문은지 회원은 사무국의 네이버다.

고3 때 교회 선생님의 추천으로 오게 된 장아람재단, 30대가 된 지금도 장아람재단과 함께 활동하고 있는 문은지에게는 별명이 많다. “장아람의 네이버, 장아람의 야마하, 문득(문은지를 득템하다)” 길게 설명하지 않아도 무엇인가를 맡기면 “네!”라고 대답해 주는 문은지를 장아람은 득템했다. 아, 그리고 엄마의 날을 운영하면서 5월에 있는 만남의 시간에는 문은지의 생일떡이 준비된다. 엄마들에게 생일 턱을 쏜다. 문은지는 내어주면서도 그것이 그렇게도 행복하고 좋다는 특이한 사람이다.

손수레 공연의 새로운 역사를 만든, 미친 중급반

장아람재단 수어교실의 시작은 2000년이었다. 매년 2회기 수어교실을 운영했는데 2007년 봄. 우리는 특이한 친구들을 수강생으로 맞이했다. 그 당시에는 수강인원이 35명이었다. 장아람재단의 수어교실은 인기가 많다. 그래서 수강신청 공지와 함께 빠른 속도로 수강마감이 되고, 대기자 10명 정도의 인원을 확보하곤 했다. 2007년 수어교실 기초반도 꽉 찼다. 작은 교육실에 빼꼭히 들어선 사람들. 수어를 배우는 모습이 진지했다. 그들은 기초과정을 수료하고 중급과정까지 많은 인원이 수강을 하였다. 3개월 과정으로 진행되는 수어교실이었으니 2007년의 절반을 장아람재단과 함께했다. 그들은 다른 기수와 다르게 2007년 2월 27일에 시작된 만남을 기억하게 만드는 사람들이다. 꿈땅에도 바로 참여했고, 장아람가족 만남의 날에도 수어공연으로 참여했고, 저금통 사랑나누기에도 수어공연으로 함께했다. 그래도 1년은 지나야 장아람재단 사람으로 참여하게 되는데 2007년 멤버들은 시작이 빨랐다. 6개월의 과정을 마친 중급반은 11기였는데 11명이 수료했다. 그중 6명은 사조직을 만들었고 수어교실이 끝나도 집에 가지 않았다. 거의 매일 장아람재단에 모였다. 밤을 지새우며 놀았다. 우리는 그들을 <미친 중급반>이라고 부른다. 이들의 영향으로 12기 중급반 수료생들도 같이 활동하게 되었다. 2008년 겨울 그들은 다른 형식의 수어공연을 제안했다. 이미 중급반 수료식을 멋지게 만들어냈던 그들은 수어뮤지컬을 만들자 했다. 첫 작품이 "해코지닷컴"이란 제목의 수어 창작극이었다. 그들은 좋아하는 일을 장아람에서 실행할 수 있고, 장아람도 그들의 도움으로 더 좋은 공연을 올리게 되었다. 그들은 장아람 수어공연의 새로운 장르를 열어줬다. 지금도 그 역사를 손수레가 이어가고 있다.

장아람의 동화작가, 최병대

최병대 작가는 2007년 봄 학기 수어교실 수료식에 초대받았다. 친한 친구의 수어교실 수료식을 보고 다음 학기 수어교실에 등록을 했다. 성남에서 신촌까지 오가는 길이 꽤 멀었지만 무사히 중급반 수어교실까지 수료를 했다. 손수레 활동을 하면서 수어공연을 함께 했고, 공연의 무대배경을 직접 만들었다. 동화 작가였던 최병대 회원은 자신의 재능을 수어교실 동료들에게 나눴다. 최병대의 그림교실을 10주 동안 운영했고, 8월 장아람 가족 만남의 날에는 캐리커처 부스를 운영하고 있다. 부스 운영을 위해서 동료들을 모았고 장시간 한자리에 앉아 그림을 그린다. 지금은 아내 전하율 회원도 함께 캐리커처로 봉사하고 있다. 장아람 사람들은 매년 캐리커처 그림을 소장하며 아이들의 성장하는 모습을 지켜보고 있다.

최병대 작가는 어느 날 하얀색 티셔츠에 그림을 그리기 시작했다. 장아람재단에서 후원하고 있는 아이들 사진을 보내달라고 했다. 최병대 작가의 집 옥상에 하얀 티셔츠가 빨랫줄에 널렸다. 그렇게 완성된 티셔츠는 장아람가족 만남의 날 행사장에 전시되었고 아이들에게 선물했다. 동화 작가 최병대는 누가 먼저 부탁하지 않아도 자신이 무엇을 할 수 있을지를 고민하는 장아람 사람이다. 그러면 장아람은 그것을 알아채고 일을 맡긴다. 참 좋은 관계다.

그리고 2023년 꿈땅 가을 소풍 때는 자신의 자녀들이 주인공인 동화 <괴물이 나타났다>를 아이들과 함께 공연을 올렸다. 아이들 목소리로 전하는 인형극은 꿈땅에 모인 아이들을 소리 내어 웃게 했고, 서로에게 귀한 순간이 되었다. 벌써부터 다음 공연이 기대된다.

내가 가진 재능을 나눌 수 있는 프로그램을 하고 싶어요, 한지혜

2017년 오랜만에 사무실에 방문한 한지혜 회원(지붕 샘으로 불린다.)은 1년간 잠시 자신에게 쉼을 주기로 했단다. 쉼의 기간 동안 자신의 재능을 써달라고 했다. 마침 엄마의 날을 열어야 하는 시기였고, 한지붕 샘은 엄마의 날 프로그램을 알차게 채우기에 딱 맞는 재능을 갖고 있었다. 그렇게 엄마의 날은 한지붕 샘의 다정한 언어로 시작되고 다정한 위로로 문을 닫는 프로그램으로 구성되었다. 그것뿐일까. 한별이의 상황을 듣고서는 엄마랑 수어교실을 함께 기획해 자신의 에너지를 거침없이 쏟아부었다. 장아람재단의 프로그램에서 자신이 할 수 있는 일이 무엇인지를 어떻게든 찾아냈고 이렇게 함께하고 싶다. 저렇게 함께하고 싶다며 의견을 제시했다. 우리는 모두 수용할 수밖에 없었다. 아직 시도하지 않았던 일이었고 장애아동에게 더할 나위 없이 좋은 프로그램이었다. 한지혜 회원은 장아람재단의 프로그램에 인형극과 다양한 공연이 함께하게 된 시작점이었다.

말을 내뱉으면 말한 그 사람이 실행시켜야 되는 이상한 조직. 그런데 그걸 또 그렇게 해주는 이상한 사람들이 모여 있는 곳, 장아람재단이다. 이 외에도 더 많은 특이한 사람들이 존재하지만 여기에 다 기록하지 못함을 용서해 주길 바란다. 그때 그대들이 없었다면 장아람재단의 프로그램은 이만큼 성장하지 못했을 것이다. 특이한 사람들이 함께였기에 30년을 걸어올 수 있었다. 이 자리를 빌려 다시 한번 감사의 마음을 전한다.

변화를 시도할 수 있음은 그동안 쌓여온 시간과 사람들 덕분이다

우리의 오늘은 많은 시간이 쌓여서 이뤄진 것을 우리는 안다. 맘에 들지 않는 결정을 한 날도 있었지만 그 시간은 헛되지 않았다. 경험이 되었고 다음을 더 잘 준비할 수 있는 다짐이 되곤 했다. 나의 오늘은 나의 노력과 나와 함께한 사람들의 시간과 나와 발맞춰온 사람들의 삶이 쌓여진 것이다. 꾸준히 성장하던 장아람재단에도 몇 번의 시련이 있었다. 장기 프로젝트로 운영하는 프로그램이 몇 년째 제자리걸음을 하기도 했고, 올해는 어떻게 운영하지? 고민하게 되는 프로그램도 있다. 하지만 그때마다 도움의 손길과 아이디어를 가져다주는 고마운 사람들 덕분에 잘되고 있다고, 잘될 수밖에 없다고 말하곤 했다. 그러나 코로나 시대를 맞아, 어쩔 수 없이 모든 프로그램을 축소 운영하게 되었다. 다른 기관과 단체, 회사는 비대면으로 프로그램을 운영하고 재택근무를 시작하기도 했다. 그러나 우리는 비대면이라는 말에 물음표를 던질 수밖에 없었다.

장아람재단의 사업은, 장애아동과 비장애아동이 함께하는 프로그램을 통해서 인식이 전환되고 장애를 이해하는 단계를 맞이하기 위한 프로그램이다. 또한 장아람재단에서 지원하는 아동은 중증 장애아동이 많다. 그래서 더더욱 갈 곳이 없어졌다. 아이들이 영상으로 프로그램에 참여하게 하는 것은 현실적으로 어려웠다. 축소해서라도 아이들이 밖으로 나올 수 있게 하자, 라는 생각으로 프로그램의 내용과 방법을 변경했다. 우리가 그렇게 할 수밖에 없다는 것을 장아람 가족들은 너무나도 잘 알고 있다. 우리가 이렇게 변화를 주겠다고 말하면 그 방향성에 맞게 돕는 사람들이 연결된다. 코로나 시대를 맞이하여 장아람재단은 사업에 변화를 주게 되었다. 그 변화에 함께해준 사람들 덕분이다.

코로나 시대를 직면하며 프로그램을 어떻게 운영해야 할지를 고민했다. 어려움도 있었지만 정부방역방침을 지키면서 장애아동이 외출을 할 수 있도록 돕는 시스템을 장착하고자 노력한 시간이었다. 그 결과 장애아동 가족이 코로나 시대에도 갈 곳이 있었고, 그동안 진행해 오던 프로그램을 정비할 수 있었고, 우리의 수고로움은 커질 수밖에 없었지만 더 좋은 방향으로 프로그램을 진행할 수 있게 되었다. 그리고 코로나 시기 동안 꿈땅 행복한 쉼터의 예약이 빠른 속도로 마감되었다. 갈 곳이 없는 중증 장애아동들에게 쉼을 줄 수 있는 곳이 되었다.

어느 시기가 되면 우리는 변화를 직면해야 하고, 또 도전해야 한다. 그 시기를 만날 때마다 우리의 쌓인 시간과 경험이 잘 반영되어 바른 방향을 다시 설정할 수 있을 것이다. 그리고 그때도 함께하고 있는 사람들과 행복하게 이 사업을 유지해 나가고 싶다.

장아람재단 30주년,
회원들에게 묻는다

나에게 장아람이란?

- ▢ 언제나 함께하고 싶은 곳이고, 내가 만난 소중한 행운이다.
- ▢ 한마디로 말하자면 "키다리 아저씨", 보이지 않게 나를 후원해 주는 곳.
- ▢ 오래 다니던 회사를 그만둔 나에게 다른 소속감을 만들어 주는 곳. 회장님의 명절 선물을 받을 때면 더욱 그런 기분이 든다. 그리고 나의 편협한 사회적 시야를 넓혀주는 선생님과도 같은 곳.
- ▢ 가볍게 놀러 가서 양손 무겁게 나오는 곳.
  늘 노동보다 더 많은 것들(물건, 시간, 물품, 사람 등)로 돌려주는 곳
- ▢ 나에게 장아람은 울창한 나무다.
  아름드리 커다란 나무 아래에선 어떤 비바람도 이겨낼 수 있으며 편안한 쉼을 가질 수 있다. 늘 힘들 때 힘이 되어주는 장아람은 세상에 하나밖에 없는

소중한 나무가 되었다. 앞으로 어떠한 일이 일어나든 늘 힘이 되어줄 것이라 믿는다.

□ 이제 삶의 일부가 되어버린 곳, 가족 같은 곳이다.
그만큼 장아람과 함께하는 것이 자연스럽고 마음이 편하다는 의미다. 일부러 나의 에너지를 들여서 활동해야 하는 곳이 아니라 장아람에 가면 마음이 쉴 수 있고, 앞으로 나아갈 수 있는 용기를 주는 곳이다. 장아람과 함께하면서 내가 받았던 사랑과 용기로 내 주변을 돌아보고 필요한 곳에 내리사랑을 나눠주고 싶게 만드는, 나를 후천적 선한 인격으로 만들어주는, 행복하고 유쾌하고 사랑스러운 곳이다.

□ 내게 장아람이란 너무 땡큐한 친구다.
상상할 수 없는 기적을 만들어 내는 곳이다.

□ 봉사뿐만 아니라 나를 발전시켜 무엇이든 가능하게 이끌어내는 선생님 같은 존재다. 장아람에서 사랑을 배우고 나눔을 배우고, 함께하는 공동체를 위한 섬김도 배운 참 좋은 곳.

□ 지구별 여행 중 가장 재미있는 놀이터, 배움터 그래서 무한 행복한 에너지를 받는 곳이다.

□ 나에게 장아람은 벗. 감성적으로 해석할 수도 있고,

사전적 의미로 해석할 수도 있는데 두 가지 의미 전부 해당된다. 마음이 통하여 가깝게 사귀는 사람을 벗이라고 하듯이 '나만 이런 걸까?'라는 고민이 있을 때 장아람에 오면 '나도 너와 같아.'라고 말해주는 사람들이 있다. 흔히 '벗 삼는다.'라는 표현을 쓰는데, 그 말 그대로다. 나는 장아람을 벗 삼아서 살고 있다.

□ 나의 상황과 형편을 알아주고 힘과 위로가 되어주는 오랜 친구와 같은 존재다.

□ 나에게 장아람이란? 내가 사는 세계다.

□ 생장점('봉사자' 보다는 장아람이란 울타리 안에서 오히려 내가 잘 성장했다.)이다.

□ 장아람은 '돌아오는 계절'이다.

봄이면 아직 가지 않은 꽃샘추위와 꿈땅의 봉우리진 꽃들이, 여름이면 아트레온에 가면서 받는 뜨거운 햇살이, 가을이면 노랗게 물드는 꿈땅의 잎사귀들과 강물 비린내가, 겨울에는 추위 속 간신히 붙잡던 핫팩과 대화의 온기가 떠오른다. 앞으로 장아람이 채워갈 수많은 사계 속에 나도 여전히 함께할 수 있었으면 좋겠다.

□ 장아람은 나의 공동체, 이웃이다.

사랑을 받고 사랑을 나누고 그렇게 세상을 함께 나누며 살아 나갈 그런 존재다.

□ 장아람은 나의 20대를 함께한 곳이고, 아직도 좁은 시야를 여전히 넓혀주는 곳이다. 나를 뿌듯하게 하기도 하고, 겸손하게 만드는 그런 신기한 곳이다. 갈 땐 빈손으로 갔는데 올 땐 양손이 무거운 날도 많고, 주는 것보다 더 많이 받아서 부담스러운 날이 많은 그런 곳. 같은 것, 뻔한 걸 싫어하는 사람들이 잔뜩 모여 재미난 것을 하려고 끙끙 앓는 곳이다.

□ 나에게 장아람이란? 우선순위다.

□ 장아람은 알 수 없는 이상한 매력을 가진 곳이다. 장아람 속의 많은 사람들은 각각 보면 진짜 다른데 어우러지면 어느덧 모두가 '장아람 스타일'이 되어 가는 것 같다. 나에게 장아람은 변치 않고 늘 거기 있어 줬으면 좋겠는 곳. 지금처럼 서로 마음을 나누고 위로가 되어주면 좋겠는 곳이다. 그리고 가끔 그 속에서 일어나는 작은 기적들이 언젠가는 더 큰 기적으로 나타나기를 바래본다.

6. 꿈을

우리는 반드시 그 꿈에
한 발짝 더 가까이 다가갈 것이다.

꾼다

문화센터를 꿈꾼다

봉사자들에게 원데이 클래스를 열면서, 엄마의 날을 꿈꿨다. 8년 동안 엄마의 날을 운영하면서 우리는 문화센터를 꿈꾸고 있다. 매년 1회 진행하는 엄마의 날로는 부족했다. 엄마들의 마음을 위로하고, 언제든 쉬러 오고, 더 많은 프로그램을 엄마들이 가장 편한 시간에 참여할 수 있도록 문화센터가 설립되기를 꿈꾼다. 장애아동 엄마들을 위한 배움터, 엄마의 날을 운영하면서 더 잘하고 싶었지만 장소가 협소했다. 신체활동 프로그램의 다양성을 위해서는 더 넓은 공간, 우리만의 자유로운 공간이 필요하다.

그리고 아이들을 누군가에게 맡기지 못하는 엄마들의 참여를 위해서는 아동 프로그램도 진행해야 하는데 공간의 부족으로 동시에 진행하기 어렵다. 엄마들은 엄마들의 공간에서 교육을 받고 아이들을 위한 프로그램이 문화센터나 놀이치료 센터에서 운영된다면 더 많은 장애아동의 부모님들에게 배움의 기회와 상담의 기회를 줄 수 있을 것이다.

서울 쉼터를 꿈꾼다

장아람재단이 서울 사무소와 경기도 양평에 꿈땅 행복한 쉼터를 운영하다 보니 서울과 경기지역을 중심으로 아동 프로그램이 진행되고 있는 점이 아쉽다. 그 외의 지방에 사는 아이들이 장아람재단의 좋은 프로그램에 참여할 수 있는 방법이나 지원을 확대할 수 있는 방법은 무엇일지를 생각하면서 꿈꾸게 된 것은 서울 쉼터이다. 프로그램이 있을 때 서울 쉼터에서 1박을 할 수 있다면, 하루쯤 묵어갈 집이 있다면 서울의 다른 곳도 돌아보는 여행도 계획하고 프로그램도 참여하기 좋을 것이다.

병원 정기 진료를 위해서 이른 새벽 서울행 기차를 타는 장애아동 가족과 의료 관련 짐이 많아서 자가운전으로 졸음을 떨치며 병원으로 향하는 장애아동 가족들이 있다. 그들을 위한 쉼터가 있다면 장애아동의 컨디션 유지를 위해서 하루 먼저 올라와 병원 진료를 받을 수 있다. 병원에 가기 위해 하루 연차를 내야하고 형제자매가 어릴 경우 함께해야 한다. 정기 검사와 3분도 채 안 되는 담당 주치의를 만나기 위해서 쏟는 시간이다.

물론 자신의 집이 가장 편하겠지만 아이의 좋은 컨디션을 위해서 하룻밤 묵어갈 수 있는 쉼터의 이름을 지어보기로 한다. 그랬으면 좋겠다는 것들에 대한 꿈을 꾼다. 그리고 꿈을 그린다. 그리고 색칠해 가려고 한다. 장아람재단이 꿈을 꾸면 그 꿈을 함께 색칠해 주고, 함께 손을 잡고 나아가는 사람들이 모여든다.

우리는 반드시 그 꿈에
한 발짝 더 가까이 다가갈 것이다.

꿈땅,
행복한 쉼터가 확장되기를 꿈꾼다

2005년 꿈땅 안내지를 만들면서 우리는 건물 6개쯤은 건축하는 꿈을 꿨다. 3층 정도의 숙소, 목공소, 농기구를 들여놓은 창고, 멋진 카페, 기도실, 아이들이 프로그램을 할 수 있는 체험실. 이 정도를 꿈꿨다. 그러나 단계적으로 이뤄질 날을 기다리며 지금은 꿈땅 페스티벌을 꿈꾼다. 더불어 그 속에서 펼쳐질 평범한 세상을 꿈꾼다.

"간사님~!! 저희 가족 부탁드려요!
김연수, 공나리, 김사랑, 김하랑"

매번 프로그램에 참여한 뒤 말씀드리고 싶은 이야기는 많았는데 바로 전달해 드리지 못해 미안하고, 감사합니다. 제가 많은 아이들을 아는 건 아니지만 채린이의 밝은 모습에 감사하고, 나영이, 태준이는 그 모습만으로도 감사해요. 태준이 어머니 건강 걱정도 늘 맴도네요. 다른 친구들도 이름만 알고 더 함께하지 못해 아쉽고요. 제가 지금 인사할 수 있는 아이들은 제한적이지만 사랑이와 하랑이가 반갑게 인사할 수 있는 친구, 언니, 오빠, 동생이 많아지는 꿈땅, 장아람이 되었으면 좋겠습니다. 사랑이와 하랑이를 제가 데리고 가는 것이 아니라, 장애를 가진 친구들을 만나고 싶어서 스스로 가고 싶어 하는 자리가 되었으면 좋겠어요. 간사님, 지금은 봉사자로서가 아니지만 이렇게 참여해도 괜찮겠죠? 도움 드리지 못해 죄송하면서도 사랑이와 하랑이는 편견 없이 살아갈 수 있기를 바라며 함께합니다. 제가 도와드릴 수 있다면 언제든 말씀해 주세요. 늘 감사하고 미안합니다. 저는 비록 이렇지만 사랑이와 하랑이가 함께할, 장아람이 나아갈 미래를 응원하겠습니다. 늘 변치 말고 많이 알려주세요.

꿈땅 가을 소풍을 신청하며 보내온

회원 김연수 님의 메시지

우리는 이런 메시지를 받으면 '그래, 우리가 이러니깐 일하고 있는 거지! 오늘 일할 맛 난다!' 한다. 장아람은 여전히 꿈꾼다. 장애아동과 비장애아동이 함께 사는 세상. 편견 없는 세상을 꿈꾼다. 회원과 그 자녀가 프로그램에 지속적으로 참여하면서 장애를 바라보는 시선이 달라지고, 어릴 때부터 함께하는 프로그램을 통해서 장애를 자연스럽게 받아들이고, 그것은 단지 다를 뿐이라고 말하는 아이들이 성장해서, 어른이 된 세상이 우리가 살아가는 세상보다 좀 더 멋진 일들이 일어나고 장애아동과 비장애아동이 함께 살아가는 평범한, 보통의 세상이기를 꿈꾼다. 멋진 꿈땅에서 페스티벌이 열리고, 누구나 함께 하면서 더 많은 사람이 장애와 가까이에서 호흡하기를 바란다.

모두가 건강한 농사꾼이 되기를 꿈꾼다

현재 꿈땅 행복한 쉼터는 숙소가 하나뿐이다. 행복한 쉼터가 몇 채 더 만들어지는 꿈을 꾼다. 그러면 양평 꿈땅 프로그램이 확장될 것이고, 숙소가 더 지어진다면 행복한 쉼터를 이용하는 사람들과 더 많은 프로그램을 운영할 수 있을 것이다. 언제든 꿈땅에 가면 서울 문화센터만큼이나 즐거운 일이 생길 것이다. 그러려면 운영자가 상주해야 하고, 그렇다면 잠시 멈췄던 농사일을 다시 시작할 수 있을 것이다. 처음 꿈꿨던 꿈땅의 모습을 갖춰가는 또 다른 시작이 될 수 있을 것이다. 모두가 건강한 땅을 가꾸고자 하는 마음과 능력을 하나쯤은 갖추게 하고 싶다.

작은 책방지기를 꿈꾼다

행복한 쉼터에 작은 책방이 생기고, 책을 읽으며 차를 마실 수 있는 공간이 있다면 작은 책방지기가 되어도 좋겠다. 가족들과의 나들이뿐만 아니라 잠시 쉼을 위해서 혼자만의 여행을 떠나와도 좋을 것이다. 장애아동 가족들이 언제든 달려와도 편안한 아지트가 되어주는 안전지대가 양평 꿈땅에도 하나 있으면 좋겠다. 그를 통해 장애아동 가족의 일자리 창출에도 도전하고 싶다.

신촌로 129번지가 나눔의 랜드마크가 되기를 바란다

신촌이라는 지역은 장애아동에게는 신촌세브란스 병원이 떠오르는 곳이다. 그러나 그곳에는 장아람재단도 있다. 요즘은 신촌 하면 아이들이 장아람을 떠올린다고 한다. 이곳이 장애아동이 자주 들르는 건물, 장애아동을 위한 프로그램이 진행되는 곳을 넘어 장애아동과 비장애아동이 함께 어우러지는 나눔의 랜드마크, 함께함의 랜드마크가 되기를 바란다. 꾸준히 장애아동을 지원하는 멋진 단체로 지속되기를 바란다. 30년 동안 이어온 사업 중 더 발전시켜야 될 사업, 멈춰야 될 사업 등을 정비해서 우리를 이어갈 다음 세대가 장아람재단을 더 멋진 단체로 이끌어 가기를 바란다. 계속 함께 하자.

에필로그

가치 있는 느린 삶

장면 하나, 휴일 오후 텔레비전 채널을 돌리다가 다큐 프로그램에서 채널을 멈췄다. 네 명의 형제가 살아가는 다문화 가정 이야기였다. TV 속 사형제의 모습은 너무나도 훈훈했고, 다정했고, 마음이 끌렸다. 다섯째 여동생을 기다리면서 엄마에게 정성을 쏟는 사형제, 아버지 고생하는 모습에 아버지 일을 돕고 싶어 하는 그들의 모습을 보면서 그래, 그래서 사람들은 이러한 방송을 보고 후원을 하는 거겠지? 싶었다. 후원금으로 사형제가 사는 집이 보수되었으면 했고, 공부 잘하는 첫째가 재정적인 어려움 없이 꿈을 향해 나아가기를 나의 마음도 이미 응원하고 있었다. 방송국에서 이렇게 훈훈한 가정을 소개해 달라고 할 때 어쩔 수 없는 요청임에 동의할 수밖에 없는 부분이었다.

장면 둘, 노동부 교육을 신청해 교육을 받는데 장애인식 개선 교육에 사용되는 장애인 성공 사례가 영상으로 흘러나왔다. 성공 사례로 소개되는 장애인의 모습은 장애인식 개선을 위해서는 꼭 필요한 사례이다. 그러나 성공의 기준이 무엇일까? 고민하게 된다. 성공의 기준이 비장애인과 같은 직업을 갖고, 그들처럼 살아가는 모습이 성공이라면 내 주변에는 성공하지 못한 장애인이 너무나 많다. 그들의 능력이 부족해서, 노력하지 않아서 성공하지 못한 것도 아닌데 영상 속 내용들과 비교해 보면 내 이웃은 성공하지 못한 사람들이었다.

장애아동을 후원하면서 어려웠던 점은, 후원을 하는데 장애아동의 변화를 보여주지 않는다는 것이었다. 장기간의 도움을 줬지만 변화가 없는 가정도 있고, 아주 짧은 기간 도움을 줬는데도 큰 변화가 있는 가정도 있다. 눈에 보이는 변화보다 눈에 보이지 않는 변화를 추구하는 것이 장아람재단의 후원이다. 30년이라는 시간을 이어왔다. 장아람재단의 후원방식을 지지해 준 이상한 사람들, 특이한 사람들이 함께했기 때문이다. 우리는 누군가를 대표하는 사람들로 포장되고 싶지 않다. 감동적인 이야기도 좋다. 성공한 장애인의 이야기도 좋다. 모두 존중받아야 한다. 그러나 우리는 1995년 시작할 때도 그저 장애아동 가족의 이웃이기를 원했고 2023년에도 그렇다. 그리고 앞으로도 그럴 것이다.

우리는 그저 이웃이고 싶다.

축하의 글

장아람재단의 처음을 회고하며

정진필 - 글로벌 기부회 대표

장아람재단이 시작된 지 벌써 30년이 되었다니 믿기지 않는다. 비록 캐나다의 밴쿠버에 살고 있지만 함께해 주신 장애아동과 그 가족에게 진심으로 감사한 마음을 전하고 싶다. 재정적으로 후원해 주신 후원회원과 자원봉사자, 이미경 사무국장을 비롯해 섬기는 간사들께 무한 감사를 드린다. 아울러 장아람재단 창립의 주역이 되어 활동해 오신 최호준 회장님의 지난 30년에 대해 생각해 보고자 한다. 장아람재단의 역사 그 자체이기 때문이다.

1993년 초로 기억된다. 마산에 사는 20대 중반의 조난주 씨가 고아였던, 구순구개열 장애가 있는 4살 정도의 여자아이를 데리고 무작정 서울로 올라왔다. 조기에 적절한 치료를 받기만 하면 온전해질 수 있다는 사실에 희망을 품고, 어떤 대책도 없이 무작정 상경했던 것이다. 아동의 치료비를 아무 조건 없이 선뜻 내주신 분이 최호준 회장님이다. 1987년부터 시작한 수도권 수어 동아리를 개척하는 일에도 기꺼이 함께해 주셨고, 동아리 회원들과 함께 국회의사당 앞에서 시위하며 장애인고용촉진법 제정과 고용촉진 공단 설립을 촉구하고 그 법안을 통과시키는 데도 큰 힘이 되어 주셨다. 회장님은 아동의 병문안을 오셔서는 "이 아이 말고도 다른 장애아동들도 도울 수 있는 길을 실행해 보자."고 제안하셨다.

장아람재단의 시작이었다. 이를 위해 회장님과 함께 정부의 행정적 규정과 여러 업무에 대하여 조사하며 장애인을 돕기 위한 단체의 설립을 구체화시켜 나갔다. 장애아동 치료, 교육 후원, 사회 인식 전환. 이 세 가지를 핵심 슬로건으로 하여 단체 이름은 '장애아동을 사랑하는 사람들(장아람)'이라고 지었다. 구순구개열 장애로 수술을 받은 아이의 수술 전과 후의 모습을 싣고, 단체의 취지와 활동 내용을 알리는 홍보지를 만들어 후원회원을 모으기 시작했다. 회장님도 홍보지를 직접 손에 들고 다니시며 회원모집을 했다. 그렇게 사람들을 모으고, 장애아동을 위한 업무를 전적으로 담당할 간사(지금의 이미경 국장)를 채용했다.

이후 장아람재단은 신촌에 사무실을 내고, 장애아동의 치료비, 교육비를 후원하며 장애에 대한 사회 인식을 바꾸는 사업을 지금까지 꾸준히 해오고 있다. 무엇보다 경기도 양평에 산과 강을 끼고 있는 장아람 꿈땅을 확보하여 장애아동들과 그 가족이 편히 쉴 수 있게 하고, 장애아동의 형제를 위한 장학금 지원까지 사업을 확대해 가고 있다. 앞으로 어떤 꿈들을 이루어 갈지, 처음 설립 초기에 함께한 마음으로 멀리 밴쿠버에서 기대하며 지켜보고 있다. 처음 장애아동을 위한 일을 시작해 주시고 지금까지 한결같은 마음으로 이끌어 오신 회장님께 존경의 마음을 전하고 싶다. 아울러 지난 30년 동안 장아람재단을 지켜주신 하나님께 영광을 올려드린다. 더 나아가 젊은 시절부터 헌신하여 청춘을 장아람과 함께한 이미경 국장과, 땀과 눈물과 수고를 아끼지 않으신 장아람재단의 수많은 관계자 여러분께 다시 한번 머리 숙여 깊은 감사의 마음을 전하고 싶다.

장아람의 가치

김달근 목사 - 한마음선교회 대표

장아람을 알게 된 시간이 벌써 30여 년이다. 장애아동의 보폭으로 장애아동과 함께 걸어온 장아람의 세월 또한 30년이다. 장아람의 30년을 돌아보면 결코 가볍게 흘려볼 수 없는 일들이 많았음에도 불구하고 흔들리지 않는 모습으로 그들의 한결같은 동행자여서 고마웠다. 필자의 두 자녀도 가슴 따뜻하게 하는 장아람의 사랑을 받으며 서로 참 좋은 친구가 되어서 행복했다.

같은 동네에 사는 열여섯 살 장애인 친구 K를 만났다. K는 우리나라에 한 명밖에 없는 희귀 난치성 장애인이다. 전 세계적으로도 세 명(일본 한 명, 인도 한 명)뿐인 이 선천성 질병은 아직 병명도, 장애 명도 부여되지 않은 상태다. 일반 초등학교에 입학하여 다니던 K는 또래 비장애아동의 부모들로부터 받은 견디기 힘든 극심한 차별로 인해 특수학교로 전학해야 했다. 어느 날 가족의 외식을 위해 들렀던 한 식당에서는 '저런 아이는 안락사시켜야 한다.'라는 끔찍한 저주의 말을 들었다. 이 일로 K는 극히 예외적인 경우가 아니면 자주 다니는 식당 외에는 가지 않는 '식당 트라우마'가 생겼다. 이처럼 장애아동의 인권 및 인식에 관한 한 이 땅은 여전히 후진국의 얼굴을 말끔히 씻어내지 못했다.

국제사회에서는 1989년 11월 20일 국제연합총회에서 채택된 '유엔 아동권리협약'과 2000년 12월 13일 제61차 유엔총회에서 채택된 '유엔 장애인권리협약'에 근거하여 장애아동의 인권을 존중할 것을 권고하고 있다. 유엔장애인권리협약 제7조를 보면 "장애아동은 다른 아동과 동등하게 모든 인권과 기본적 자유를 완전히 누릴 수 있어야 한다."라고 규정하고 있다. 또한 같은 협약 제23조에 따르면 "장애아동은 존엄성을 보장받아야 하며 자립의 촉진 및 활발한 사회참여를 통해 성장할 수 있도록 특별한 보살핌, 교육 그리고 훈련받을 권리가 있다."고 선언하고 있다. 장애아동이 원하는 보호, 행복 그리고 성장을 위해 잘 알려진 10가지 원칙이 있다. "① 나는 존재하는 나 그대로의 나이다. ② 나는 누구든 내게 친절하고 나를 사랑하고 나와 함께 해주기를 바란다. ③ 나를 소중히 여기고, 지켜주고, 나를 스스로 지키는 방법을 알려주기를 원한다. ④ 나를 있는 그대로 받아들이고 내 능력과 재능을 키울 수 있도록 잘 가르쳐 주기를 원한다. ⑤ 나는 내 말을 잘 듣고, 어떤 일인지 설명해 주고, 내 의견을 존중해 주기를 바란다. ⑥ 내가 잘 성장할 수 있도록 믿고 지지해 주기를 원한다. ⑦ 내가 속상하고, 화나고, 지쳐있을 때 나를 이해하고 지지하고 안심시켜 주기를 원한다. ⑧ 나는 함께하고 싶고 함께 친밀하고 평화로운 곳에서 살기를 원한다. ⑨ 어디서든 어떤 상황에서든 모든 폭력으로부터 나를 보호하고 존중해 주기를 원한다. ⑩ 나는 신뢰받기를 원한다." 권위 있는 국제기구가 채택한 장애아동의 인권이나 협약이 영향력 있는 선언이기는 하지만 그것의 보장을 담보하진 않는다. 장애아동과 그 가족의 간절한 바람을 지지하고 보장하는 일에는 좋은 이웃과 친구의 역할이 중요하다. 장애아동과 가족에게는 마음을 열어 시간을 내고 가까이 다가와 이야기하기도 하고 듣기도 하며 고개를 끄덕이며 손잡아 일으켜주는 사랑이 필요하다. 자주 만나 식사와 차를 나누며 일상의 소소한 삶을 공유하며 함께 장애아동의 성장과 발달을 모색하는 사랑이라면 더할 나위 없다. 그 사랑의 주체가 개인이거나 기관일 수도 있고 또한 당연히 지역사회거나 국가이기도 해야 한다. 아직은 국가나 기관이 이러한 기대에 부응하지 못하던 서른 해 전, 장아람은 장애아동의 밭을 일구기 위해 사랑의 농기구를 챙겨 들었다. 쉽지 않았던 지난한 시간을 지나는 동안 삐죽거리는 돌들이 뒹굴고, 곁눈질이 일상인 가시가 무성한 땅을, 땀 흘려 가꾸어 옥토로 만들었다. 30년의 수고가 헛되지 않은 이유다. 어느새 훌쩍 커서 건강한 웃음으로 장애아동을 품어내는 장아람은 다양한 재능까지 겸비한 청년으로 성장했다.

장아람은 무성한 숲이 됐다. 누구든 지치고 피곤한 몸을 이끌고 그 숲에 가면 평안한 쉼을 누릴 수 있다. 거기는 높고 낮은 나무들, 울퉁불퉁한 나무들, 삐뚤삐뚤한 나무들, 이름도 모양도 색깔도 각양인 나무들이 즐비하다. 그 숲에서 뿜어내는 깨끗하고 신선한 공기는 상처 입은 몸과 마음을 어루만져 회복시키는 에너지다. 또한 거기는 빠르게 뛰거나 혹은 느리게 걷거나 공중을 날거나 혹은 숲속 습한 땅을 기는 생물들이 우글거린다. 그 숲에 가면 장아람이 숨 쉬는 이유를 안다. 다양한 나무와 각양각색의 생명이 존재하는 목적을 안다. 소망이 생긴다.

장아람은 네 명의 친구다. 필자가 말하는 네 명의 친구는 성경 마가복음 2장에 나오는 무명인들이다. 그들은 침상에 누워 지내는 한 뇌졸중(중풍) 장애인을 침상 채 들고 예수께 나아갔다. 침상의 장애인에게는 길이 없었다. 사방 어느 방향으로도 그에게 열려있는 길은 없었다. 일어설 수 없어서 끊어져 있었고 어떤 곳에도 갈 수 없어서 막혀 있었다. 네 명의 친구가 그의 길을 열어주었다. 예수께서 장애인이 사는 가버나움에 나타나셨고 마을 사람들은 누구라 할 것 없이 예수를 만나러 빠르게 달려갔다. 네 명의 친구는 장애인을 데리고 가느라 늦었다. 이미 너무 많은 사람이 예수를 둘러싸고 있어 예수 앞으로 가는 마지막 길이 또 막혔다. 하지만 네 명의 친구는 침상을 들고 예수께서 계신 집의 지붕으로 올라갔다. 그리고 지붕에 구멍을 뚫어 마침내 침상을 예수께로 내렸다. 그들은 보이지 않는 길을 열었다. 그들은 길 아닌 지붕에서 장애인의 길을 뚫었다. 그들은 길을 만드는 이들이었다. 장아람은 네 명의 친구다.

장아람은 사랑이다. 장아람은 장애아동과 그 가족을 진심으로 사랑한다. 성경이 가르치는 대로 이웃을 사랑하며 사는 사람이 많이 있지만 그 이웃이 장애아동이라는 생각을 하는 사람을 만나기 쉽지 않은 세상에서 장아람은 서른 해 전부터 오늘까지 같은 마음으로 장애아동의 곁에 든든히 서 있어 주었다. 장애아동 곁에서, 그들과 함께 여기까지 걸어온 장아람은 그들이 향하는 곳이면 거기가 어디든 끝까지 함께하기로 했다. 장아람의 사랑은 그렇게 함께해온, 함께할 사랑이다. 그래서 장아람은 축복이다. 장애아동과 그 가족들의 축복이다. 마음이 가난한 이들의 넉넉한 나라이다.

참 좋은 친구인 장아람을 만나 지난 30여 년을 함께 걸어올 수 있었던 것은 장애아동 가족인 필자에게도 더할 나위 없는 축복이었고 앞으로도 그럴 것이다. 서른 살 장성한 청년 장아람을 축하한다. 어린 시절과 청소년의 시기도 잘 자라며 그때의 미션도 잘 수행했다. 그리고 지금 건장한 청년이 되어 기쁜 마음으로 축하한다. 이제 다시, 처음에 섰던 자리에서 품었던 그때의 다짐을 새롭게 하고 힘차게 나아갈 걸음을 축복한다.

함께 걷는 사람들, 장아람

박익순 목사 - 꿈샘기도정원

1995년 나와 아내는 기쁜 마음으로 필리핀의 말리파이라는 시골 마을로 갔다. 아이가 없으니 오직 그 마을 사람들과 마을 가운데 있는 신학교 사역에만 전념할 수 있어 좋다고 생각했다. 그런데 2000년 8월, 결혼한 지 12년 만에 시온이가 태어났다. 엄마, 아빠, 아이가 있는 가정이 되어 너무나 기뻤다. 선교사역에 바빴던 나는 시온이가 돌이 되어서야 만났다. 기쁨도 잠시, 시온이를 처음 만난 순간 뭔가 이상했다. 잘 웃고, 잘 잤지만 시온이는 소리에 반응을 하지 않았다. 선천성 내이(內耳)기형으로 소리를 들을 수 없다는 진단을 받았다. 절망의 순간 시온이의 회복을 위해 모든 것을 접어 두고 인공와우 수술을 위해 전북 무주에서 서울의 대학병원을 오가기 시작했다. 그때 내가 애쓰는 모습이 안타까웠는지 형수님이 소식지를 주며 장아람을 소개해 주셨다. 처음에는 그런 단체가 있구나! 하며 무심했고, 도움을 받기 위한 신청서 작성이 머뭇거려졌다. 시온이보다 더 어려운 사람이 있을 텐데, 하는 생각과 왠지 시온이의 장애가 고착되는 것 같은 두려움과 설움이 밀려왔다. 그런데 장아람재단 간사들을 만나 대화를 나누며 마음이 녹아내렸다. '이 사람들 대단하다. 장애아동을 위해 그림을 크게 그리고 있구나.' 생각했다. 도움을 주는 것이 아니라 장아람 가족과 함께 걷고 싶어 하는 사람들이었다. 힘들어하는 장아람 가족에게 자신들의 어깨를 언제든지 내어주려는 사람들이었다.

장아람에게 많이 받기만 해서 장애아동과 그 부모들을 위해 무언가 하고 싶은 생각이 들었다. 그렇지만 내가 할 수 있는 일이 그리 많지 않았다. 아이가 장애라는 소리를 처음 듣는 날, 부모들의 가슴은 무너지고 삶의 모든 것이 뒤바뀌어 버린다. 장아람재단의 엄마, 아빠들을 위해 위로의 기도를 하는 수밖에 없었다. 장아람재단 소식지에 실린 아이들의 이름과 후원자들의 이름을 부르며 기억하려 한다. 혹시라도 내게 동행을 요청하면 기쁘게 달려 나가려 한다. 장아람재단 소식지에 칼럼을 쓰는 일도 장아람과 함께하는 나의 다짐이다.

장아람이 장애아동을 위한 쉼터인 꿈땅을 만든다고 했을 때, 나는 그날을 잊지 못한다. 꽃샘바람이 심하게 불던 날, 꿈땅에 장아람 아이들의 이름표를 달고 힘겹게 버텨내고 있던 작은 묘목들, 내 아이가 이런 찬바람을 이겨내고 꽃을 피울 수가 있을까? 장아람 아이들의 이름표가 나부낄 때마다 아파하는 아이들의 신음처럼 울렸다. 그 울음소리 같은, 그 코끝 시린 날의 기억을 잊을 수 없어 꿈땅을 자주 찾게 된다. 우리 장아람 아이들의 나이만큼이나 자란 멋진 나무들, 보살핌을 받고 자란 정원의 풀 한 포기도 내게는 기적이다. 그래서 힘들 때, 속상할 때, 그리고 뭔가 새로운 일을 생각할 때, 꿈땅과 장아람 가족을 생각하며 방문한다. 기억을 잠시 잃었던 시온이가 다시 기억을 찾기 시작했던 곳도 꿈땅이었다.

나에게 장아람이란 햇살 좋은 양지뜸이다. 추위와 바람을 피해 옹기종기 모여들어 햇볕을 쬐는 양지뜸이다. 장아람 30년, 장애아동의 엄마 아빠에게 웃음이 가득하기를 기도한다.

따뜻한 쉼터, 장아람

우효남 - 김초록 아동 어머니

나에게 장아람은 언제든지 쉬어갈 수 있는 아늑한 쉼터이다. 장아람을 만난 지도 어느덧 30년이라는 시간이 지났다. 내게 장아람을 만나게 해준 것은 장애 자녀이고 그 자녀가 벌써 서른 후반이 되었다. 장아람은 언제나 나와 내 자녀에게 듬직한 기둥이 되어 주었고 다정한 친구가 되어 주었다. 장애아동과 그 가족은 혀를 차는 주변의 시선을 제외하면 어디서도 주목받지 못하고 관심의 대상이 되지 못했다. 하지만 장아람은 언제나 우리에게 변함없는 사랑과 관심을 아끼지 않았고 소중한 용기와 희망을 선물해 주었다. 장아람의 사랑이 있었기에 우리 아이도 무거운 장애를 가볍게 넘을 수 있었다. 내 마음에 언제나 따뜻한 쉼터로 기억되는 장아람의 발전을 기도하며 언제나처럼 장애인 가족들에게 든든한 울타리가 되는 장아람이 되기를 소망하며 30세 건강한 장아람의 승승장구를 소원한다.

우리가족에게 장아람은 참 특별하다

윤정선 – 윤태준 아동 아버지

장아람을 생각하면 "감사"라는 단어가 떠오른다. 지금까지의 삶을 되돌아보면 더욱 생생해지는 기억의 조각들은 적절한 타이밍에 찾아온 하나님의 응답이었던 것 같다. 우리 가족에게 장아람은 참 특별하다. 장애를 가진 자녀와의 삶은 그리 녹록하지 않다. 아무 준비 없이 맞이한 현실은 그저 피하고 싶고 원망스럽고 힘들기만 한 사건이었다. 가족도 친구도 공감할 수 없는 괴리감에 점점 고립되고 서로 아파하며 지쳐가던 우린 극도의 우울감으로 서로 원치 않는 상처를 안길 때가 많았다. 결혼하고 일 년 가장 반짝이고 빛나야 할 그때를 우린 그렇게 보내게 되었고 서로를 돌아볼 여유조차도 없었다. 아내는 좋다는 치료를 찾아 아이를 업고 정신없이 뛰어다녔고 변화가 없는 아이를 보며 더욱 절망감에 빠지고 있었다.

아이가 5살 되던 1996년 겨울에 지인의 소개로 장아람을 알게 되었다. 그 후 2년 뒤 충무로역 근처 조그만 사무실에서 큰 눈망울을 가진 예쁘고 상냥한 간사님을 만났다. 첫인상이 참 좋았고 상담하는 내내 오래 만난 것처럼 편안함을 느꼈다. 치료비를 지원받게 되었는데 우리 가족에게는 정말 큰 도움이 되었다. 그즈음 우리는 아이의 치료를 위해 주중에는 그룹 홈에 위탁하고 주말에는 데려와 같이 지냈는데 월급에 비해 그룹홈 위탁비가 너무 커서 경제적으로 어려움이 많을 때였다. 장애가족과 함께한다는 것은 삶의 질도 그렇지만 경제적으로도 참 고단하고 힘들었다. 장아람에 고마움을 어떻게든 갚고 싶어 하던 아이 엄마는 장아람재단 소식지가 나올 때는 봉사자가 필요하다는 걸 알게 되었고 그 때부터 한동안 자원봉사를 했다.

우울감이 깊어 우울증 약도 먹고 상담도 받는 심각한 상황이었는데, 장아람재단 사무실에 다녀오면 얼굴에 생기가 돌고 평소보다 말수도 늘고 기쁨이 가득해 보였다. 만나는 사람들이 장애를 보는 시선이 여느 사람들과 달랐고 소소한 대화 속에 치유함이 있었던 것 같다. 그동안 눌려 있던 우울의 굴레를 조금씩 지워내는 모습을 곁에서 보며 하나님께 감사드렸다. 장아람과의 인연은 우리 가족에게는 드라마틱한 변화의 기점이 되었다.

벌써 장아람과 함께한 시간이 27년이다. 그동안 모든 행사에 빠짐없이 참여하면서 한 해 두 해 성장해 가는 모습을 보는 건 참된 즐거움의 시간이었다. 장아람재단을 설립하신 회장님과 사모님을 만날 때는 존경의 마음으로 가슴이 뜨거워진다. 지금 생각해 보면 30년 전의 두 분은 지금의 나보다 훨씬 젊었을 때인데 어떻게 이런 귀한 일을 계획하고 실천하셨을까 싶다. 장애아동을 사랑하는 사람들 중 한 사람이 되셔서 솔선수범 나누시고 챙기고 격려하는 모습을 오랜 세월 동안 지켜보면서 참된 예수 사랑의 실천이 무엇인지 알게 되었다.

장아람이 매년 조금씩 성장해, 이제는 어엿한 청년기인 30돌이 되었다. 그동안 보이지 않는 곳에서 열심히 도운 많은 분의 노고가 결실을 맺은 거라고 생각한다. 선한 일을 실천하는 천사 같은 사람들, 이젠 가족처럼 친근한 간사님들과 장애를 품은 가족들, 열정을 가진 봉사자들, 가진 걸 나누는 후원자들. 이 모든 귀한 사람의 공동체가 하모니를 이룰 때 우리처럼 어둠 속에서 헤어 나오지 못하던 장애 자녀를 둔 부모에게 희망을 안겨주는 장아람이 될 것을 확신한다.

장아람은 우리 가족에게 선물처럼 녹아들어, 네 차례 행사로 한 해의 변하는 계절을 느끼게 하고 변함없이 깊은 감사를 드릴 수 있는 시간들을 만들어 주었다. 굳게 닫힌 마음의 문을 열어준 장아람은 평생의 축복이고 은혜다. 언제나 든든히 그 자리에서 40년, 50년…, 지금처럼 사랑을 듬뿍 나누고 선한 울림을 통해 이 세상의 빛과 소금이 되길 기대하며 깊은 감사의 마음을 담아 축하의 글을 남긴다.

앞으로도 장아람이 꿈꾸고 가는 길에 함께하고 싶다

김종화 - 임형빈 아동 어머니

1997년 어느 날 교회에서 청년부 오빠가 후원 용지를 건네주었다. 평소 청년부에서 진실하게 삶을 보여주는 오빠가 하는 말이니 장아람이 어떤 곳인지 묻지도 따지지도 않고 후원을 시작했다. 매월 소식지가 왔다. 일러스트 이수정 작가의 그림은 내게 따스함으로 왔고 작은 글씨로 빼곡히 쓰여 있는 소식지는 진심이 담겨있었다. 장애로 인해 어려움을 겪는 자녀와 가족들의 이야기에는 감동도 있고 때론 눈물이 났다. 25세에 만난 장아람. 나는 정신없는 20대 후반을 보내며 장아람에서 만든 컵이나 엽서를 직장에서 전시하기도 하고 판매하기도 하고 후원을 홍보하기도 했다.

분주한 삶 가운데 난 30세에 결혼을 했고 한 번의 유산 뒤 은혜로 주신 첫아이를 출산하면서 직장 맘으로 더욱 분주해져 갔다. 그러다 첫째 아들 형빈이가 만 4

살이 되던 해, 직장어린이집 담임선생님께서 발달검사를 권유하셨다. 자폐스펙트럼이라는 진단을 받았다. 그때부터 치료가 시작되고 어떻게 하면 초등학교 입학 전까지 비장애인과 차이를 줄일 수 있을까에 초점을 맞춰 다양한 치료들을 하며 더 정신없는 시간을 보냈다. 장아람을 후원한 기간 동안 나의 장애인식이 바뀐 것일까? 충격을 느낄 틈이 없었을까? 그저 소식지로 알았던 장애가 나에게도 직접 삶으로 다가오는 시기였다. 그동안 장아람의 회원이었던 나는 아들 형빈이를 통해 금방 가족이 되었다.

아들 형빈이를 통해 장아람의 초대에 더 가까이, 더 자주 다가가기 시작했다. 봄 소풍의 씨뿌리기, 가을 소풍의 고구마 캐기, 맛있는 바비큐 파티, 달콤한 나라 요란한 동네, 저금통 데이, 엄마의 날, 꿈땅 채소 택배, 후원 아동 생일 케이크과 꽃바구니 배달 등등 굵직하고 멋진 일들이 장아람에서 펼쳐졌다. 매년 회원들의 생일을 챙겨 손 편지를 보내 주시는 정성은 감동 그 자체다. 남편은 나와 함께 장아람의 가족이 되어 갔다. 회원이었지만 형빈이로 인해 장애아동에게 후원해 주는 모든 것을 누리는 은혜를 입었다.

신촌에서 양평을 오가며 간사님들과 봉사자들이 결실한 땀의 작물들을 보내왔을 때 울컥했다. 양평에서 살면서 작물을 키우고 거두는 것이 얼마나 힘든 일인지 알기 때문이다. 장아람재단의 앤 국장님과 간사님들, 엄마의 날 강좌 선생님들과 자원봉사자들의 노고를 어찌 잊을 수 있을까? 장애아동과 가족들의 행복을 위해 자신을 아끼지 않는 사람들이 있는 곳이 장아람이다. 최호준 회장님과 이경희 이사님을 비롯한 많은 이사님들, 간사님들의 한결같음은 장아람의 현존을 가능케 했다. 사람… 사람들… 장아람에는 같은 꿈을 꾸는 사람들이 있다. 이름도 빛도 없이 묵묵히 자신의 일을 감당하는 그들이 있어서 지금의 장아람이 있고 장애아동의 가족이 있다.

꿈땅에서 어린 형빈이가 비눗방울을 가지고 놀며 행복한 미소를 짓는 사진이 아직도 눈에 생생하다. 꿈땅에서는 모두가 있는 모습 그대로 사랑스럽고 특별하고 편안하다. 소풍은 매해 진화했다. 맛있는 먹거리와 푸

짐한 선물을 늘 한아름 안고 왔다. 프로그램 중 연극은 단연 나를 이상한 나라의 엘리스처럼 꿈여행을 하게 해준다. 장아람의 행사는 언제나 진심이고 그래서 따뜻하다.

어느 날 꿈땅 행사 중 밖에서 오랜 시간을 머물 수 없어 꿈집에서 쉬고 있는 장애가족을 위해 노래를 불러주면 좋겠다는 마음이 들었다. 앤 국장님은 단번에 승낙을 해주셨다. 남편의 기타 연주와 함께 우리 가족은 서툴지만, 열심히 준비한 버스킹을 시작했다. 아마추어도 안 되는 노래 실력이지만 우리 가족에게 있는 것을 나누는 기쁨을 누렸다. 감사하게도 소풍에 온 가족들이 좋아해 주고 함께 호응해 주어서 더욱 기뻤다. 버스킹은 우리에게 또 다른 기회를 선사했는데 코로나로 인한 비대면 저금통 데이에서 형빈이네 가족이 공연에 섭외(?)된 일이다. 우리 가족은 생애 처음 유튜브 방송에 나갔다. ^^

장아람은 꿈꾼다. 그리고 그 꿈이 이루어지는 것을 본다. 엄마의 날 1기생이 된 나는 장아람이 꾼 꿈을 누리는 영광을 누렸다. 첫 회 엄마의 날을 맞이해 양평에서 신촌으로 꿈 여행을 가는 날 설렘과 불안함이 공존했다. 어린아이들을 아빠에게 맡기고 이른 아침에 나서서 점심 즈음에 도착한다. 그리고 엄마의 이름을 잠시 벗고 내가 되는 시간을 만난다. 만들고 웃고 떠들고 먹고 작품을 완성하고 다시 간식과 작품을 만들고 내가 누구였는지를 생각한다. 장애 자녀를 둔 엄마가 아닌 언니, 동생으로 만나는 그냥 '우리'였다. 아픔의 이야기도 접고 여전히 현존하는 자녀의 장애를 잊고 작품에 집중하며 우리들은 자신의 재능을 맘껏 펼쳐내고 서로를 돕는다.

토요일을 반납하고 엄마들과 어우러지는 간사님들, 엄마들에게 가장 값지고 좋은 것을 주고 싶어서 고민하고 또 고민하며 준비하시는 클래스 선생님들, 마음 문을 활짝 열 수 있는 게임을 준비하고 의미를 담은 질문을 계속하시는 한지혜 선생님, 그리고 자원봉사자들을 기억한다. 최호준 회장님의 스타벅스 음료에는 어린아이처럼 신났다. 함께 한 엄마 한 분의 말이 기억난다. 엄마의 날을 마치고 가지고 간 작품을 보며 다음 달 엄마의 날이 올 때까지 버틴다고. 그렇다. 엄마의 날은 버팀목이고 견딜 수 있는 에너지를 선물 받는 특별한 날이다.

2023년 오늘 장아람의 30주년 원고에 글을 쓸 수 있어서 감사하고 나를 깨우고 가르치는 자폐인 20살 아들과 선물 같은 14살 딸과 사랑하는 남편과 오늘을 살고 있기에 감사하다. 장아람으로부터 한결같이 느끼는 것이 있다. 내가 작은 마음을 주려고 다가가면 도리어 더 감당 못할 선물을 받는 곳, 그곳이 장아람이다. 보리떡 다섯 개와 물고기 두 마리로 예수님이 이뤘던 기적을 맛보게 하는 장아람. 앞으로도 장아람이 꿈꾸고 가는 길에 함께하고 싶다.

장애아동을 사랑하는 사람들

2024년 2월 24일 초판 1쇄 발행

글 이미경
표지 일러스트 이수정
내지 일러스트 이수정, 최병대, 김보미
발행인 박윤희

책임기획 이미경 **책임편집** 김민 **디자인** 디자인스튜디오 이곳
경영지원 사단법인 장아람재단 **발행처** 도서출판 이곳
등록 2018. 10. 8 신고번호 제2018-000118호 **주소** 서울 송파구 송파대로44길 9(송파동)
이메일 bookndesign@daum.net **홈페이지** https://bookndesign.com
팩스 0504.062.2548 **블로그** blog.naver.com/designit **인스타그램** @book_n_design

ISBN 979-11-93519-10-3(03190)
장아람재단재단 블로그 https://blog.naver.com/jangaram1995
장아람 홈페이지 www.jangaram.org

도서출판 이곳
우리는 단순히 책을 만들지 않습니다.
작가와 책이 마주치는 이곳에서 끊임없이 나음을 너머 다름을 생각합니다.